鲁迅美术学院学术著作出版基金资助出版

基于"城市大博物馆"语境下的沈阳铁西工业遗址风貌区数字化保护与再生设计研究

(项目编号：LJKFR20220276)

空间解构

——基于博物馆学与艺术设计学的博物馆空间设计理论研究

林春水　著

北京大学出版社

PEKING UNIVERSITY PRESS

内 容 简 介

本书共分为三大部分，上篇为"生态"与"社区"博物馆理论模式，包括列斐伏尔空间三元辩证法阐述、生态（社区）博物馆与古村落遗址保护；中篇为"城市"与"儿童"博物馆探索模式，包括"儿童"博物馆探索性与具身认知理论、"城市"大博物馆与工业遗址保护再生；下篇为"数字"与"叙事"博物馆实践模式，主要阐述博物馆空间的艺术性叙事与数字沉浸实践。本书结合当前国际艺术博物馆学的发展趋势，从理论与实践两个方面阐述了新博物馆学与艺术学的相关内容，既系统介绍了博物馆学与艺术博物馆学的基本理论，强调了多学科交叉在艺术博物馆研究方面的积极意义，又论述了艺术博物馆展示陈列设计、艺术博物馆社区服务、艺术博物馆数字化等博物馆实务。

本书可作为高等院校博物馆设计等相关专业的辅导资料，也可供城市建设和规划部门相关人员参考。

图书在版编目（CIP）数据

空间解构：基于博物馆学与艺术设计学的博物馆空间设计理论研究 / 林春水著 . —— 北京：北京大学出版社，2024.9． —— ISBN 978-7-301-35593-0

Ⅰ．G265

中国国家版本馆 CIP 数据核字第 2024QS0065 号

书　　　名	空间解构——基于博物馆学与艺术设计学的博物馆空间设计理论研究
	KONGJIAN JIEGOU——JIYU BOWUGUANXUE YU YISHU SHEJIXUE
	DE BOWUGUAN KONGJIAN SHEJI LILUN YANJIU
著作责任者	林春水　著
责任编辑	孙　明　王　诗
标准书号	ISBN 978-7-301-35593-0
出版发行	北京大学出版社
地　　　址	北京市海淀区成府路 205 号　100871
网　　　址	http://www.pup.cn　　　新浪微博：@ 北京大学出版社
电子邮箱	编辑部 pup6@pup.cn　　　总编室 zpup@pup.cn
电　　　话	邮购部 010-62752015　　发行部 010-62750672　　编辑部 010-62750667
印　刷　者	北京宏伟双华印刷有限公司
经　销　者	新华书店
	889 毫米 ×1194 毫米　16 开本　20.5 印张　656 千字
	2024 年 9 月第 1 版　　2024 年 9 月第 1 次印刷
定　　　价	128.00 元

前言

　　博物馆学构建的意义来源于人类的抽象能力，此意义绝不是由事物的自然状态直接提供的，而是人的思维对事物发生作用的结果。博物馆展览是建构在特定艺术文化背景下的视觉艺术呈现，在博物馆解读记忆传播及审美过程中，展览最注重的是根据社会的需求和自身特色确定选题及设计内容。从某种意义上讲，博物馆展览是一项价值建构与艺术诠释活动，"在构造一个由事件与叙述构成的富有意义的世界"。博物馆展览如何最大化地实现其价值？如何在展览与参观者之间建立多向度的联系？如何让更多的参观者理解展览的媒介性？当然，这种对话在展览策划实施前就已经存在，即艺术策展人如何界定博物馆展览在空间内的特定意义。

　　艺术博物馆展览综合运用了多种传播方式，先从一系列时空及内容上具有相关性的艺术品中提炼主题，然后根据这个主题对这些艺术品进行符合认识论和艺术审美要求的有机组合，构成一个能反映自然生活或社会生活某些事实、现象和规律的形象体系。艺术博物馆不断创设新展览模式，主要体现在艺术品研究的角度、艺术品资源的整合、陈列展览的理念等方面。在艺术博物馆展览策划阶段，对于创设相关主题，可以通过调查问卷和观众评估来加以判断，并以展览的吸引和感染力为衡量标准。艺术博物馆展览的竞争力在于赢得更多参观者的支持。艺术策展人对参观者的了解越充分，展览传播就越具针对性、越有成效。艺术博物馆学同样面临着多元的、解释性的、开放性的艺术视野转向，这种新的视野将文化艺术的表征及其含义作为出发点。艺术博物馆学的研究主题已逐渐从结构功能转变为象征意义，论证方式从类推、归纳转变为诠释演绎方式，从现实主义的文物志转变为阐释主义的文物志。

虽然我国高等院校的相关专业冠以"艺术博物馆学"的名称，但课程没有按科学的艺术博物馆学专业人才培养体系进行设置，大多课程设置是以考古学和文物学为主，或是博物馆学、考古学、文物学的大杂烩。而真正以艺术博物馆学专业体系设立的博物馆学专业极少，尤其缺乏博物馆急需的艺术策展及营运管理、美术馆展览策划设计、美术教育活动规划、博物馆文化传播、博物馆数字化等课程，所造成的结果是我国艺术博物馆学专业人才培养体系与博物馆的实际需求在一定程度上脱节，特别是不能满足美术馆、当代艺术博物馆、综合艺术博物馆、设计博物馆、艺术文化中心等特殊艺术博物馆的需求。同时，艺术博物馆学学科发展应适应社会需求，其主要目标是培养人才，且应具有一定的前瞻性。

鉴于我国艺术博物馆学学科快速发展的现状及社会对相关专业人才的迫切需求，可从两方面来改善我国高等院校艺术博物馆学学科地位低及面临不利于其生存和发展的严峻局面的现状：一方面，我们迫切需要加强对艺术博物馆学学科发展的研究，努力克服艺术博物馆学学科发展存在的问题，明确艺术博物馆学学科发展的方向，瞄准艺术博物馆学学科发展的前沿，提前作出科学部署，做好艺术博物馆学学科的顶层设计和艺术博物馆学学科发展的统筹规划，进而形成更为科学合理的博物馆学与艺术博物馆学共存的学科布局；另一方面，我们要努力克服博物馆学学科发展的体制性障碍，高度重视高校艺术博物馆学学科发展的多元性，加强艺术博物馆学专业建设，加快艺术博物馆学专业人才培养，将艺术博物馆学作为独立学科对待，重点培养一批我国艺术博物馆事业发展急需的艺术博物馆经营管理、艺术品修复鉴定、艺术博物馆数字化、空间展陈设计、艺术教育传播、文化艺术创意、艺术博物馆国际交流等方面的专业人才，以满足我国艺术博物馆事业快速发展对艺术博物馆学专业人才的多元化需求。

本书结合当前国际艺术博物馆学发展趋势，从理论与实践两个方面阐述了新博物馆学与艺术设计学的相关内容，既系统介绍了博物馆学与艺术博物馆学的基本理论，强调了多学科交叉在艺术博物馆研究方面的积极意义，又论述了艺术博物馆展示陈列设计、艺术博物馆社区服务、艺术博物馆数字化等博物馆实务，同时对新技术、新理念在艺术博物馆工作中的应用前景及高等院校艺术设计与文博人才的培养也作出了展望。

作者
2024 年 3 月

目 录

绪 论

　　自 20 世纪以来，博物馆设计转化为全新的表达模式——"对话"与"参与"。"对话"是隐含在展览主题和展览框架背后的重要文化诉求。在当代文化学语境中，博物馆展示空间设计不再是孤立地展示文物，而成为构建复杂的当代文化关系的载体。"参与"是把参观者作为与展品的"物"相对应的主体，把"观众的发现"作为衡量展览传播成功与否的标准。后博物馆学的突出转向是让参观者从被动接受转变为主动参观，以实现展览的真正价值和意义。国际知名博物馆展览规划专家凯瑟琳·麦克莱恩提出，常设展览开放给参观者的全部过程都应保持关联性，必须能测量出改变的趋势和流行议题的气候。参观者在参观展览时的自由度和兴趣点被纳入策展人的视野，使参观者可以自主地获取想要的信息成为策展人思考的着力点。

　　基于上述理论，后博物馆学教育的新范式融入之前的框架理念，进一步建构出满足当下教育诉求的教学法。艺术博物馆学教育为特定的学习群体提供特定的课程内容，艺术博物馆学知识被理解为多视角的而非普遍性的。认知的形式已多元化，知识不再被奉为可被掌握和掌控的书中圣明，而是点击一下鼠标即可获得的信息。通过互联网，任何人能在任何时候找到任何想要的东西。零碎的事物可以被组合起来并变得有意义，会以文本或动态图像的形式在一瞬间传遍世界的每一个角落。当知识以信息的形式通过网络流传时，就可以避免被教育机构掌握。信息化的博物馆学将是博物馆发展史上不同于神奇橱柜的科学化、专业化、社会化、服务化的新的发展阶段与博物馆学范式。这是一种由数字化开启的互联网为博物馆提供新的教育的可能性。

　　本书聚焦艺术博物馆学与美术学、设计学的交叉融合学科及交叉专业的新文科的研究生课程建设事项和建设工作研究与改革实践，从新文科与新专业学科建设策略、课程内涵建设、课程理论创新、教学模式创新等诸多方面探索开设博物馆学专业课程的途径。本书研究博物馆展示陈列与策划、研究生专业教学内容遴选、教学统筹组织、教学体系改革、产学研融合协作的教学改革策略，探索新的学科增长点，寻求人文社会科学领域理论、机制及模式的突破。博物馆学已从固化的框架或现代性逻辑中游离出来，体现出一种跨越时间维度的作用，其研究越来越向综合性的历史文化艺术科学、百科全书式的大学科史转变。博物馆学的研究对城市大博物馆设计，社区（生态）博物馆、儿童博物馆与沉浸式数字体验的新模式、学术性项目的设计实践及如何灵活应对社会的变革进行探讨；在外部层面，则着眼于各种影响艺术博物馆学的因素，如辩证法、心理学、全球化、可持续发展等。

　　本书参考了与 21 世纪初我们所面临挑战相呼应的领导力哲学和文献，特色在于穿插了来自博物馆领域个体成员的观点和故事。本书强调了拥护、毅力、创意和共情的重要性，探索建立艺术学教学体系内的艺术博物馆学，不断地消除旧学科内部的分歧、冲突，且始终保持一种具有压迫性的思辨强度。艺术博物馆学研究是一个打破封闭、聚拢问题并将其延展开来的过程，其原理性命题被不断扩展、深化；在问题堆积的地带，跳出原有的论述框架，依靠强大的思辨性翻转，拓展新的问题空间。

上篇

"生态"与"社区"博物馆理论模式

20世纪70年代至今，是我国变更旧有观念、旧有生产力和生产关系，以及旧有城市环境的时期，同时也是新的城市空间生产与再生产的时期。在新的城市空间中，人们的日常生活正逐步进入以资本积累危机为原生危机的状态。空间资本的本质属性与逻辑都是追求空间的剩余价值，从而实现利润的最大化。空间资本力量逐渐渗入城市社区，在加剧城市社区空间封闭性的同时也拉开了人与人之间的距离，使得社会的认同危机越来越大。与此同时，快速城镇化导致新的城市空间中不同空间层级发展不平衡，这种过度重视资本增殖需求而忽视大众日常生活的城市空间生产异化状态与高度不平衡的发展状况是一种巨大的社会危机。

随着现代城市的发展，许多不同类型的公共文化空间逐渐从城市空间中产生，同时城市空间的生产与再生产也受到公共文化空间的影响。自18世纪末法国大革命以来，博物馆在不断社会化的同时，逐渐演变为展示现代城市文明发展进程的空间。作为具有历史、社会与文化等属性的公共文化空间，它成为现代城市空间生产过程中关键的部分。然而，传统博物馆的话语体系与对文物藏品的束缚使得其作为公共文化空间的社会化程度较低，进而影响其发挥为社会发展服务的功能。自20世纪后半叶以来开展的新博物馆学运动使人们对传统博物馆进行了全面的反思，也将博物馆关注历史事件与"物"的收藏与陈列的旧观念转变为以人为中心、关注当下社会与生存环境、服务社区的新观念。新博物馆学运动为博物馆回归大众、服务大众开辟了许多新路，催生了如移民博物馆、生态（社区）博物馆等类型，其中社区博物馆在世界各地发展迅速。社区博物馆作为一种以"服务社区"和"以人为本"为宗旨理念的公共文化空间，在城市社区文化建设中发挥了非常重要的作用，世界各地的案例证明社区博物馆具备改善社区日常生活、传承社区文化遗产与集体记忆，以及构建社区认同等功能，社区博物馆对于改善城市空间生产异化状态与高度不平衡的发展有很大作用。我国自20世纪90年代开始便关注、建设生态（社区）博物馆，生态（社区）博物馆逐渐从少数民族乡村地区发展到一些经济发达的城市社区。而且，我国关于少数民族乡村地区生态（社区）博物馆理论的研究和实践探索在近几年呈现蓬勃发展的态势。

当今，博物馆在对古村落文化遗产保护方面存在一系列问题，我们可以带着这些问题将与本次研究课题相关的理论概念进行系统的分析，包括"博物馆学"与"新博物馆学"理论概述、"生态博物馆"国际理论框架及实践、"生态（社区）博物馆"概念及在中国的实践、古村落遗址保护与文化再生理论基础等。同时，可以尝试一种新的思路：在"新博物馆学"的视角下，将"生态（社区）博物馆"理念植入对古村落遗址的保护与文化传承再生中来。以社区全方位、整体性、开放性的思维方式，将完整的古村落遗址"社区"作为"博物馆"来进行生态保护，不仅要保护文物遗产本身，还要保护与遗产相关的自然环境和文化环境。建立一种新型的、在古村落原址保护基础上的、传承古村落自然环境与人文环境的生态（社区）博物馆，并且更加注重社区居民的参与。在"乡村振兴战略""美丽乡村"建设的大背景下，探索一条具有中国特色的生态（社区）博物馆发展道路，在环境保护、文化遗产传承、社区发展等方面发挥实效，并深度剖析生态（社区）博物馆与古村落遗址保护的关联性。

　　本书试图基于设计学、新博物馆学、新马克思主义城市学派、马克思主义地理学、马克思主义政治经济学等多个学科，结合我国特有国情对生态（社区）博物馆空间营造进行探究：先通过对生态（社区）博物馆三元空间进行分析，提出生态（社区）博物馆空间营造设计的原则；再根据当下我国城市及村落社区现状提出相应的生态（社区）博物馆空间营造策略，使得生态（社区）博物馆为人们与城市空间、村落空间的良性互动提供帮助，推动社区共同体的建构，促进协商民主的社区自治文化发展，进而调控城市及乡村空间生产，创造具有差异性的社区空间。

第一章

列斐伏尔空间三元辩证法阐述

快速城市化导致的大量人口流动使得人们对于陌生的地域和群体产生疏离感，人口密度的迅速增加也促进了城市土地开发。以资本增值为逻辑的城市空间生产破坏了人们日常生活的空间，地域特征与传统文化的消逝使得人们面临巨大的认同危机。社区是推进城市发展的基础载体，而社区博物馆能够为社区文化遗产的保护提供持续性保障，同时还能满足社区居民的日常生活需求，增强社区居民的文化自觉意识并促进社区和谐发展。

虽然诞生自新博物馆学运动的社区博物馆发展已久，但其在我国的发展是从 20 世纪 90 年代才开始的，而真正基于城市社区建立的社区博物馆则在近几年才陆续出现。目前，我国城市社区博物馆主要围绕城市内部的历史街区建立，这些社区博物馆满足了人们精神层面的需求，同时引发了政府、文化机构、社会公益组织，以及一些研究学者的热情，社区博物馆的模式一度被认为是历史文化保护、地区经济发展与社区文化发展的理想模式。经过近几十年的发展，由于我国基层社区自组织能力较弱，一些地区将社区博物馆当作经济发展的工具，再加上社区居民缺乏相关专业知识技能、文化自觉性有限、生搬硬套西方新博物馆学理论，因此我国社区博物馆的创造力与生命力不断萎缩，发展也陷入停滞。

与此同时，由于社区博物馆本身具有开放性和体验性的特点，因此应用于传统博物馆空间的展示设计理论并不能满足当下社区博物馆空间营造设计的需求。此外，作为城市空间生产与再生产重要组成部分的博物馆公共文化空间本身也具有鲜明的社会性、文化性及历史性。在中国博物馆协会博物馆学专业委员会 2020 年"博物馆与中国特色话语体系构建"学术研讨会中，明确表示创建社区博物馆是城市发展与现代社会发展的必然产物，并且我国还未形成比较成熟、完整的理论体系，较少进行总结、思考和研究[1]。因此，基于空间三元理论探究社区博物馆空间营造设计十分重要。

随着城镇化高速发展及国家和地方相关政策的出台，我国各地的城市社区博物馆建设陆续起步。由于社区博物馆在我国的发展时间较短，因此目前还没有对其类别进行系统的分类，也没有将其区别于传统博物馆及生态博物馆的特点进行归纳总结。因为社区博物馆的展示方式与传统博物馆的藏品陈列展示方式不同，所以社区博物馆必须注重物质性、精神性和社会性之间的平衡，采取与传统博物馆不同的展示方式，让人们在社区博物馆空间中产生文化认同感，提高社区居民的文化自觉意识和参与度，构建社区共同体。为探索出适合社区博物馆空间营造设计的方法，本章先通过对大量文献和案例的调查研究与分析，并结合列斐伏尔的空间三元辩证法，将社区博物馆的空间层次进行系统性的划分，再结合

[1] 刘洪.构建公共博物馆与社区博物馆互动融合发展新格局 [C]// 中国博物馆协会博物馆学专业委员会 2020 年"博物馆与中国特色话语体系构建"学术研讨会论文集，2020：218–223.

新博物馆学理念与社区博物馆的特性，总结归纳社区博物馆空间营造的设计策略，以为未来的社区博物馆提供理论支持和实践参考，真正发挥社区博物馆对经济、文化、教育发展的促进作用。

首先，社区博物馆在我国发展的时间较短，体系尚未成熟。本章通过对国内外实践案例与相关文献的研究分析，确定社区博物馆的相关探讨范围；将顺社区博物馆的发展脉络，对社区博物馆的理念、特征及与其他博物馆的不同点进行整理并总结，同时吸收借鉴国内外社区博物馆的优秀实践案例，提出当下我国城市社区博物馆空间营造的不足之处与改善建议。

其次，研究法国思想家列斐伏尔及一些专家学者有关空间三元辩证法的著作，通过运用列斐伏尔的空间三元理论对社区博物馆空间进行分析，不仅可以整体梳理社区博物馆内部的空间关系，也是对三元空间理论科学性的肯定。从列斐伏尔空间三元辩证法视角出发，可以更系统、全面地分析社区博物馆空间生产与再生产的过程，从而为研究空间三元辩证法与社区博物馆空间营造的结合创造可行性；通过挖掘社区博物馆中空间生产的逻辑，构建社区博物馆空间营造的基本原则，弥补我国在社区博物馆空间营造设计方面研究的不足，为社区博物馆提供更好的设计策略。

最后，根据我国不同城市社区的现状，采用针对性的方式提出社区博物馆的空间营造设计策略，以培养社区居民的文化自觉意识，增加社区公共事务参与度，构建社区共同体，提高人们保护和传承文化遗产的热情，发扬中华优秀传统文化并建立社区文化自信，推动社区经济与文化的协调发展，从而提高社区居民的生活水平。社区博物馆应为人们提供良好的公共文化空间，展现民主的社区自治文化，进而规范城市空间生产，创造具有差异性的城市空间，满足人们日常生产、生活需要。

社区博物馆产生自新博物馆学运动。新博物馆学运动促进了传统博物馆核心理念和形态的转变，并催生了许多不同类型的新博物馆，如社区博物馆、移民博物馆等。

在理论方面，法国生态博物馆理论奠基人之一瑞伍·里瓦德提出新的角度，将社区博物馆与传统博物馆进行比较。他认为社区博物馆的核心理念与传统博物馆的核心理念有很大不同，传统博物馆的展示对象为博物馆建筑空间、藏品、专家与参观者，而社区博物馆的展示范围包括具有地域特征的区域、传统记忆和当地民众。雨果·戴瓦兰认为，社区博物馆应该以原地保护、活态保护和居民主体保护的方式进行文化遗产保护和社区发展。同时，他认为每个家庭、每个生产单元都要和博物馆保持较为紧密的联系，社区博物馆的出发点是人，服务社区民众及保护遗产是其根本理念，这些遗产是当地的，也是国家的、世界的[1]。乔治·亨利·里维埃认为社区博物馆扮演着"工具""镜子"和"学校"的角色，是人们了解和解决自身问题的重要途径[2]。马克·摩尔认为社区民众不应该被动地接受来自

[1] 戴瓦兰，宋向光.未来的社区博物馆 [J].中国博物馆，2011（C1）：54-58.
[2] 苏东海.国际生态博物馆运动述略及中国的实践 [J].中国博物馆，2001（02）：2-7.

专家的信息，而应该参与到社区博物馆相关活动中，并承担起相应的责任[1]。南茜·福勒认为社区博物馆是一个管理教育、文化和功能变化的机构，并且社区博物馆的研究要以人为本，注意社区与其文化和自然环境的关系[2]。法国学者阿兰·茹贝尔认为有一种类型的社区博物馆与地方经济发展项目相关，可通过当地丰富的传统遗产项目或文化项目吸引游客[3]。杰拉德·柯塞认为对社区博物馆来说，最重要的是让民众参与其中，并让他们充分了解遗产资源[4]。

从上述专家学者对社区博物馆理论的探讨来看，社区博物馆不仅对藏品进行收藏与陈列，还对当地自然环境、物质与非物质文化遗产、传统风俗等进行保护、展示、利用，并且围绕当地社区民众开展社区博物馆工作，鼓励社区民众参与到公共事务中来。

1998 年，我国在贵州省建立了第一个生态博物馆，其创新的文化保护模式为之后的生态博物馆建设提供了参考，也为之后在其他少数民族村寨地区建设生态博物馆奠定了基础。2010 年，我国第一个正式的社区博物馆在福建省的三坊七巷社区建立。于 2011 年召开的全国生态（社区）博物馆研讨会明确提出了基于社区博物馆理念的城市历史街区活态保护模式。近几年，北京、上海、南京、杭州、沈阳、深圳、郑州等城市陆续建设社区博物馆。

在理论方面，吕建昌认为社区民众与社区当地资源是社区博物馆的主要关注对象，社区博物馆的主要目标是服务社区民众和收藏、展示社区文化遗产，提高社区民众的文化素养，推动社区民众的认同感及归属感的形成，对社区经济与文化的进步具有促进作用[5]。曹兵武认为社区博物馆在社区民众参与主导下对社区内的有形与无形遗产进行保存、整理、研究、展示[6]。宋向光认为，社区博物馆是将博物馆的理念、任务、功能等与社区需求进行结合，并且具有在地、当下、动态和遗产化的特点，社区博物馆的价值与工作的重点便是守望社区价值与服务社会发展[7]。单霁翔认为社区博物馆肩负着提取社区文化资源、保护社区文化遗产、延续民众集体记忆、守卫社区文化特色、实行社区可持续更新、鼓励民众参与的责任[8]。宋新潮从区域性、动态性、民众参与、原状展示、教育的目的、传统生活方式的展示等方面归纳了社区博物馆的特征[9]。陆璎研究分析了社区

[1] 摩尔，张晋平 . 生态博物馆：是镜子，窗户还是展柜？[C]//2005 年贵州生态博物馆国际论坛论文集，2005：132-133.

[2] 福勒，罗宣，张淑娴 . 生态博物馆的概念与方法：介绍亚克钦印第安社区生态博物馆计划 [J]. 中国博物馆，1993（04）：73-82.

[3] 茹贝尔，张晋平 . 法国的生态博物馆 [C]//2005 年贵州生态博物馆国际论坛论文集，2005：162-164.

[4] 柯赛，张晋平 . 从"向外延伸"到"深入根髓"：生态博物馆理论鼓励社区居民参与博物馆事业 [J]. 中国博物馆，2005（03）：63-64.

[5] 吕建昌 . 博物馆"社区"概念及社区博物馆 [C]// 回顾与展望：中国博物馆发展百年——2005 年中国博物馆学会学术研讨会文集，2005：259-267.

[6] 曹兵武 . 重构大变动时代的物人关系与社群认同：谈社区博物馆与新型城镇化及城市社区文化建设 [J]. 中国博物馆，2014（02）：57-63.

[7] 宋向光 . 守望社区价值服务社会发展：谈社区博物馆的特性与社会责任 [J]. 中国博物馆，2011（C1）：34-38.

[8] 单霁翔 . 论社区博物馆与城市文化建设 [J]. 城市与区域规划研究，2011（03）：30-41.

[9] 宋新潮 . 生态（社区）博物馆与变革中的博物馆 [J]. 中国博物馆，2011（Z1）：10-14.

博物馆与文化遗产旅游的结合，并提出相应的建议[1]。曹磊、王苗认为社区博物馆是收藏、展示社区藏品，社区民众参与管理的博物馆，目的是保护社区文化，凝聚社区民众共识[2]。曾停认为可以利用城市中现有的公共公园场地进行社区博物馆的建设[3]。文爱群通过对社区博物馆定义特质的阐述，梳理出中国社区博物馆发展脉络，分析其加速发展的内在动因，指出中国社区博物馆在目前发展中存在的问题，对社区博物馆的未来发展提出一些建议[4]。王岳对数字媒体技术在社区博物馆服务设计应用方面提出了新的方法论[5]。曹雅琪通过对宝鸡西秦大队社区博物馆的调查研究提出了乡村地区社区博物馆的保护发展策略[6]。

综上所述，我国已开展了几十年的社区博物馆实践与理论研究。国内从事社区博物馆相关研究的专家学者主要关注社区博物馆视角下的文化遗产保护、非遗传承、社区博物馆与当地居民的关系、地区旅游开发、民族文化保护等方面，并且多在单一领域进行研究。然而，对社区博物馆空间结构展开分析，结合不同城市社区的物质环境、民众关系、空间结构进行社区博物馆空间营造的研究较少。

列斐伏尔在1974年出版的《空间的生产》一书中提出的空间三元辩证法打破了传统的空间二元论，将社会性与政治性引入辩证法之中。在他看来，三元空间分别是空间实践、空间表象和表征空间，分别对应"感知的空间""构想的空间"和"体验的空间"，并且三者之间存在辩证统一的结构。

在空间三元辩证法理论方面，国外积累了相当丰富的理论成果与实践经验。罗伯·希尔兹在《列斐伏尔，爱与斗争：空间的辩证法》中针对列斐伏尔的空间三元辩证法进行了深刻的分析，并得出重要的结论[7]。爱德华·W. 苏贾在《后现代地理学：重申批判社会理论中的空间》中分析了列斐伏尔的空间三元辩证法思想并提出新的角度，将关于现代城市群的研究从列斐伏尔的空间三元辩证法角度进行研究剖析[8]。克里斯蒂安·施米德在《城市、空间与社会：亨利·列斐伏尔与空间生产理论》中通过整体分析列斐伏尔的空间三元辩证法得到了进一步的结论[9]。大卫·哈维在《新自由主义化的空间》中通过一系列的分析与研究，更加深入地阐述了列斐伏尔的空间三元辩证法。大卫·哈维在《社会正义与城市》中，关于都市问题的研究采用列斐伏尔的批判路径进行探索[10]。

[1]　陆瀛. 社区博物馆理念下的文化遗产旅游研究：以福州三坊七巷社区博物馆为例 [D]. 厦门：厦门大学，2014.
[2]　曹磊，王苗. 以社区博物馆为概念之传统街区保存与经营 [J]. 中国园林，2012（09）：48-51.
[3]　曾停. 从公园到博物馆：城市社区博物馆新模式 [J]. 中国文物科学研究，2019（04）：44-46.
[4]　文爱群. 社区博物馆的现在和未来 [J]. 北京民俗论丛，2019（00）：145-153.
[5]　王岳. 数字媒体介入下中国社区博物馆服务设计研究 [D]. 杭州：浙江理工大学，2022.
[6]　曹雅琪. 宝鸡西秦大队社区博物馆保护与发展研究 [D]. 西安：西北大学，2020.
[7]　Rob Shields. Lefebvre, Love and Struggle: Spatial Dialectics[M]. London: Routledge, 1998.
[8]　苏贾. 后现代地理学：重申批判社会理论中的空间 [M]. 王文斌，译. 北京：商务印书馆，2004.
[9]　Christian Schmid. Stadt, Raum und Gesellschaft: Henri Lefebvre und die Theorie der Produktion des Raumes[M]. Stuttgart: Franz Steiner Verlad, 2010.
[10]　David Harvey. Social Justice and the City[M]. Athens: University of Georgia Press, 2009.

综上所述，国外理论界对列斐伏尔空间三元辩证法的研究呈现出成果多、范围广的特点。

自21世纪以来，随着我国城市空间生产的不断发展，列斐伏尔的空间理论逐渐在学界掀起研究风潮。列斐伏尔相关研究著作在国内学界得到进一步的翻译，《空间的生产》一书中提到的空间三元辩证法广受传播与研究。

刘怀玉在《现代性的平庸与神奇：列斐伏尔日常生活批判哲学的文本学解读》中提出了新的角度与方法，将对列斐伏尔空间三元辩证法的研究从空间化转向的角度进行解读并得出结论 [1]。张笑夷在《列菲伏尔空间批判理论研究》一书中对列斐伏尔空间三元辩证法进行了整体的梳理与分析 [2]。赵海月和赫曦滢在《列斐伏尔"空间三元辩证法"的辨识与建构》中梳理了列斐伏尔的空间三元辩证法 [3]。包亚明在《现代性与都市文化理论》中对空间三元辩证法进行了深入的研究 [4]。潘可礼和张海防在《亨利·列斐伏尔的三元辩证法》中对列斐伏尔空间三元辩证法的空间性质进行了深入的研究 [5]。李春敏在《列斐伏尔的空间生产理论探析》中提出"差异空间"，以及社会主义空间的可能性 [6]。林叶在《城市人类学再思：列斐伏尔空间理论的三元关系、空间视角与当下都市实践》中从空间政治角度对空间三元结构进行解读 [7]。高春花在《列斐伏尔城市空间理论的哲学建构及其意义》中从列斐伏尔的空间三元辩证法角度对城市空间属性进行探索 [8]。

笔者在前期文献与理论的整理研究中，发现关于社区博物馆及空间三元辩证法的研究具有很多可供借鉴的观点和成果。截至2022年12月，笔者在中国知网上检索"社区博物馆"关键词时发现，与社区博物馆研究有关的论文有18篇，期刊文献有102篇；检索"空间三元辩证法"关键词时发现，与空间三元辩证法研究有关的论文有12篇，期刊文献有27篇；检索"新博物馆学"关键词时发现，与新博物馆学研究有关的论文有16篇，期刊文献有117篇。

本章的研究对象是"列斐伏尔空间生产理论在城市社区博物馆空间营造中的应用"，研究内容主要分为以下4个部分。

第一部分是本书的基础理论文献研究，内容包含第一节和第二节。第一节与第二节分别论述了列斐伏尔空间三元辩证法理论，以及社区博物馆的相关理论和范围界定，并分析了二者的耦合之处，为接下来二者的理论结合打下基础。

第二部分是对国内外社区博物馆现状的调查研究，内容为第三节。这一部分通过实际

[1] 刘怀玉. 现代性的平庸与神奇：列斐伏尔日常生活批判哲学的文本学解读 [M]. 北京：中央编译出版社，2006.
[2] 张笑夷. 列菲伏尔空间批判理论研究 [M]. 北京：社会科学文献出版社，2014.
[3] 赵海月，赫曦滢. 列斐伏尔"空间三元辩证法"的辨识与建构 [J]. 吉林大学社会科学学报，2012（02）：22-27.
[4] 包亚明. 现代性与都市文化理论 [M]. 上海：上海社会科学院出版社，2008.
[5] 潘可礼，张海防. 亨利·列斐伏尔的三元辩证法 [J]. 学海，2020（05）：179-184.
[6] 李春敏. 列斐伏尔的空间生产理论探析 [J]. 人文杂志，2011（01）：62-68.
[7] 林叶. 城市人类学再思：列斐伏尔空间理论的三元关系、空间视角与当下都市实践 [J]. 江苏社会科学，2018（03）：124-135.
[8] 高春花. 列斐伏尔城市空间理论的哲学建构及其意义 [J]. 理论视野，2011（08）：29-32.

案例阐述上文的基础理论，分析当前社区博物馆空间营造的不足之处，并提出相应的解决方案，为后面提出社区博物馆空间营造的原则与策略提供参考。

第三部分是从列斐伏尔空间三元辩证法角度出发，对社区博物馆的空间进行分析与研究，内容为第四节。这一部分衔接上文的研究内容，前半部分运用列斐伏尔空间三元辩证法分析社区博物馆的空间三维度、空间三元结构，以及空间生产机制，构建社区博物馆空间独特的分析模型。后半部分依据社区博物馆具体空间三维度的特性提出社区博物馆空间营造原则，为下一部分对应具体城市社区类型提出社区博物馆空间营造策略提供理论支撑。

第四部分是我国城市社区博物馆的空间营造策略，内容为第五节。这一部分衔接上文研究成果，结合我国城市社区分类和特点阐述社区博物馆的空间营造原则，归纳和演绎出与不同城市社区所对应的社区博物馆空间营造策略。

第一节
列斐伏尔空间生产理论下的空间概念与空间化历史阐述

一、列斐伏尔空间生产理论下的空间概念

早期对"空间"概念的研究要么具有极为严格的几何学意义，认为"空间"是不受空间中客观物质形态约束也不受主观认知模式支配的、物质能在其中运动变化发展的空间容器，要么把空间概念建立在二元论的基础上，将空间属性简单地划分为物质性和非物质性。这种理论的局限性造成后续学者对空间定义的分歧与矛盾。自20世纪70年代以来，随着全球化和城市化的快速发展，空间生产开始受到很多专家学者的关注。

列斐伏尔对启蒙运动以来传统哲学把空间当作单纯客观的物质实体或空洞容器的观念进行了批判，将空间的概念从传统的几何学意义引至集物质性、精神性、社会性于一体的社会空间领域，将空间背后的社会层面的意义展现给人们。空间三维度如图1-1所示。列斐伏尔认为空间具有丰富的内涵，空间不是一个预设的、静止的、固化的容器，也不是实体意义上的空无；空间处于动态的实践过程中，并且能够被生产出来。既然空间是人类社会实践的产物，那么其本身就不再是单纯的物质性自然空间，而是一种社会空间。所以，空间是社会关系生产与再生产的中介，社会关系与生产方式的变更都会按照其自身要求生产出特定的空间形态，从而使得空间适配于当下的社会关系与生产方式。空间既是具体的人类劳作实践的外在物质表达，又是抽象的人类社会关系的缩影。

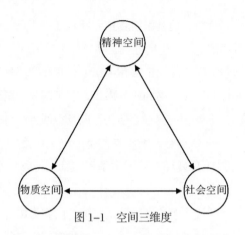

图 1-1　空间三维度

列斐伏尔对空间概念的全新理解突破了传统二元空间概念的单一维度,从历史的角度出发对空间进行总体的分析和梳理,进而将空间性、历史性与社会性进行总体梳理,实现了社会、历史、空间的辩证统一,为空间三元辩证法的建立奠定了重要基础。

二、列斐伏尔空间生产理论下的空间化历史阐述

一种新的生产方式和社会形态的出现意味着一种与之匹配的新空间将产生,在不同的生产方式和社会形态下会产生不同的空间。列斐伏尔认为空间有自己的历史演变周期,空间已经经历了从绝对空间到历史性空间的演变,现在来到了抽象空间阶段,并且未来将从抽象空间过渡到差异空间。

一是,绝对空间在列斐伏尔看来是一个类似于原始自然环境、田园牧歌式的空间。作为自然空间,绝对空间并非空无一物,也不是那种人类未干预的原始空间。它从大自然的背景中剥离出来,被人类赋予了一些功能特征,如栅栏、界限、地域等,与原始狩猎带和最早的农耕村落有着内在的联系。[1] 绝对空间是人与自然环境的相对组织关系,它保存和容纳了血缘与家庭的亲属关系,并将这种关系转移到城市与国家中。

二是,城邦的出现标志着神圣空间对绝对空间的占据,充满宗教性与政治性的神圣空间加剧了城市空间与乡村空间的冲突。君主专制的社会制度与生产方式确保乡村社会的安全,乡村社会则需要为这种保护缴纳贡赋。古希腊与两河流域的城邦文明是神圣空间的典型代表,纪念碑、坟墓等标志性纪念建筑是整个物质城市和人们精神世界的中心。神圣空间作为混合了语言、血缘与家庭的亲属关系、土壤的产物,为历史空间的出现奠定了物质基础和宗教基础。

[1] 刘怀玉,鲁宝.简论"空间的生产"之内在辩证关系及其三重意义 [J].国际城市规划,2021,36(03):14-22.

三是，历史空间的出现标志着宗教和政治空间的世俗化，它是人们将生存与劳动生产分离和原始积累的阶段。在中世纪初期，人们将知识、技术、金钱、宝藏、艺术作品和符号等在自然的遗迹上积累起来，城镇中的商人通过计算和交换将保护乡村和榨取剩余价值的控制权从封建领主手中夺走。自古希腊时期出现的社会形态被私人法律与多样性空间取缔，城市的地位变得越来越高，而工业化与城市化带来了大量的无产化人口，这些都为抽象空间的出现奠定了基础。

四是，抽象空间是与资本主义社会形态有着密切关系的、受到资产阶级管理支配的空间，也是土地与劳动产品的商品化与工业资本主义发展的结果。列斐伏尔认为法国波拿巴王朝时期对巴黎城市进行全新规划的奥斯曼巴黎城市计划就是最早的抽象空间社会实践，该计划连接与重建破碎和孤立的城市街区，旨在创造一个新的统一秩序与同质化的城市空间，以便更有效地控制与监管民众，之后的包豪斯设计学院建筑设计也证实了这种抽象空间的统治地位。从本质上说，同质化、碎片化、等级化的抽象空间是资本主义社会关系生产与再生产的空间，是受到资产阶级控制的政治经济空间。

然而，抽象空间作为一种具有同质性、碎片化与等级化特征的矛盾空间，其本身有许多内部矛盾，如使用价值与交换价值的矛盾、生产与消费的矛盾、中心与边缘的矛盾。[1] 抽象空间通过对人们的生活体验施加压力以使自身处于支配地位，矛盾空间将持续存在。这说明抽象空间本身是不能直接存在的，它必须以否定性的方式存在，抽象空间的矛盾也不能被其自身的否定性力量和同质化趋势完全消除。因此，列斐伏尔认为差异空间将在抽象空间中生成并超越其内在矛盾。

五是，列斐伏尔认为未来的空间生产将由以资本主义的抽象空间为主导演变成以社会主义的差异空间为主导。差异空间将成为改变民众日常生活的内在力量，并且能够实现生活与艺术的完美结合。空间化历史如图1-2所示。

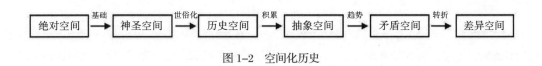

图1-2 空间化历史

（一）列斐伏尔空间三元辩证法阐述

列斐伏尔认为，人们一直关注的传统历史辩证法不过是二元对立关系组成的简单辩证法，已经不能促进人类社会的发展，也不能满足现实的需要。他认为社会、历史、空间存在辩证关系，所以他将空间引入传统的历史辩证法，使得空间成为与社会和历史密切相关的第三个元素。这不仅强调了空间的重要地位，还打破了原来的二元辩证法理论框架。列

---

[1] 刘怀玉. 今天我们为何要重访列斐弗尔 [J]. 马克思主义与现实，2020（01）：93-102.

斐伏尔首先从社会和历史角度分析与解读空间，然后回到空间的角度分析与解读社会和历史，最终确立了社会、历史、空间三元统一的辩证法。

列斐伏尔在《空间的生产》的第一章首次引入空间化辩证法的概念，构建了作为物质空间的空间实践（spatial practice）、精神空间的空间表象（representations of space）和社会空间的表征性空间（spaces of representation）三元一体的框架[1]。同时，列斐伏尔将三元空间要素的认知特征与社会空间的感知、认知和体验联系起来，对应空间实践的感知空间（the perceived space）、空间表象的构想空间（the conceived space）和表征性空间的体验空间（the lived space）。

1. 空间实践

物质空间的空间实践是自然和物质在空间中的实践，指一种涉及社会生产和再生产的空间生产，不仅是自然和物质的运动、传送和相互作用，还是人类在空间中进行的实践活动及其结果。也就是说，人类可以通过空间实践来创造空间，并且空间实践是空间表象与表征性空间的物质基础。由于空间实践具有特殊性、习惯性，还是物质生产及再生产的场所，因此它能被直观感受与凭借经验直接把握。空间实践实现了空间的连续性和凝聚力，并且参与到人们的日常生活中，包含人和物活动的空间与在空间中进行的实践活动。社会空间是空间实践的基础，不同的生产方式和生产关系会产生不同的空间实践。

此外，空间实践也是感知空间，指空间的可感知形式，是可以通过各种感官感受和把握的、可测量的、可以描述的物理空间，包含尺寸、形状、材质、颜色等。感知内容包括可以呈现给人的五种感官的所有部分，即能够通过视觉、听觉、味觉、嗅觉、触觉感知的部分。物质空间中的空间实践与空间实践的感知空间存在于地理区位、活动场所、物质实践、建筑空间、生产工作、资源材料、社区场所、生态景观、交通路线等。

2. 空间表象

精神空间的空间表象把空间看作一种精神表现，是通过符号、代码等营造出来的意识形态概念化的、基于空间实践的、在不同生产方式和生产关系中占据主导地位的空间。人们用语言、文字、图像、数字或设想对空间进行设计、规划、改造和管理，并通过对空间权力的分配、知识权力与意识形态来维持空间的生产。也就是说，空间表象与生产关系和意识形态密切相关，它受到科学家、规划者、工程师、技术人员等拥有空间话语权的人支配。因此，空间表象是一种抽象的真理，蕴藏着知识的权力，这也说明空间表象是充斥着空间话语权拥有者的自我意识的构想空间。例如，在快速城市化和工业化的过程中，将原住民迁移并拆迁原有居住区，将原有居住区改为住宅密度较大的高层商品房小区，同时原住民搬进安置小区生活。这种消费资本主义生产关系的空间表象所支配的空间实践更多考

[1] 列斐伏尔. 空间的生产 [M]. 刘怀玉，等译. 北京：商务印书馆，2022.

虑的是既得利益阶级的需求，而非原住民的日常生活需求。换句话说，空间表象实际上支配和主导着社会空间的生产与再生产。

此外，空间表象也是构想空间，是从人的主观意识结构中衍生出来的、与知识生产具有联系的、充满意识形态的、各种要素结合形成一个整体的想象空间。也就是说，在这种象征意义的背后存在不同的社会生产关系，这些空间中的关系结构本质上是与统治阶级的利益与权力相关联的。空间权力的拥有者通过构想空间深入影响与支配人们的日常生活，进而巩固其主导地位。也就是说，这种空间表象会让人产生进入所谓"真实空间"中的幻觉。精神空间的空间表象与空间表象的构想空间存在于政府政策、市场导向、概念规划、意识形态、知识理论、符号图像、消费空间、权力空间、身份认同、规划设计、生产关系等。

3. 表征性空间

社会空间的表征性空间是对空间实践与空间表象的全面拆解分离和重构，是与人们日常生活紧密相连的，处于被动感知体验状态的，承载着各种艺术、哲学和乌托邦设想的空间。这种空间可以为空间实践提供开放性与可能性，成为空间实践的灵感来源。不过，在资本主义生产关系下，空间实践与表征性空间都受到空间表象的支配。也就是说，相较空间权力拥有者创造的用来支配民众的抽象真理，表征性空间能够真正反映人们真实的日常生活体验与空间的本质，它超越了前两种空间且自身具有解放性，所以对表征性空间进行了解与分析就是对真实生活空间的探寻。列斐伏尔认为社会空间与表征性空间十分重要，是空间三元辩证法的核心，表征性空间所蕴含的解放性力量可以帮助人们改变资本主义的抽象空间，使得个体差异得到尊重和认可。空间生产最终回归人的主体性，尊重个体差异和个体的真实需求，追求民众在日常生活中的权利，实现人的自由全面发展。

此外，表征性空间也是体验空间，它为实践和认知活动提供平台，是人们对空间的亲历体验，是民众对日常生活中空间的改造，也是争取自由解放与反抗空间控制、压迫和剥削的斗争场所。通过表征性空间可以形成新的空间形态与追求空间正义。社会空间的表征性空间与表征性空间的体验空间存在于日常生活、行为习惯、体验空间、传统文化、艺术民俗、记忆想象、历史情境、博物馆、绘画、学习交流、乌托邦计划等。

（二）列斐伏尔空间三元关系的辩证性阐述

在列斐伏尔看来，基于社会、历史、空间的视角不仅超越了传统的空间二元论，还能够把空间划分为3个层次：物质空间、精神空间和社会空间。这一全新视角使得空间以一种三元辩证的形式存在，3个要素不是处于互相分裂隔绝的状态，而是相互依存并统一为一个整体。也就是说，在空间化的三元辩证法中，空间实践、空间表象、表征性空间各自都包括另外两种空间的意蕴，3个元素既相互冲突，又构成空间的一般状态。

首先，列斐伏尔认为在空间三元辩证法中空间表象支配着空间实践，因为在日常生活中，意识形态、知识权力、符号系统在不断影响着社会生产与实践活动。也就是说，掌握空间话语权的统治阶级不断生产出的空间表象在操控着民众的空间实践。例如，国家的技术人员和城市规划专家学者决定城市空间的规划布局，进而控制城市的生产建设，这就使得人们的日常生活受到自上而下的表征化秩序的规训。所以，列斐伏尔将资本主义城市空间视为社会关系生产与再生产的空间载体。列斐伏尔还认为空间表象不能完全解释空间实践，也不应该控制空间实践，因为空间表象无法摆脱知识权力与意识形态的束缚。

其次，列斐伏尔认为在空间三元辩证法中表征性空间抗拒着空间表象的主导，表征性空间所具备的象征性特点与作用可以慢慢解除权力的主导，并弥合利益跟人们日常生活之间的鸿沟。而这种个人体验的空间能够与充满抽象知识符号系统的空间表象抗衡，它内部所蕴含的力量可以颠覆资本主义统治阶级占据的空间表象，使得民众夺回真正的日常生活。

最后，列斐伏尔认为表征性空间与空间实践的相互联系与其对空间表象的反抗有很紧密的关系，因为在资本主义抽象空间中遭受剥削与压迫的民众一直向往一个更合理、更正义的空间。表征性空间作为一种亲历空间，能够为空间实践提供全新的可能性。也就是说，表征性空间不仅能与空间实践和空间表象并置关联，还能超越空间实践与空间表象。

如前所述，列斐伏尔的空间三元辩证法中空间实践、空间表象与表征性空间存在三元辩证关系，这3个要素既相互对立又相互关联，它们的地位是平等的，并且不相上下，这使得辩证法具备开放性与可能性。换句话说，因资本主义的社会性，它们在整个城市空间中相互关联、辩证地结合在一起，随着表征性空间中的社会关系发生转变，新的空间实践与空间表象将被生产出来，新的空间实践与空间表象也会影响表征性空间。空间三元辩证关系如图1-3所示。

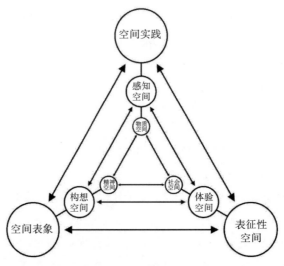

图1-3 空间三元辩证关系

本节阐述了列斐伏尔基于社会、历史、空间视角的空间概念、空间化历史、空间三元性和三者的辩证关系，列斐伏尔根据空间三元辩证法从整体上把握空间，使得空间实践、空间表象、表征性空间三者合为一体，突破了传统二元论的抽象整体。通过空间三元辩证法可以分析具体的整体空间，并以表征性空间为核心进行探索，为接下来构建社区博物馆空间提供全新的视角与理论基础。空间三元辩证法可以帮助我们探寻空间的开放性与可能性，并突破传统二元论下的社区博物馆营造设计模式。通过列斐伏尔独特的社会空间视角对社区博物馆空间进行整体分析，有助于解决当下社区博物馆空间营造设计中的难点。

第二节
社区博物馆的相关概念

一、新博物馆学的基本内容

（一）新博物馆学的发展历程

目前，学术界普遍认为 20 世纪 70 年代在法国建立的生态博物馆标志着新博物馆学的开端，还有一些学者如雨果·戴瓦兰则认为 19 世纪 90 年代于瑞典建立的露天博物馆是新博物馆学的萌芽。20 世纪 20 年代挪威出现的民俗博物馆传递了文化遗产在地化保护与当地环境整体化保护的观念，这一新的博物馆类型与其独特的理念迅速影响欧洲各国，尤其是北欧地区出现的露天博物馆对早期的新博物馆学影响巨大，美国在不久之后也建立了许多露天博物馆。新博物馆学运动在 20 世纪 60 年代后飞速发展，这一时期被博物馆学术界称为第二次博物馆革命，这场轰轰烈烈的革新运动有许多产生原因。

首先，世界各地区的前殖民地国家的独立运动催生了强烈的民族主义意识形态，人们迫切想要脱离前宗主国的殖民文化的控制与影响，并发掘本土特色文化。其次，在北美洲、南美洲兴起了有色人种与少数族裔的平权运动，这使得北美各国的人们开始关注并深入挖掘少数民族和原住民的文化遗产；在南美洲的混血种族与原住民也发起了反对军政府独裁和要求政治权利的革命运动，并通过考古发掘殖民前的原住民文化历史。再次，由于石油危机与政府的经济政策，欧洲各国的失业率飙升，且出现了严重的通货膨胀，革命运动席卷欧美各个发达国家，这些反抗活动的参与者认为社会中充斥着官僚主义与文化操控。这种现代性危机深刻地动摇了西方主流价值观，人们开始对西方文化与现代工业文明进行思考。此外，瑞典、丹麦、法国等国家的人们出于对新文化的需求，开始关注不同于工业城市的乡村地区，并发掘传统社会的特性。最后，传统博物馆的文化精英主义发展理念与文物藏品机制使得人们与博物馆之间产生了巨大的隔阂，传统博物馆为了自身的扩建运营与文物修复逐渐变为社会精英们的私人场所。传统博物馆的理念、价值和社会责任遭到人们的质疑，人们开始思考博物馆真正的核心理念与新的发展方向。

新博物馆学自诞生起便关注社会、人文和自然方面，融合了后现代主义、身份认同等思想与理论，开辟了博物馆发展的新方向。新博物馆学的发展大体上可以分为3个阶段。第一阶段是20世纪60年代至70年代，新博物馆学在这期间主要强调对当地社区的服务，更多关注社区日常生活与居民实际问题。世界各地的博物馆学者积极投入新博物馆学运动，根据当地特有的情况结合新博物馆学理念进行探索，整体呈现百花齐放的局面。虽然这些新博物馆的命名与运营模式存在差异，但其核心观点都是突破传统博物馆理念，为博物馆探索新的发展道路。1964年，墨西哥成立了著名的人类博物馆，该馆邀请了当地的专业人士进行本土历史与文化遗产的介绍工作。同一时期的美国也建立了为非洲裔民众服务的阿那克斯亚邻里博物馆。北欧一些国家也相继成立了许多户外博物馆与活动性博物馆。尼日尔建立了尼日尔国家博物馆。法国也建立了天然公园博物馆，为之后的生态博物馆的建立积累了宝贵的经验。1968年，国际博物馆协会第8届全体会议提出："博物馆能够为文化、社会和经济生活做出贡献，应该成为促进社会发展的主要机构。"[1] 1971年，国际博物馆协会大会在巴黎举行，做出了修改博物馆定义的决定，将博物馆是公共机构的一部分的观念增加了进去。[2]1971年，著名的克勒索—蒙锡生态博物馆在法国中部克勒索矿区建立。在这一阶段，许多新博物馆在世界各地出现，大量关于新博物馆的国际会议也在全球召开，新博物馆学逐渐得到人们的认可与关注。越来越多的博物馆开始转变收藏与展示模式，博物馆的关注点也在慢慢变化，开始更多关注社会问题、生态自然、科技教育等，并且突破了传统博物馆的服务与教育范围。

第二阶段是20世纪80年代至90年代，由于世界形势的变化与各种思潮运动的影响，各个国家政府通过改变原本的种族政策与社会福利政策适应新的变化，民众生活问题、种族矛盾和贫富差距等得到了一定的缓解。这使得新博物馆学运动由之前关注社区日常生活与居民实际问题一定程度上转变为关注文化遗产保护。在这一阶段，国际博物馆协会多次组织关于新博物馆学和新博物馆类型的国际会议，新博物馆学运动于1984年在加拿大魁北克召开了会议并发表了著名的《魁北克宣言》，阐述了新博物馆学的主要理念与内容，强调了博物馆的社会责任与义务。该宣言要求国际博物馆社会承认这次运动，要求将生态博物馆、社区博物馆、邻里博物馆和地区博物馆纳入博物馆类型之中，要求在国际博物馆

[1] 孙佳.新博物馆学与历史街区文化遗产保护研究[D].武汉：华中师范大学，2018.
[2] 戴瓦兰，张晋平.二十世纪60—70年代新博物馆运动思想和"生态博物馆"用词和概念的起源[C]//2005年贵州生态博物馆国际论坛论文集，2005：91-94.

协会内设立国际生态博物馆—社区博物馆委员会。[1] 该宣言还提出了对文化遗产的整体保护，这标志着新博物馆学的理论完成了初步的构建，相关运动也从各自分散的状态转变为组织化运动。1985 年，国际博物馆协会在葡萄牙首都里斯本举行的会议上成立了新博物馆学国际运动组织，作为国际博物馆协会的附属机构。世界各地的社区博物馆、生态博物馆、地方博物馆、"记忆遗址"，以及其他类型的新博物馆共同构成了新博物馆学运动机构的网络。[2]

第三阶段是 20 世纪 90 年代之后，以欧美发达国家为主的新博物馆开始放弃早期关注社会现实问题与社区民众日常生活的激进姿态，大量关注文化遗传保护、文化多样性、文化传承等方面的移民博物馆、土著博物馆在各国建立。同时，由于新博物馆内部存在组织结构理念冲突、未能适应社会变化、脱离社区居民、经营管理不善等问题，一些著名的新博物馆开始接受政府的资金支持与管理，转变为传统博物馆。例如，阿那克斯亚邻里博物馆在 1987 年脱离社区，并入史密森国家博物馆群；同时，一些学者认为在法国以克勒索—蒙锡生态博物馆为代表的一大批正式注册的生态博物馆违背了建设之初遵循的新博物馆学理念与原则。若新博物馆需要政府与专业人士来强制运营，将不可避免地削弱与当地社区和民众日常生活的联系，最终也会背离新博物馆学理念与宗旨，并逐渐回归传统博物馆行列。据不完全统计，截至 1990 年，各国以生态博物馆名称注册的博物馆在 300 座以上，其中西欧和南欧 70 余座（主要集中在法国、西班牙、葡萄牙和比利时），北欧 50 余座（主要集中在挪威、瑞典和丹麦），拉丁美洲 90 余座（主要集中在巴西、墨西哥和智利），北美洲 20 余座（主要集中在加拿大和美国）。近年来，生态博物馆在南非、马里和尼日尔等非洲国家，特别是在中国、日本和越南等亚洲国家呈现方兴未艾之势。[3]

新博物馆学运动发展至今已影响世界各地，它的出现与发展推动了世界博物馆事业的进步，探索出了博物馆未来的发展方向，既催生了许多著名的新博物馆，又培养了无数致力于推广新博物馆学、关注社会问题、保护文化遗产的专家学者。新博物馆学的一些理念与核心思想也逐渐融入传统博物馆学，如服务社会、以人为中心、重视参观者对博物馆的评价等。然而，新博物馆学运动并非完美无缺，曾经许多著名的、致力于服务社区和解决实际问题的、带有理想主义与激进姿态的新博物馆因为种种原因逐渐转变成关注遗产保护甚至被收编入传统博物馆体系，另一些依然坚持新博物馆学理念的新博物馆也慢慢陷入经营困难的局面，这些现实案例都表明新博物馆学理论还需进一步完善。总之，新博物馆学运动是博物馆发展史的里程碑，它在社区发展、文化遗产活态性和整体性保护、解决社会

[1] 单霁翔. 从"馆舍天地"走向"大千世界"：关于广义博物馆的思考 [J]. 国际博物馆（中文版），2010（03）：69–75.

[2] 孙佳. 新博物馆学与历史街区文化遗产保护研究 [D]. 武汉：华中师范大学，2018.

[3] 安来顺. 一种以社区为核心的开放型博物馆：国际生态博物馆 40 年探索 [J]. 中国文化遗产，2011（06）：60–65+7.

现实问题等方面的作用有目共睹。在未来，新博物馆学运动将继续在文化遗产保护等领域发挥作用。

（二）新博物馆学的基本理念

新博物馆学是多学科交叉的、专注于文化遗产保护的、与社区居民紧密联系的理论与实践成果，它与传统博物馆在理念、功能和运营方面有很大的不同。因为新博物馆学运动自 20 世纪 60 年代以来便以分散状态在世界各地进行着，所以新博物馆的具体形式、运行方式等都受到当地情况的影响，并没有统一的形式。接下来，本书将对新博物馆学的基本理念进行整理与分析，提炼并归纳它的特征。

新博物馆学的基本理念大致可以分为 5 条。第一条是新博物馆学主张以人为中心、服务社区、促进社会发展。新博物馆学的核心理念是通过社区居民来建设、管理与运营博物馆。首先，这样可以鼓励社区居民成为当地文化遗产保护的主体，培养社区居民的主体意识与文化保护观念，增强社区的凝聚力，社区会因为新博物馆发挥自身职能而得到发展，而发展后的社区也会反哺新博物馆，进而形成正向的循环。其次，以社区居民为中心可以增加人们与博物馆的互动，改变传统博物馆以学术研究为目的、以藏品为中心、以陈列为展示方式的职能与形式，为人们提供更好的文化知识服务，真正践行以人为中心、关注与服务社会、推动人类发展进步的职责与使命。最后，当地居民与社区的日常生产生活是新博物馆发展的根本动力，以人为本能够使新博物馆发挥公共文化空间的职能，具体包括掌握社区的发展方向、保持社区居民的认同感、传承传统文化、维持社区稳定、加强社区成员彼此之间的互动联系、建立身份认同、传播知识技能、促进人的全面发展等。

第二条是新博物馆学主张对当地社区环境与文化进行整体性保护。首先，文化遗产和当地的环境有着非常紧密的联系，当地环境中存在的独特性催生具有地域特色的文化遗产，如果将文化遗产与其所属环境割裂，势必导致文化遗产失去活力，也会对当地的文化生态环境造成破坏。因此，要想做好文化遗产保护工作，新博物馆就需要对文化遗产进行在地化保护，这也要求新博物馆对当地环境进行整体性、活态性保护。这种保护机制使得新博物馆学更加注重生态自然与文化之间的和谐关系，为文化遗产与社区环境提供了再生的活力，同时也超越了传统博物馆过于关注文物藏品的观念，使得博物馆的展示与保护范围延伸至文化遗产与当地整体环境。其次，文化遗产是当地社区外在物质与内在精神的统一，它存在于社区的形态布局、建筑风格、日常生活、传统习俗中，这就要求新博物馆从物质角度与精神角度出发对文化遗产进行全面、整体的保护，确保当地文化遗产在文化、教育、社会、经济等方面得到完善的保护。最后，新博物馆不仅需要对过去与当下的文化遗产进行整体保护与传承，还需要关注文化遗产的再生活力，保障其未来的发展。

第三条是新博物馆学主张关注社区的日常生活。首先，新博物馆通过收藏、记录和展示能够反映社区居民日常生活行为、风俗习惯、文化特色、价值观念的物质与非物质，来与社区居民、文化遗产建立联系，并由此成为社区历史记忆的"数据库"。这使得新博物馆成为社区历史变迁的见证者、当下发展的促进者、未来文化遗产的传承者。其次，新博物馆作为社区历史记忆的"数据库"能够使社区居民产生强烈的集体认同感与对社区的归属感，并且新博物馆作为以社区居民为主体的公共文化空间，为人们提供沟通的机会，有助于促进不同人群之间的了解，从而塑造出具有生命力的集体记忆。最后，新博物馆以社区的集体记忆为核心，开展对藏品的收集、整理、解释与场景再现，能够使社区居民产生情感共鸣。当其他参观者进入新博物馆参观时，这些真实反映社区居民日常生活、传统文化与习俗、社会形态、思想观念的藏品与场景，能够为参观者带来极为真实的感受，使其对文化遗产有深刻的了解。

第四条是新博物馆学主张进行多元文化的保护与传承工作。随着人类社会的发展与进步，当下人们越来越注重不同文化之间的平等交流，也承认与尊重文化的多样性。博物馆作为人类文明与知识的宝库，也需要做好对多元文化的保护与传承工作。传统博物馆因组织形式、运营方式、理念职责等方面的原因，总是以学术知识权威的形象对参观者进行自上而下的规训。然而，新博物馆学提倡尊重与满足参观者对多元文化和身份认同的需求，通过在文化遗产保护工作中促进不同文化之间的交流，缓解文化对立冲突，为各个群体提供合理、自由表达个人想法的文化空间。工业化与城市化发展对乡村地区的传统文化、生活习惯等方面造成很大的影响。新博物馆学主张对这些地区的文化遗产进行妥善的保护与传承，保护原住民文化，维护文化生态的多样性。

第五条是新博物馆学认为博物馆在终身教育中有重要的地位。首先，博物馆作为公共文化空间具有向参观者传播知识、促进其学习的职能。不同于传统博物馆自上而下对参观者灌输知识的方式，新博物馆学主张教育功能与学术研究同等重要，博物馆不能仅传播知识，还要使参观者了解知识的产生过程，学会运用知识，客观、全面地认识自然环境与人类社会，从根本上指引参观者学习与掌握知识，提高人们的创新能力。同时，作为面向社区居民的教育场所，新博物馆还能帮助社区居民建立文化自信，促进社区的发展。其次，新博物馆的展示方式与展示内容要贴近人们的日常生活，便于参观者了解与学习，策展主题与所展出的内容应该以社区发展要求、参观者需求为参考。这样可以突破传统博物馆由专家学者主导的权威模式，为参观者提供更好的文化服务。再次，在新博物馆平等、开放、共享的文化空间中，阶层差距所带来的教育资源分配不均的问题能够得到缓解，参观者平等地获得学习机会，社会阶级之间的差距会缩小，社会矛盾会得到缓和。最后，新博物馆为老龄人口提供了学习与交流的平台，老龄人口通过新博物馆组织的实践活动，能够更好地传承与保护非物质文化遗产。

（三）新博物馆学与传统博物馆学的区别

新博物馆学自诞生以来便不断突破传统博物馆的保守理念，新博物馆学并不完全否认传统博物馆学，而是在传统博物馆学的基础上去粗存精，为人类博物馆发展探索出新的道路。新博物馆学与传统博物馆学之间存在许多不同的理论与诉求。

首先，传统博物馆学比较注重"物"。也就是说，传统博物馆的主要工作与职能是收藏具有较高价值的文物，这对藏品保护和学术研究都较为有利，但也会导致博物馆的收藏标准变为以古为贵，然而这些文物并不一定能够帮助人们认识世界。同时，传统博物馆对文物的展示形式与讲解模式会导致藏品与其所属文脉断裂，参观者也很难通过这种展示形式与讲解模式了解藏品背后承载的信息。新博物馆学则更注重"人"，可以说，它延伸了传统博物馆的藏品范围，将物质与非物质的文化遗产都纳入博物馆收藏、展示、研究的范围，主要以体现当地民众的日常生活和集体记忆、促进社区与参观者发展为收藏标准。新博物馆学提倡对文化遗产采取在地化、活态化、整体化的保护策略，将藏品与其所在的环境一同展示给参观者，使参观者更加全面地了解藏品及其所反映的日常生活、人文风俗、社会形势等信息。

其次，传统博物馆自诞生以来的大部分时间是属于统治阶级的私人珍宝馆、文化沙龙，民众没有资格接触和学习博物馆内的知识。18世纪末的法国大革命改变了这一状况，博物馆逐渐成为民众的公共文化空间。然而，这并不意味着博物馆完全为民众服务。传统博物馆因其运营方式、组织形式而拥有较浓郁的学术氛围，其采用自上而下的知识灌输方式，目的是巩固主流文化与思想。新博物馆学则提倡以社区居民主导、专家协助的形式组织、建立及运营博物馆。新博物馆致力于建立以社区为中心的公共教育和文化展示传承及民主管理系统，服务社区发展，满足民众的文化需求，是面向民众的完全敞开的公共文化空间。

最后，传统博物馆的职能大多局限于博物馆建筑空间内部，较为注重学术研究，对环境与社会问题不太关注。而新博物馆学则注重保护自然生态环境、解决社会实际问题及关注人类社会的可持续发展，并且新博物馆学提倡帮助人们终身学习，鼓励人们学习、运用和创新知识。新博物馆学提倡尊重文化的多样性，关注乡村地区的文化遗产保护。新博物馆的功能与形式种类繁多，促进了博物馆的多元化发展。

二、社区的定义

社区在古代农业社会便出现了，人们在同一区域开展群体性活动，后来出现了乡村聚落，随着人类社会的不断发展又出现了城镇社区。"社区"一词来源于拉丁语，它的意思是共同管理，一般被认为是在一定场域内部，通过某种关系维系的群体及其活动范围。也就是说，社会学传统上认为社区是"生活在同一地域的人群"。"社区"这个词经常被用于表示一个群落，群落成员遵守趋同的价值观并拥有社交上的凝聚力，共享一个地理范围作为社会单位。社区由一定数量的家庭组成。

德国社会学家斐迪南·滕尼斯是第一个将社区这个概念纳入社会学并进行研究的学

者，他在著作《共同体与社会》一书中将人类社会划分为两种基本形式。第一种是一定人群通过共同关系如血缘关系、处于同一地域、具备相同文化或同一信仰等，建立的高度团结的、具有核心凝聚力与亲密关系的社区。第二种则是以达成一定共识和遵守一些行为要求为条件，能够以此使个体获益的社会，这种相对宽松的、成员保持一定距离的共同关系仅能以共同利益维系。但是在现实中，无法找到纯粹的社区与社会。也就是说，社区与社会是相互融合交叉的[1]。斐迪南·滕尼斯提出社区理论后，社会学内部对其展开了广泛的讨论，有许多学者与学派团体研究并提出了对社区概念的不同解释。在社区的概念阐释与理论研究方面，比较著名的是 20 世纪初美国的芝加哥社会学派，该学派基于斐迪南·滕尼斯的社区理论对芝加哥的都市化过程进行研究，提出了著名的人文区位学理论，该理论研究社区与居民的关系，并将环境与地理因素纳入研究中。该学派认为，社区所在的生态自然环境会影响当地居民的行为习惯。

20 世纪 30 年代，中国学者费孝通和一些燕京大学的学生将社区的概念引入中国，他们翻译了芝加哥社会学派代表人物罗伯特·E. 帕克的论文，并结合芝加哥社会学派著名的人文区位学理论对英文"community"进行翻译。2000 年，中共中央办公厅、国务院办公厅转发了《民政部关于在全国推进城市社区建设的意见》，这一文件的出台标志着我国城市社区建设工作开始进入规范化、系统化时代。之后，我国大部分地区开始进行社区改革，各个城市将原先的居民委员会按照地区、资源情况等条件重新整合，并划分为新的社区居民委员会。

虽然社会学领域对社区的概念有多种解释，但广大学者在社区基本构成方面达成了一定的共识。首先，社区必须包含一定范围的、稳定的场所，空间内部需要具备一定设施或能够维持社区日常生活、利益与秩序。也就是说，社区以空间为载体。其次，社区需要具备一定数量的人群，并且社区内部需要有一定的组织结构，能管理社区日常生活。也就是说，人是社区的主体。最后，社区内部群体需要具备维系彼此之间紧密关系的条件，如同一文化信仰、同一价值体系、强烈归属感和认同感等。

总之，当下的社区概念比斐迪南·滕尼斯时代的社区要复杂得多，科学技术的发展使得传播媒介与交通工具发展迅速，个体之间的交流越发畅通，尤其在高度城市化的地区，社区与社会已逐渐融为一体。

[1]　滕尼斯 . 共同体与社会：纯粹社会学的基本概念 [M]. 林荣远，译 . 北京：商务印书馆，1999.

三、社区博物馆的理念与界定

（一）社区博物馆的核心理念

社区博物馆是新博物馆学体系内非常重要的一部分，它是新博物馆学服务社区与居民理念的实践成果。社区博物馆在保护社区文化遗产和集体记忆、发展社区文化资源、增强社区凝聚力、改善社区居民日常生活等方面发挥了很大的作用。如上文所述，由于各个国家与社区的条件不同，因此社区博物馆在形态等方面存在差异。一些地区的社区博物馆根据其地域特点进行了不同程度的创新、改良及发展。本书通过整理与归纳，总结了以下7个社区博物馆共有的核心理念。

第一，社区博物馆主张开放性保护原则。自诞生以来，博物馆的开放程度便随着时代的发展不断扩大，并逐渐成为促进文化传播、社会发展的公共文化空间。物质与非物质文化遗产是社区人文生态环境历经多年沉淀下来的精华与灵魂，社区博物馆作为一个立足于社区、以服务社区和居民为根本目的的机构，需要对参观者完全敞开，满足人们的文化需求。也就是说，社区博物馆作为社区文化中心，要充分发挥对社区的教育作用，就必须具有对社区居民的持续吸引力，应能够吸引社区居民持续来馆活动，使参观博物馆成为他们的文化习惯。只有这样才能对社区居民产生持久的熏陶，对其审美心理产生深刻影响。[1]要想做到这些点，社区博物馆需要保护好社区文化遗产有形与无形的载体，关注社区居民在日常生活、审美喜好、文化偏好、行为习惯等方面的需求，使室内外空间在尺寸、布局、装饰风格等方面具备观赏性、贴近居民生活，场所设施与举行的活动覆盖面广泛且便于居民参与。同时，社区博物馆是对外宣传和传播文化遗产的工具，可以流动展览的形式在其他地区宣传文化遗产，增进不同群体之间的交流，促进社会和谐发展。此外，社区博物馆还是社区教育机构，它可以深入基层传播知识，帮助当地居民了解社区的历史，关注社区的人文生态环境，并自发地传承、保护与发展文化遗产。总之，社区博物馆通过组织活动与日常服务来巩固自身在社区中的地位，增加社区的凝聚力，构建社区共同体。社区博物馆是社区居民关注的焦点，将社区发展为生活、经济、文化三位一体的现代化场所。

第二，社区博物馆主张发展中保护原则。社区不仅是一个区域概念，还具有时间方面的意义。一个社区跨越历史长河发展至今，是在不断变化的。社区博物馆通过主动介入社区内部，引导居民参与各种活动，并以此为手段帮助社区发展。社区博物馆不仅保护文化遗产，还传承集体记忆，它促进多元文化沟通交流，确保文化遗产被继承并保持旺盛的生命力。也就是说，社区博物馆所研究的空间和时间要素具有历史延续性，来自历

[1] 单霁翔.探讨社区博物馆的核心理念（下）[J].北京规划建设，2011（03）：75-78.

史，经历现在，面向未来，目的是阻止社区文化在某一个时刻终止或断裂。[1]因此，社区博物馆作为社区文化中心要注重社区居民的日常生活状况和未来发展方向，在充实人们精神文化世界的同时教育、引导参观者，培养人们对社区、城市的感情，促进人的全面发展。对于文化遗产，仅进行单纯的保存工作会导致其随着时间的流逝失去活力，并慢慢走向消亡，社区文化必然会随着时代的发展、居民生活方式的改变、观念与行为的变更、多元文化交流等发生变化。社区博物馆需要扎根文化遗产，先探寻其生长之地的人文生态环境，积极应对各种因素导致的变化，了解居民日常生活方面的信息，再结合社会大环境（如政策、经济、文化等方面）进行运营管理、日常工作的调整，为城市的文明及和谐发展提供帮助与支持。物质与非物质文化遗产承载的是社区过往发展历史，是一代代社区居民的集体记忆，是维系社区紧密关系的核心要素。通过传承、发展和创新社区文化遗产能够帮助人们获得归属感与认同感，同时使得社区博物馆成为社区记忆宝库，促进社区的繁荣发展。

第三，社区博物馆主张可持续保护原则。城市化与工业化的高速发展使得城市扩张迅速，也使得城市社区的规划出现了一些问题，同时城郊和乡村地区的人文生态环境都会受到很大的影响。传统生活与现代文明的融合导致地区居民的思想观念、文化习俗、行为习惯等发生了变化，甚至一些地区的物质与非物质文化遗产在这一过程中逐渐消失。因此，社区博物馆需要承担保护多元文化的责任。生态环境是一个社区存在的基础，它不仅影响社区的形态，还影响社区居民的日常生活，社区博物馆在保护社区文化遗产的同时还应保护社区生态环境。如果说改善自然生态环境的目的是构建环境友好型社区，那么改善人文社会环境的目的则是构建人文关怀型社区，建设一个环境友好型与人文关怀型和谐统一的人居社区才是正确的社区现代化之路。[2]同时，社区博物馆应注重社区邻里关系的培养，通过发挥博物馆的社会功能营造和谐安定、可持续发展的社区氛围。社区博物馆组织的文化展览与社会实践活动能够提高社区居民的文化素质，提升社区居民的生活质量，满足社区居民的实际利益需求，促进社区的可持续发展。社区博物馆的概念与实践的发展基于人们对保护自然和文化遗产认识的发展。因此，社区博物馆有责任和义务保护社区人文社会环境，鼓励社区居民参与文化遗产保护工作。社区居民在这一过程中也能接收到更深刻的教育，感受到分享交流的快乐，真正体验到当代博物馆的文化服务。

第四，社区博物馆主张整体性保护原则。社区与当地环境、文化遗产、建筑物体之间存在紧密的联系。社区博物馆的工作范围包含博物馆建筑空间、博物馆辐射范围内的自然与文化环境，居民日常生活习惯、传统习俗与观念等。社区博物馆的展示空间并不局限于博物馆建筑内部，室内外都可作为展览场所。因此，社区博物馆在进行文化遗产

---

[1] 单霁翔.探讨社区博物馆的核心理念（下）[J].北京规划建设，2011（03）：75-78.
[2] 单霁翔.从"馆舍天地"走向"大千世界"：关于广义博物馆的思考[J].国际博物馆（中文版），2010（03）：69-75.

保护工作时要将一切与社区有关联的事物看作一个整体，在社区博物馆中整体呈现社区所具有的文化独特性，保护好社区内部能够体现社区集体记忆或具备纪念意义的建筑空间与自然生态环境。特定的文化与自然生态环境是文化遗产存在的必要条件，也是社区博物馆建立的基础。社区博物馆引入"整体性保护"的理念，即将社区特有的自然和文化遗产进行整体性保护，并保存在社区原生环境中，内容涵盖与社区居民生活联系在一起的所有可移动与不可移动文物、物质与非物质文化遗产，涵盖一切见证社区发展的集体记忆场所，涵盖全部构成社区人居环境的文化景观和文化空间。[1] 同时，对于社区内部的建筑本体与空间规划布局，也要进行协调统一的保护，建筑与社区布局承载着社区历史、社区居民的集体记忆与当地特有的生活方式。因此，不仅要保护物质基础，还需要对其承载的文化与生活进行维护。此外，整体性保护不仅要保护社区文化遗产，还要促进社区文化的传承与发展，举行文化活动满足居民的文化需求，提高居民的参与热情与凝聚力，培养居民的文化保护意识。社区博物馆通过对物质与非物质文化遗产进行整体性保护维护社区居民的集体记忆，保护文化多样性，为社区提供健康的发展方向。

第五，社区博物馆主张在地化保护原则。物质与非物质文化遗产与社区的环境和社区居民的日常生产、生活息息相关，社区居民应管理和保护文化遗产，自觉成为维护社区原生环境与文化遗产的纽带。社区博物馆在对文化遗产进行在地化保护时，将文化遗产本身及其交流关系网络，如人文环境、自然环境等一同保护，避免文化遗产脱离自身的生长环境，从而为文化遗产与社区博物馆提供源源不断的活力。将文化遗产放到传统博物馆中，往往会割断它们与原生环境之间的生动联系，使它们失去最初的意义。将博物馆融入社区生活既是一种文化智慧，也是一种历史责任。[2] 社区博物馆置身于文化遗产的地域氛围中，与当地的文化生态环境和居民日常生活融为一体。在地化保护能够增加居民对社区文化的了解，增强社区的凝聚力，培养社区居民的文化保护意识，使之更好地传承与发展文化遗产。

第六，社区博物馆主张活态化保护原则。社区的文化遗产存在于街巷空间、历史建筑、文化习俗中，静态陈设式标本无法体现社区文化遗产的历史底蕴，也无法使参观者感受到社区文化的生命力。只有通过原真性展示和剧场表演，甚至还原真实场景这些具有较高互动性的展陈方式，才能展现物质与非物质文化遗产的真正魅力。社区文化有静态与动态的双重含义：静态地看，社区文化是一种状态和结果；动态地看，社区文化则是一个内涵不断丰富的历史过程。一个健康的社区必然有一定的文化传承性和公众参与性，因此也具有了一种生命的特征，它是活态的、变化的，有着自己的特色和个性、内涵和外延，有

[1] 单霁翔.探讨社区博物馆的核心理念（上）[J].北京规划建设，2011（02）：94-98.
[2] 同上.

着自己的精神和灵魂。[1] 可以说，社区与社区及社区与社区居民之间存在复杂、多元且动态的紧密关系。社区博物馆将文化遗产保护与发展融入社区居民动态的日常生活，使人民群众真正了解到文化保护工作的重要性，同时也能改善周围基础设施与社区居民居住环境。相较其他博物馆兴建馆舍的行为，社区博物馆通过利用和改造历史建筑与闲置场所来融入社区生活环境，博物馆内部空间也多以动态形式呈现展品，展品主体多为社区居民捐赠与征集的具有日常生活气息的物品。总之，社区博物馆无论藏品、展示空间还是所处环境，都是相互联系且动态发展的，因此活态化保护方式能够通过给参观者展示活态传统生产、生活场景，提升博物馆作为公共文化空间的沉浸感，使参观者能更加全面地了解展品，从而更好地传承文化遗产。

第七，社区博物馆主张社区居民参与。社区居民在社区内部沟通交流、生活工作，并相互影响，在这一过程中逐渐形成了社区意识与社区文化。因此，社区居民是社区文化遗产的拥有者和创造者，社区居民与社区文化之间存在紧密的联系。社区博物馆强调以社区居民为主体，是通过居民自组织、利用社区内部资源建立的、由社区居民主导管理运营的、真正属于社区居民的博物馆。社区博物馆所展出的藏品也都是由社区居民自发捐赠与征集的。社区博物馆收集能够反映人们日常生产生活、展现传统习俗的展品，居民通过捐赠藏品为社区博物馆的建设添砖加瓦，也使得社区博物馆与居民和社区的关系变得更加紧密。居民是社区的主人，也是社区记忆的主体。每一位在本社区参加过重要活动的文化名人，每一件在本社区发生过的重大历史事件，都应成为珍贵的社区记忆。将文化名人对社会的贡献、历史事件对社区产生的影响展示给社区居民，能够使社区居民了解本社区的光荣历史，从而产生自豪感。[2] 同时，社区博物馆会接受来自政府或社会组织的支持，以及来自大型博物馆和研究机构专业的指导，也对其他参观者提供开放服务。总之，社区居民参与是社区博物馆的核心理念之一，也是博物馆未来发展的关键之处。社区居民是真正了解与热爱社区人文生态环境的群体，也是唯一拥有保护与传承文化遗产权利的群体。只有使社区居民参与保护文化遗产，才能树立其文化遗产保护观念。

（二）社区博物馆与生态博物馆的区别

生态博物馆与社区博物馆都诞生自新博物馆学运动，并且都是世界范围内发展最迅速、数量最多、影响最广泛的新博物馆类型。虽然二者在整体理念上都遵循新博物馆学的核心思想，但是生态博物馆与社区博物馆在具体细节方面还是有很大差异的。此外，由于不同国家和地区的自然环境和人文环境具有独特性，因此不同国家和地区的生态博物馆与社区博物馆有很大差别。本节先对生态博物馆与社区博物馆的特点进行大致梳理，再开展范围界定比较。

[1] 单霁翔.从"馆舍天地"走向"大千世界"：关于广义博物馆的思考 [J].国际博物馆（中文版），2010（03）：69-75.
[2] 同上.

当下，学界普遍认为生态博物馆的概念与实践诞生于 20 世纪六七十年代的法国，最早的生态博物馆是法国地方公园系统，它也是法国的第一代生态博物馆。生态博物馆中生态这一概念不仅包含自然生态环境，还包含人文社会环境。乔治·亨利·里维埃认为生态博物馆具有 3 种功能：其一，生态博物馆是一种由公共权力机构、专家和当地居民三方参与的管理工具；其二，生态博物馆是时间与空间的镜子；其三，生态博物馆是实验室、资源保护中心和学校 [1]。因此，相较于社区博物馆，生态博物馆的涉及范围更宽广，涉及更多自然环境与自然遗产，这也使得生态博物馆的开放程度更高。欧洲一些国家的生态博物馆大多以当地居民主导、政府和专家协助的模式运行。生态博物馆在我国也被称为民族生态博物馆，我国第一座生态博物馆在贵州省建立，其主要理念是对民族地区的自然、人文、生态、传统文化习俗等进行整体性保护、传承和研究，运营则采用以政府和专家为主导的模式。之后，我国的生态博物馆大多以民族或乡村地区为载体，通过政府扶持和专家管理的形式进行传统生产生活方式、自然生态、自然遗产的整体性保护、传承和研究工作。

社区博物馆大多出现在发展中国家，其最初是促进社区居民保护和传承社区文化、协助发展社区、反抗殖民文化的政治机构。虽然社区博物馆和生态博物馆都注重自身与地域的联系，但社区博物馆更关注社区居民的现实问题，维护社区居民的利益和话语权，记录城市发展过程中社区居民的集体记忆，为社区居民提供文化服务，增强社区的凝聚力，促进社区和居民的全面发展。社区博物馆是社会经济文化发展至一定水平后出现的公共文化空间，一般出现在城市街区等经济水平较高的地区，在一些乡村地区或原住民聚居区也有社区博物馆出现。社区博物馆的基础是社区，这使得社区博物馆的开放程度比生态博物馆稍弱一些。也就是说，相比生态博物馆，社区博物馆的开放性较弱。譬如说，在某个地区生活着若干个拥有不同信仰和意识形态的部落，它们可以共同构建生态博物馆，但不能构建社区博物馆，因为社区的定义要求社区居民有着相似的价值观，是一个社会共同体。[2]在我国，社区博物馆大多建立在城市内部的历史街区，目的是保护城市内部的物质和非物质文化遗产，运营管理方式也是以政府和专家为主导。一些地区的社区博物馆有较强的经济功能，能促进当地旅游业的发展。

四、社区博物馆与空间三元辩证法的耦合

首先，社区博物馆是建立在当地社区人文社会环境基础上的公共文化空间。如果过于注重物质空间的实践活动，会使社区博物馆陷入僵化的唯物质论层面，阻碍文化遗产核心思想的传承与发展。与此同时，如果将构建精神空间视为社区博物馆工作的首要目标，文

[1] 里维埃. 生态博物馆：一个进化的定义 [J]. 中国博物馆，1995（02）：6.
[2] 陆瀛. 社区博物馆理念下的文化遗产旅游研究：以福州三坊七巷社区博物馆为例 [D]. 厦门：厦门大学，2014.

化遗产保护将演变为抽象的、空洞的观念论。因此，社区博物馆需要围绕人的社会实践活动来建设。列斐伏尔认为空间和人的实践有着紧密的关联，因此他从一种新的本体论维度理解空间，使空间与社会和历史处于同等地位，从而形成"社会—历史—空间"的三元辩证法。列斐伏尔关注的空间是物质领域、精神领域和社会领域共同构建的"理论统一体"，这种空间分为 3 个不同的具体空间，又呈现出整体性。[1] 列斐伏尔空间三元辩证法的最终落点是表征性空间，社区博物馆的理念之一同样也是展现人的真实生活空间。因此，二者在认识论层面具有一定的相似性。

其次，社区博物馆的展品大多是社区居民的自愿捐赠物和一些流传下来的非物质文化遗产，反映的是社区居民的日常生活方式、风俗习惯和集体记忆，且因受到当地特有地理环境的影响而具有强烈的历史性与地域性。因此，社区博物馆需要同时从物质领域、精神领域和社会领域出发，全面地展现文化遗产的原有面貌与深层内涵。列斐伏尔的空间三元辩证法将历史性和空间性放在同等重要的地位，是社会、历史、空间三元统一的辩证法。列斐伏尔的"空间实践—空间表象—表征性空间"可以回溯历史，进而重新阐释现在，并且预见未来的种种可能性。[2] 它可以帮助社区博物馆从历史的角度出发探寻文化遗产保护的方向，同时促进文化遗产融入当下。

再次，列斐伏尔的空间三元辩证法能够通过空间实践、空间表象和表征性空间的三元辩证关系帮助我们对空间展开整体且具体的研究。因此，将空间三元辩证法应用于社区博物馆的空间分析，有助于把社区博物馆的空间划分为三元空间，全方位剖析社区博物馆与社区、社区居民、藏品之间的关系，进而对社区博物馆空间实践、社区博物馆空间表象及表征性社区博物馆空间的系统性空间结构展开分析，助力社区博物馆营造具有鲜明地域性和文化性的空间。

最后，列斐伏尔的空间三元辩证法超越了传统的二元空间论，通过回溯与前进的分析方式，帮助人们探索未来的发展与进步的方向，并提出全新的空间设想。列斐伏尔的空间三元辩证法呈现出开放的姿态，有助于我们反抗完整、封闭的体系，去体验并创造属于民众的真实空间。[3] 社区博物馆通过与空间三元辩证法结合，能够从空间实践、空间表象和表征性空间的三元空间视角出发，重新审视城市空间的现状，进而突破社会现实困境，提升人们的日常生活水平，维护社区居民的权益，保护社区文化和增强社区凝聚力，推动社会发展，助力人们实现自身解放。

首先，本节阐述并梳理了新博物馆学的发展历程，探究新博物馆学诞生与发展的背景，整合分析了新博物馆学的核心理念，将其大致分为 7 点进行叙述，并与传统博物馆学的理念展开比较研究，为后续社区博物馆的理念研究工作提供了前期的演化与生成逻

---

[1] 崔莹 . 列斐伏尔的空间三元辩证法研究 [D]. 长春：长春理工大学，2022.

[2] 同上 .

[3] 同上 .

辑分析。其次，本节对社区博物馆的核心理念与社区的定义进行了整理与分析，并通过比较研究明确了社区博物馆与生态博物馆的范围。最后，本节结合前文对列斐伏尔空间三元辩证法的分析，建立了列斐伏尔空间三元辩证法与社区博物馆之间的内在联系，二者在"社会—历史—空间"层面呈现出紧密的关联。本节通过对列斐伏尔空间三元辩证法与社区博物馆之间的共同性进行分析，为后文探索社区博物馆空间营造原则作前期理论铺垫。

第三节
国内外社区博物馆现状分析与未来启示

一、国外社区博物馆现状分析

（一）英国社区博物馆现状分析

社区博物馆的雏形在 19 世纪的英国便已出现，当时诸多致力于保护地方民俗和具有纪念意义的建筑与景观的文化机构陆续成立。自 20 世纪 70 年代起，英国从国家到地方社区掀起了一场社区博物馆的建设热潮，大量社区博物馆以社区居民为主导，在政府和社会机构的资助下建立起来，这些博物馆通过收集照片、影像、文字手稿等展现社区居民的日常生活，保护和传承社区的集体记忆，增强社区居民对社区文化的自信，促进社区的全面发展。要了解英国社区博物馆发展的原因，需要结合当时的社会背景。

20 世纪 80 年代，受保守党执政政策的影响，英国国内的公共开支骤减，国有企业大量转为私人公司，新自由主义经济政策导致人员失业及生活水平降低等各类社会问题凸显，对于社区方面的扶持计划大多被迫停止。直到 1997 年，新工党开始执政，提出以社区治理为手段解决社会问题，政府才重新重视社区发展。新工党政府制定了以社区发展、邻里互助、城市再生和完善社区基础建设为核心的社区战略，在政策中一再提及社区凝聚力、社区再生和建立可持续社区的价值，并提出要创建"积极"社区、"健康"社区、"创意"社区和"自信"社区。[1]政府与许多专家学者对此展开深入的研究和讨论，最终认为需要从文化和艺术角度出发，提升社区内部的凝聚力，满足社区居民的各方面需求。由于作为公共文化空间的博物馆非常适合承担上述职责，因此英国政府通

[1] 赵慧君. 社区·博物馆：从英国经验谈起 [J]. 博物馆管理，2021（03）：36-43.

过文化、媒体和体育部门给予博物馆大量的社区工作任务，充分发挥博物馆在文化、艺术和体育领域的功能，使得博物馆逐渐成为促进社区发展的重要阵地。庞大的博物馆群被新工党纳入促进社会包容及解决各种社会问题的机构体系，成为建设参与型社区和提高社区凝聚力的重要场域。[1] 英国的社区博物馆通过举行文化活动来加强社区居民的互动，为社区居民提供学习场所，社区居民能够掌握必需的技能，社区居民通过文化参与能够增进彼此之间的了解，维护自身权益，建立社区共同体意识。同时，社区博物馆积极介入和处理社会问题，通过关注边缘群体的生活现状，举办针对外来移民的相关活动，帮助移民人士快速建立社区认同感和归属感，社区博物馆成为推动社会平等、促进社会和谐的有力工具。在世纪之交的英国，博物馆不仅仅扮演着社会教育机构的角色，更被要求成为促进社会包容，应对疾病、犯罪、教育、失业这四项主要的社会问题的机构之一。[2]

格拉斯哥博物馆（图 1-4）位于英国格拉斯哥，其藏品突破了博物馆的界限，通过社区团体或文化活动进入社区内部展示。该博物馆明确提出了 5 项发展目标，包括挑战传统博物馆概念，提供社区亲近博物馆展品与专业知识的渠道，为社区提供博物馆资源、功能和服务，尊重以社区为主导的展览需求，挑战传统博物馆构成的障碍，如阶层、贫穷及教育状况带来的差异。[3] 该博物馆积极与社区居民互动，获得了社区居民的认可，社区居民也在博物馆的文化服务中学习知识、了解文化遗产。

图 1-4　格拉斯哥博物馆

[1]　Richard Sandell. Social Inclusion, the Museum and the Dynamics of Sectoral Change[J]. Museum & Society, 2015, 1（01）: 45-62.

[2]　同上.

[3]　孙佳. 新博物馆学与历史街区文化遗产保护研究 [D]. 武汉：华中师范大学，2018.

位于布拉德福德的国家媒体博物馆（图 1-5、图 1-6）通过开展文化活动，积极与当地社区居民联系，邀请他们参与电视节目的制作。这一活动在当地社区引发了强烈反响，许多人自愿参与电视节目制作。这一文化活动促使社区居民开始自发关注社区中的现实问题，如恶劣的住房条件、街头犯罪等。同时，该博物馆还专注于开发训练计划，吸引社区中的青年群体参加博物馆的文化活动，组织开办关于撰写方案和制定预算的学习班，培养社区居民的读写、计算等工作技能。该博物馆的一系列举措改善了布拉德福德的高失业率、贫困、青年犯罪等社会问题，赢得了当地社区居民的认可，促进了社区的发展。

图 1-5　国家媒体博物馆外观

图 1-6　国家媒体博物馆室内展览

由伦敦泰晤士河畔的发电站改建的泰特现代艺术馆（图 1-7）通过雇用原发电站员工，为当地社区提供了许多工作岗位和实习机会，并且与其他机构合作，帮助规划和改善当地的文化环境。此外，泰特现代艺术馆开发了"创意工厂"项目，与多所学校建立了有效联系。2003年6月,"创意工厂"项目针对纽汉区的3所小学的180多名儿童及其家人开展了为期6个月的"扫盲"计划。该计划鼓励儿童以艺术馆的藏品为灵感来源创作绘画、诗歌和雕塑,以新颖且富有创造性的方式表达自己,并借此发展语言、阅读和写作技能。[1]泰特现代艺术馆通过服务学校,协助教师利用博物馆资源开展教学,成功改善了社区的文化氛围,也因此受到社区居民的关注,促进了博物馆自身的建设和发展。

图1-7　泰特现代艺术馆室内展览

(二)加拿大社区博物馆现状分析

20世纪70年代之前在加拿大成立的博物馆基本上都是服务上流社会人士们的个人珍宝馆,功能多为收藏文物,很少开展当地文化遗产的保护工作。即便一些博物馆设有原住民历史文化展区,其真实目的也并非传承、保护印第安人的历史文化,而是增强公民的国家认同感。再加上当时加拿大政府对印第安人实施了100多年的种族同化政策,原住民文化遗产遭到了极为严重的破坏。直到20世纪70年代,加拿大才逐渐开始重视文化多样性和保障少数族裔的平等地位。1988年7月,加拿大联邦会议通过了《加拿大多元文化法》,承认族裔文化多样化的合法性,将多元文化视为加拿大的基本特征和宝贵资源,保障所有公民保留和分享族裔文化,鼓励所有族群为加拿大文化的繁荣发展贡献力量。[2]加拿大通

[1] 赵慧君. 社区·博物馆:从英国经验谈起 [J]. 博物馆管理,2021(03):36-43.

[2] Richard Sandell. Social Inclusion, the Museum and the Dynamics of Sectoral Change[J]. Museum & Society, 2015, 1(01):45-62.

过政府资金支持、政策颁布、文化宣传推广等方式，最终营造出尊重多元、平等交流的文化环境，加拿大各省建立起大量的公共博物馆，人们逐渐开始了解原住民的文化及其所遭受的苦难。一些原住民聚居地也出现专门服务当地社区的原住民博物馆，这些博物馆既是当地社区文化遗产宣传展示与研究的机构，也是旅游观光和社区活动的场所。

加拿大的原住民博物馆遍布全国且种类繁多，按照运营管理方式与资金来源划分，总共可分为四大层级，即国家级原住民博物馆、省级原住民博物馆、地方性原住民博物馆、原住民社区博物馆。加拿大文明博物馆是典型的国家级原住民博物馆，该博物馆收藏有多类文物。它不仅开展原住民文化遗产的保护与研究工作，还积极开展对外交流活动及原住民博物馆人才培训工作。加拿大皇家安大略博物馆是省级原住民博物馆，该馆致力于保护具有本省特色的原住民文化遗产，同时还为原住民社区发展提供资金支持。加拿大地方性原住民博物馆侧重于展示和收藏具有本地区特色的原住民日常生产生活用具、手工艺术品等文物。原住民社区博物馆则多数以加拿大原住民保留地为基础，成立了专门服务当地居民且带有一定旅游经济功能的社区文化中心。原住民社区博物馆在保护与传承文化遗产的同时，还为社区居民提供就业岗位与额外收入，并以此促进当地社区与博物馆自身的可持续发展。

虽然加拿大原住民社区博物馆在规模、运营方式、功能服务等方面存在诸多差异，但其核心理念都是收藏保护、展示宣传、研究发展原住民文化遗产，既是服务本地居民和社会公众的文化教育中心，也是促进社区发展和提供旅游项目的社会公共机构。作为社区对外宣传的窗口，它不仅向加拿大和全世界提供文化多元化的独特经验，展示民族的多元性、可持续生计和生态活动方式，还通过举办一系列活动，增进人们对原住民需求、价值观的理解，从而进一步巩固与外界的文化联系和社会经济交流。另外，原住民社区博物馆往往与社区服务管理中心设在同一个建筑空间，便于为社区居民提供及时的社会服务。[1] 因此，原住民社区博物馆是兼具文化、教育、社会、经济功能的复合型公共文化空间。

原住民社区博物馆利用所在社区的文化资源，收集和保护物质与非物质文化遗产，如部落服饰、民间传说、音乐舞蹈等。同时，博物馆内部员工擅长跨文化交流。阿克维萨尼莫霍克文化中心（图1-8～图1-10）是建立在加拿大安大略省康沃尔郡阿克维萨尼莫霍克人部落社区的原住民社区博物馆。该博物馆拥有大量能够反映莫霍克部落文化的藏品，如部落的服饰、日常生产生活的工具、手工艺品等，其中长曲棍球运动是最具当地特色的博物馆展示主题。阿克维萨尼莫霍克文化中心通过收集和展览当地社区文化遗产的形式，保护和传承莫霍克部落的传统文化。原住民社区博物馆通过策划组织各种动态的传统文化活动与传统手工艺技能学习班，保护和传承当地社区的文化遗产，社区居民的文化保护意识也因此逐渐提高。

[1] 肖琼 . 多元文化政策背景下加拿大原住民社区博物馆功能价值探析 [J]. 民族学刊，2021，12（06）：77-81+124.

图 1-8　阿克维萨尼莫霍克文化中心外观

  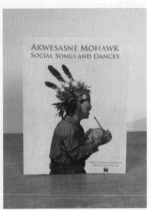

图 1-9　阿克维萨尼莫霍克文化中心文创商品

图 1-10　阿克维萨尼莫霍克文化中心室内展览

　　基提冈泽比社区文化中心（图 1-11～图 1-13）坐落于加拿大魁北克省的阿尔冈昆原住民保护区，总面积为 210 平方千米。截至 2022 年 5 月，基提冈泽比社区的登记人口为 3685 人，其中 1624 人居住在保护区内，2061 人居住在保护区外。无论面积还是人口，基提冈泽比社区都是加拿大最大的阿尔冈昆原住民保护区。基提冈泽比社区文化中心注重原

图 1-11　基提冈泽比社区文化中心外观

图 1-12　基提冈泽比社区文化中心室内展览

图 1-13　基提冈泽比社区文化中心文创活动

住民社区的教育工作，积极组织文化活动，传播阿尔冈昆族的传统技能、传统习俗及语言文字，使得该保护区有四分之一的人口在日常生活中使用阿尔冈昆族语进行交流。该文化中心通过组织巡回展览活动、对外出借展品等方式积极与社会交流，向公众开放馆藏资源；在传统节日期间，还会举行各种庆典活动，促进社区内外文化的交流与融合。该文化中心通过开展社区文化旅游产业、举办具有当地特色的文化娱乐活动来吸引外来游客，同时对外出售传统手工艺品和一些文化旅游纪念品。这样一来，该文化中心在传播当地文化遗产、增加原住民文化自豪感的同时，还为社区居民提供额外的经济收入，推动了社区及自身的发展。

（三）日本社区博物馆现状分析

20 世纪 20 年代至 30 年代，日本开始开展对于乡土社区的研究和建设工作，当时就有学者提出类似于社区博物馆的概念，主张在市、町、村一级建立博物馆，集中展示和保护乡村的历史、传统民俗、工艺技术等。到了 20 世纪 70 年代，日本发展出了具有本国特色的、侧重于乡村地区的、以增强社区凝聚力为目的的乡土社区博物馆。这一时期，学者伊藤寿朗将博物馆分为"地域志向型博物馆""中央志向型"和"观光指向型"3 类[1]；学者鹤见和子也提出了内生式发展理念，其基本思想是乡村社区居民利用当地的物质和非物质资源自力更生，发展社区产业、改善生活水平。

20 世纪 80 年代末 90 年代，初日本经济呈现虚假的高速发展态势，这次经济浪潮中充斥着大量投机活动。20 世纪 90 年代初经济泡沫破裂，日本经济进入了萧条时期。社会经济的变化影响了人们的日常生活与文化观念，人们开始注重社会现实问题。高速的城市化导致乡村地区被盲目规划与开发，乡村地区的生态环境和地域文化遭到严重破坏，同时，经济危机导致政府财政无力继续建设传统博物馆。随着这些变化的发生，社区博物馆的概念逐渐受到博物馆学界的关注。东京国立科学博物馆专家认为，日本迫切需要这类博物馆：首先，原先那种将藏品与自然环境隔断的博物馆藏品概念已不适应如今的社会；其次，环境保护是每个公民面临的问题，每个公民必须通过个人经验来树立自己关于人类环境的概念；最后，致力于保存的博物馆必须与当地社区直接联系，并由当地社区管理。[2] 到了 20 世纪 90 年代末期，日本一些城市和乡村地区的政府和民众逐渐开始关注社区博物馆。与此同时，内生式发展理念逐渐成熟，并在一些乡村地区付诸实践。

朝日町社区（生态）博物馆（图 1-14～图 1-16）位于日本山形县中部，该博物馆的核心设施负责文化遗产调查与研究、资料收集与保存、教育普及、文化活动的举办等工作。其他卫星设施分散在周围 16 处拥有重要自然遗产、物质与非物质文化遗产资源的区域，其中一半为史前人类遗迹、古建筑遗址、古树名木、佛像等文化遗产，当地的产业遗产如农林牧

[1] 孙佳. 新博物馆学与历史街区文化遗产保护研究 [D]. 武汉：华中师范大学，2018.
[2] 同上.

渔业、传统手工业、游憩产业等也在保护和展示范围内。从时间上看，这16处卫星设施区域并非同时出现，而是在生态博物馆研究会、当地居民和政府共同进行资源调查与文化发掘的基础上逐步形成的。从性质上看，这些卫星设施并不仅仅是为了满足外来参观者的游憩需求而设立的，其中很大一部分是因对当地社区具有价值才设立的。[1] 由此可见，朝日町社区（生态）博物馆是一个服务当地社区居民和外来参观者、保护和传承当地文化遗产资源的机构。

图 1-14　朝日町社区（生态）博物馆核心设施外观

图 1-15　朝日町社区（生态）博物馆核心设施室内空间

[1]　石鼎.日本山形县朝日町生态博物馆实践及其对中国的启示 [J]. 中国博物馆，2022（01）：56-61+128.

图 1-16　朝日町社区（生态）博物馆核心设施室内展览

二、国内社区博物馆现状分析

（一）三坊七巷社区博物馆现状分析

三坊七巷（图 1-17）坐落在福建省福州市鼓楼区，是我国现存规模较大、保存较为完整的历史街区，内部包含数量众多的物质和非物质文化遗产，有"里坊制度活化石"和"明清建筑博物馆"的美称。三坊七巷，由三个坊、七条巷和一条中轴街肆组成，自古便得此名。根据历史文献记载，永嘉之乱后，大量的中原士族南逃，三坊七巷最初出现于西晋末年衣冠南渡时期。而后经历东晋、隋朝，在唐朝末年至五代十国时期，三坊七巷的格局逐渐完善。到了明清时期，坊巷发展达到巅峰。直至当下，三坊七巷的基础物质环境依然得以保存。三坊七巷自西晋开始便是士族大家的居所，历经千年岁月变迁，至今仍保存着唐朝的坊巷规划布局，坊巷内保存有 200 余座古建筑，其中全国重点文物保护单位，省、市级文物保护单位和历史保护建筑数量众多，同时还保留着许多清朝至民国时期著名人物的故居。

三坊七巷拥有丰富的历史人文领域的文化遗产，其内部文化空间蕴含浓厚的宗族文化和民俗文化。同时，由于上层人士有较高的消费需求，三坊七巷的商业文化也十分繁荣。三坊七巷流传至今日的非物质文化遗产可分为六大类、四十余项、近百种。在这些非物质文化遗产中，比较著名的有号称福州三宝的油纸伞、脱胎漆器、角梳的传统制作工艺，以及闽剧等福州传统文艺节目，还有鱼丸、同利肉燕等传统美食。

1949年10月之后，大量居民搬入三坊七巷内部，使得街坊内充斥着浓郁的市井文化氛围。自20世纪90年代起，福州市政府逐渐重视三坊七巷的历史文化价值。1997年1月，福建省人大常委会批准《福州市历史文化名城保护条例》，明文保护三坊七巷和朱紫坊的传统坊巷格局及典型明清民居。2005年之后，福州市政府先后对三坊七巷进行数次大规模保护和开发工作。福州市文物局与三坊七巷管理委员会等组织对坊巷街区进行了整体考察、研究和记录，并按照我国传统的材料与工艺技巧修复坊内各处古建筑和文物藏品。

随着政府与社会组织对三坊七巷街区开展大规模的修复保护工作，街区的居民看到许多物质与非物质文化遗产被妥善地修复与保护，他们逐渐开始意识到文化遗产保护的重要性，文化自觉意识也开始慢慢生成。与此同时，单霁翔、张之平等一大批专家学者开展了对于三坊七巷社区博物馆建设规划的考察和讨论，并于2010年11月1日在三坊七巷召开三坊七巷社区博物馆规划专家论证会。这些工作都为三坊七巷社区博物馆的建立奠定了坚实的基础。随后，三坊七巷社区博物馆中心展馆展陈策划方案专家评审会于2011年5月11日在北京召开。同年8月24日，福州三坊七巷社区博物馆（图1-18）揭牌仪式在三坊七巷历史文化街区隆重举行。

图1-17　三坊七巷

图1-18　三坊七巷社区博物馆中心展馆

三坊七巷社区博物馆（图1–19）拓宽了原本对于物质文化遗产和非物质文化遗产的保护范围，街坊本身及附近的人文环境和生态环境都是其保护对象。该博物馆对街坊区域环境、传统文化习俗、社区集体记忆和社区居民日常生活进行整体性、活态性、在地化的保护和传承。该博物馆的整体布局以一个中心展馆为核心，其他功能类型展馆、活动场所呈网状分布在街巷各处重要的物质和非物质文化遗产节点上，覆盖整个街区。位于光禄坊中段北侧的刘家大院是三坊七巷社区博物馆的中心展馆，也是社区博物馆的信息资料中心。三坊七巷内的纪念馆、名人故居、民俗馆、非物质文化博览馆、艺术馆等，成为社区博物馆的专题馆；三坊七巷内部的一些地点通过展示社区的传统饮食、宗祠庙宇、传统文化等，成为社区博物馆的集会空间展示点。该博物馆依托街坊内部的传统院落和古建筑，将大部分物质文化遗产以博物馆静态展示陈列的方式呈现给外来游客，非物质文化遗产大多以表演等动态展示方式呈现给外来游客和街区内外的居民。该博物馆这种整体、活态、全面的展示方法，很好地传承和保护了三坊七巷的文化遗产，同时也培养了当地社区居民的文化保护意识，增强了社区居民的文化自豪感与社区凝聚力。

　　三坊七巷社区博物馆还独立或与当地社区居民、其他机构合作，策划组织一些文化教育活动。比如，组织社区居民制作手工创意品或者开办创意市集，邀请各非遗项目代表性传承人、演员在街坊古建筑中进行音乐戏剧常态演出；开办民俗文化活动和传统工艺展，展品包括寿山石雕、竹雕、漆画、书画等。该博物馆会对三坊七巷的历史文化信息

图1–19　三坊七巷社区博物馆室内展览

进行调查、收录、整理和研究，并开展关于文化遗产保护的宣传活动与讲座等。除此之外，坊内居民对该博物馆的文化遗产保护工作助力很大，博物馆内许多珍贵的文物都是社区居民自愿捐赠的，如书画、族谱、书籍、照片、证件等。在社区博物馆的规划、管理和运行方面，该博物馆延续了我国新博物馆中最为普遍的"政府主导、居民参与、渐进改善"模式，在运行过程中听取社区居民意见，使其参与规划编制和遗产保护的全过程。[1] 该博物馆通过以上种种举措，将社区居民的集体记忆、传统习俗与文化氛围保护和传承下来，也让社区居民参与到文化遗产保护工作中，培养了他们的文化保护意识，促进三坊七巷街区的可持续性发展，为社区博物馆之后的发展增添了动力。

（二）史家胡同博物馆现状分析

史家胡同（图 1-20）地处北京市东城区东南部，整体布局为东西向。史家胡同与周边胡同一起组合形成北京东四南历史文化街区，胡同内有著名景点史可法祠堂。

根据史料记载，史家胡同最早出现于明朝时期，属于黄华坊。关于史家胡同的名称来源有一种说法，因胡同内部有著名的史可法祠堂，所以得名。到清朝时，史家胡同改为镶白旗所属，而后设立官学大院，向八旗子弟传授知识技艺。20 世纪初，清廷在胡同内设立赴美留学生考场。1912 年 1 月至 1949 年 10 月的一段时间里，许多知名人士都在胡同内居住过或拥有宅邸。20 世纪 50 年代起，史家胡同内部设立许多国企单位宿舍，如银行、剧院的单位宿舍，大量国企和政府公务员在胡同内定居。因此，史家胡同拥有着浓厚的历史文化内涵和多元融合的社会背景，史家胡同内部数量众多的传统四合院民居保存较好，胡同整体文化脉络也未遭到大规模的破坏。

史家胡同博物馆（图 1-21～图 1-24）位于北京市东城区朝阳门街道的史家胡同 24 号院，整个博物馆占地面积有 1000 多平方米，布局形式为传统的两进四合院，该院原本为凌叔华所有，之后由其女儿陈小滢女士捐赠给朝阳门街道用于公共事业。2010 年，北京市东城区政府计划将史家胡同打造为特色文化胡同，并在内部设立一个社区博物馆。之后，政府部门、文物部门、交通运输部门、社区居民等都参与到史家胡同博物馆的前期筹备工作中，设计师根据传统工艺和资料、各方意愿、四合院实际情况等进行博物馆的规划设计，最终的改造修复工程采用现代技术并尽可能地保留了建筑本身的面貌。经过 3 年的修复和改造，该博物馆于 2013 年 10 月正式对外开放。该博物馆由朝阳门街道办事处和北京城市规划设计研究院共同管理运营，2014 年两者联合其他机构成立了史家胡同风貌保护协会，帮助社区居民、规划师、专家学者等更好地保护城市历史文化街区。自 2017 年起，朝阳门街道办事处正式委托北京城市规划设计研究院管理经营史家胡同博物馆。该博物馆也积极参与史家胡同的保护改造项目，如"咱们的院子——东四南文保区院落提升"项目，对东四南地区的 8 个院落进行保护改造。

[1] 孙佳. 新博物馆学与历史街区文化遗产保护研究 [D]. 武汉：华中师范大学，2018.

图 1-20　史家胡同

图 1-21　史家胡同博物馆外观

图 1-22　史家胡同博物馆室内展览

图 1-23　史家胡同博物馆文化活动

图1-24　史家胡同博物馆文创产品

　　史家胡同博物馆整体保留了传统四合院的建筑布局,一共设立8个不同主题的展厅与1个多功能厅,博物馆的馆舍由外部庭院、展厅和多功能厅构成,外部庭院设有座椅、鸟笼等,是博物馆接待参观者、举办文化教育活动的场所。展厅设有常规展厅与临时展厅,多功能厅用于举行文化教育活动、会议、培训工作和社区日常活动。该博物馆的藏品大多为20世纪20年代至80年代社区居民的日常生活用品,如公交票据、木质家具、半导体收音机、黑白电视等。该博物馆依托整个胡同的环境和馆内展品吸引参观者了解史家胡同,并将自身定位为文化展示厅、居民会客厅与社区议事厅,外来参观者能够通过博物馆整体环境和展品全面地了解胡同的文化历史和社区居民的日常生活。

　　史家胡同博物馆的常设展览一共有8个主题,分别为史家历史、人艺摇篮、近代教育、兰芷偕芳、胡同名人、时代记忆、怀旧生活、世纪新姿。第1个主题是史家历史,展厅内有大量的历史文献资料、史实照片、文件档案、史家胡同模型沙盘及胡同内四合院民居模型,参观者可通过图文展板、模型、影像资料、多媒体互动屏幕,深入了解"胡同"一词的来源、老北京胡同形成的历史原因、史家胡同的起源、清朝至中华民国时期胡同内的机构设置、中华民国时期胡同的改造历史和1949年10月至今胡同的发展变化。第2个主题是人艺摇篮,展示了北京人民艺术剧院的文艺工作者们在史家胡同创作的艺术作品及其经历,参观者可通过工作证件、话剧剧本等感受史家胡同浓郁的文艺气息。第3个主题是近代教育,展示了清朝时期史家胡同内设置的官学大院、赴美留学生考场,以及后来的史家幼儿园与史家胡同小学。展厅内陈列着历史文档、照片影像，还有社区居民捐赠的史家胡同小学作文本、小学生手册、小学毕业证书等物品，参观者能够从中了解史家胡同在教育领域的发展历程，社区的集体记忆也通过这种方式得到保护和传承。第4个主题是兰芷偕芳，展示了四合院原主人凌叔华与陈西滢夫妇的过往经历和作品，同时还有他们的收藏物品。第5个主题是胡同名人，讲解了曾在胡同内部居住过或有宅邸的知名人士，如傅作义、周体仁、范汉杰、彭明治、王炳南、章士钊、章含之、洪晃、凌叔华、陈西滢、石志仁、乐松生、邹雅等。参观者能够通过图文资料和实物感受史家胡同的历史积淀，社区居民也能借此了解胡同的历史。第6个主题是时代记忆，展品大都是周围社区居民捐赠的日常用品，如家具、自行车、玩具等，展出方式为实物展示和场景复原，旁边配备的多媒体设备为参观者播放特定场景的声音，增加场景展示的真实感。第7个主题是怀旧生活，还原20世纪50年代到80年代北京普通家庭的生活场景。第8个主题是世纪新姿，展现史家胡同在21世纪的变化。

同时，史家胡同博物馆还会邀请参观者参与策划方案、运营工作和文化活动。该博物馆通过策划组织文艺活动、知识讲座论坛、传统民俗活动、社区居民活动等，积极融入社区居民的日常生活。此外，由于该博物馆名声在外，有不少外宾和名人来访，馆内的参观者大多为外地游客，而周围社区居民更多是将史家胡同博物馆作为日常休闲娱乐的场所。

三、我国城市社区博物馆发展中的矛盾与畸变

我国在城市内部依托历史文化街区建设的社区博物馆，在馆舍选址、整体环境建设、运营目的等方面基本遵循社区博物馆的核心理念，也在物质与非物质文化遗产保护与促进社区发展方面取得了不少成果。社区博物馆保护和传承了许多珍贵的文化遗产，有效发挥了文化遗产的经济价值，为社区发展提供了一定的资金支持，同时也促使人们开始重视文化遗产的保护，增强了社区居民的文化自豪感。然而，目前我国社区博物馆的整体建设仍存在不足之处，本书针对社区博物馆的现状，梳理并分析以下7点不足之处。

第一，社区博物馆在欧美国家的功能大多是保护社区文化和促进社区发展。自从我国第一个社区博物馆——三坊七巷社区博物馆建成以来，社区博物馆在我国便具有文化遗产保护与发展地方旅游业的双重定位。文化遗产具有浓厚的历史气息，这种不同于现代社会的生产生活方式对人们有很大的吸引力。因为社区博物馆依托当地的文化遗产能够发挥出色的休闲娱乐、消费服务功能，当地政府和社区居民也能够因此获得许多利益，所以一些社区博物馆更注重对旅游、消费等功能的建设，文化遗产保护工作则沦为促进地方经济发展的工具和手段。虽然重视社区博物馆的经济功能可以为当地带来可观的经济收入，但是资本的无序扩张势必破坏社区博物馆周边的文化环境，这种发展模式从长远来看弊大于

利。比如，旅游业使得大量游客进入社区，必然影响社区居民的日常生产生活，频繁的文化交流也会影响社区的文化氛围，如果管理不当势必破坏文化遗产的生存环境。因此，社区博物馆需对文化遗产进行合理的开发利用，不以营利为最终目的，并将营收用于社区、社区居民和博物馆本身的发展上。三坊七巷社区博物馆街区现状如图1-25所示。

图1-25　三坊七巷社区博物馆街区现状

第二，社区博物馆的核心理念要求社区居民参与到博物馆的建设、运营和管理中，在全面保护文化遗产的同时培养社区居民的文化自觉。我国在引入社区博物馆概念和建设社区博物馆时，确实也重视社区居民的参与，但这种参与仅限于一些辅助工作。在社区博物馆的具体工作中，更多的是由政府人员与专家学者进行自上而下的领导。这种模式下，外部人员代理了社区文化领域的工作，而社区居民的主体地位被削弱。同时，由于运营方法与人员配置和传统博物馆几乎相同，且管理层缺乏博物馆经营、文化遗产保护领域的知识技能，对社区文化、社区营造方面的了解也不多，社区博物馆在文化遗产保护与社区发展方面的工作进展缓慢。脱离群众的文化保护工作如同无源之水，发展不当甚至会使社区居民对文化遗产保护工作产生反感情绪。衡量社区博物馆发展状况好坏的一个重要因素是社区居民的参与程度。当下，我国社区居民缺乏参与社区博物馆工作的途径，无法行使自身拥有的参与权、监督权等，在博物馆建设中常常扮演旁观者的角色。社区文化遗产是社区居民日常生产生活的一部分，社区居民是文化的拥有者和创造者。因此，只有将主导权交予社区居民，使他们掌握文化的解释权，政府人员、专家学者负责辅助指导，才能真正做好文化遗产的保护与传承工作。

第三，社区文化遗产是社区居民实践活动的产物，并且在很大程度上受到当地独特的人文生态环境的影响，文化遗产承载着当地人特有的生产生活方式、社会关系、思想观念等。因此，社区博物馆不仅要保护物质文化遗产，还需展示和传承非物质文化遗产。目前，我国社区博物馆比较注重物质文化遗产的保护与开发，修缮改造了大量古建筑，对文物藏品等也进行了妥善保存，并基于文化遗产开发了多类商业项目，为文化遗产的存续营造了一定的生存环境。然而，我国社区博物馆在非物质文化遗产保护与传承方面的工作仍有待加强。例如，三坊七巷社区博物馆有数十项文化遗产项目处于静态陈列展示状态，仅在少数文化活动中才有技艺展示。由于非物质文化遗产本身的特殊性，其需要活态化的展示方式，我国社区博物馆所举办的非遗和民俗文化活动无论数量还是质量都有待提高。从2017 年年初至年末，三坊七巷社区博物馆举办了 12 场非物质文化遗产展演交流活动，而其中只有 6 项与社区所在文化圈的非物质文化遗产相关。[1] 同时，一些非遗民俗文化产品的开发过于看重商业价值，设计理念与制作工艺都有待提升，未能形成完整的文化生态产业链，甚至一些非遗技艺因各种原因出现后继无人的现象。因此，对非物质文化遗产的保护不仅需要注重物质载体，还需要保护与文化遗产相关的生态人文环境，使非物质文化遗产能够传承和发展。

第四，我国社区博物馆发展起步较晚，在保护文化遗产的同时，还承担着商业经济功能。由于我国城市内部的历史文化街区拥有大量文化遗产，因此我国社区博物馆多围绕城市内部的历史文化街区建设，但这也限制了社区博物馆的选址范围。实际上，一些城市社区具备建设社区博物馆的必要条件，社区居民也有建设社区博物馆的需求。因此，社区博物馆的建设不必局限于历史文化街区，可以尝试在城市内其他具有一定基础和需求的社区建立，探索社区博物馆发展的新方向。

第五，我国社区博物馆大多建于历史文化街区内，馆舍内外空间建设多以修复还原传统建筑风格为主，然而原始街区的保存必然阻碍现代市政基础设施的建设，且在一定程度上影响了社区博物馆辐射范围内的居民的日常生活。同时，大量外来游客的到来必然会破坏当地生态环境。因此，社区博物馆既要做好保护文化遗产的物质载体，满足参观者与居民的基本需求，又要协调好社区周围的人文生态环境，这是社区博物馆可持续发展的重要条件。

第六，当下我国社区博物馆大多由政府组织建设，社区居民的参与意识并不高。究其原因，首先是社区居民的参与路径有限，在建设和管理过程中话语权不足，参与积极性受到打击；其次，政府与社区博物馆管理层较少鼓励社区居民参与社区博物馆文化遗产保护工作，社区居民的文化意识未能得到良好的培养，对社区博物馆也缺乏了解，仍将其视为文物保管仓库；再次，社区居民缺乏社区博物馆运营管理、文化遗产保护等方面的知识与技能，而社区博物馆与政府又很少组织相关培训活动，导致一些人虽有热情却无法参与相关工作；最后，由于我国社区大多侧重行政与经济功能建设，在文化建设方面存在欠缺，再加上目前社区博物馆对社区营造不够重视，所以大量社区居民对社区缺乏认同感，社区博物馆往往是自上而下进行建设的。因此，社区博物馆应当注重社区与居民的发展，培养居民的文化意识，增强社区的凝聚力，逐渐从自上而下的建设模式转变为上下结合的建设模式。

第七，目前我国社区博物馆的馆舍大多是修缮改造后的古建筑，其内部展示空间较为

---

[1] 孙佳 . 新博物馆学与历史街区文化遗产保护研究 [D]. 武汉：华中师范大学，2018.

狭小。社区博物馆内大量的文化遗产只能集中在同一区域展示，这种展陈方式会影响参观者的观展体验，文化遗产的展示效果也会大打折扣。同时，馆内的文物藏品多以静态实物搭配文字介绍进行展示，形式单一且平面化，参观者难以深入了解文化遗产。基于此，社区博物馆可以采用数字媒体技术展示文化遗产，如通过虚拟现实（Virtual Reality，VR）、增强现实（Augmented Reality，AR）、线上展馆等方式进行展示，这样既能更直观、全面地展示文化遗产，又能推动文化遗产保护方式的创新发展，更好地传承传统文化。

本节通过调查研究国内外社区博物馆的现状，并结合各地区独特的人文生态环境，明确社区博物馆的具体特征，对我国社区博物馆现状进行全面分析，指出我国社区博物馆发展中的矛盾与畸变，并提出解决方案。在具体社区博物馆实践案例论述中，以国内外具有代表性的社区博物馆为例，研究其产生的社会背景、文化背景、发展过程等。总体来说，国外社区博物馆建设时间较早，分布范围广，管理组织结构完善，社区博物馆理念深入人心，各方面条件较为优越。我国社区博物馆相比之下建设时间较晚，但具有一定的商业经济功能，发展潜力巨大。本节通过对国内两座城市社区博物馆的分析，总结了当下国内社区博物馆发展的矛盾点，为接下来提出社区博物馆空间营造原则奠定基础。

第四节
社区博物馆空间三元辩证法的基本逻辑与空间营造原则

一、社区博物馆空间三维度阐释

社区博物馆空间三维度如图 1-26 所示。

（一）社区博物馆的物理空间

社区博物馆的物理空间包括博物馆所处的地理区位、社区周围的自然环境、建筑空间、气候水文、活动场所等。社区博物馆的物理空间首先是馆舍自身的建筑实体，其次是博物馆的内外空间，包括内部展厅、文物展品、空间装饰、景观植被等物质载体。社区博物馆的建筑风格、使用材料、整体形态不仅受当地自然环境影响，还受当代文化环境的影响，具有一定的文化内涵。社区博物馆的物理空间是被创造出来的空间，当地的历史文化、思想观念、自然资源、社会关系等都会对物理空间的形成产生影响。社区博物馆的物理空间是开展公共文化活动的中介和场所，参观者能够在物理空间中进行互动。

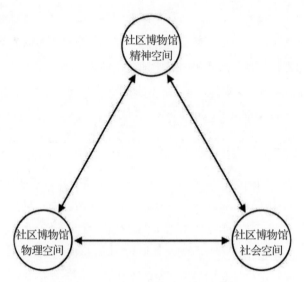

图 1-26   社区博物馆空间三维度

（二）社区博物馆的精神空间

社区博物馆在空间属性上带有浓厚的精神性与文化性，是符号化和概念化的空间，其精神空间包含当地历史，社区独特风俗习惯、思想观念，以及社区居民的集体记忆等。精神空间维系着社区与时代、社会、文化、地域、历史、象征意义等的关系，它代表着人们对社区博物馆空间的情感。精神空间具有方向感、认同感和归属感，体现在社区博物馆的整体空间基调和人们的主观体验上。可以说，社区博物馆的精神空间是人们的主观意识空间与客观存在空间的融合，人们能够在博物馆的精神空间中找到心灵的归宿与情感的共鸣。社区博物馆的精神空间是隐藏式的，记录着社区和居民的发展变化，并通过物质载体呈现出来。

（三）社区博物馆的社会空间

社区博物馆空间内存在大量的社会关系，社区博物馆的公共文化活动、参观者的实践活动、社区居民的日常生活等，共同构成了社区博物馆的社会空间。社会空间是物理空间与精神空间的融合体，是从人们的社会生产和社会关系中衍生的空间，同时也是社区博物馆最重要的空间。社会空间承载着社区居民的实践活动，其内部蕴含的解放性与活态性是社区博物馆发展的动力源泉。

二、社区博物馆空间的三元结构

（一）社区博物馆的空间实践

因为社区博物馆的建立需要占用一些物理空间，所以社区博物馆具有物理属性，同时也是可被感知的物理空间。社区博物馆的空间实践，是指在博物馆空间中的实践主体通过制订一系列计划确定最终目标，并开展相关实践活动，进行符合自身需求的空间生产与再生产行为。这些行为包括对社区与社区博物馆周围生态环境、建筑等的建设、修缮和改造，以及规划布局方面的设计与调整。社区博物馆的空间活动主体大多为政府官员、企业家、建筑设计师、博物馆管理人员、社区居民等。此外，在社区博物馆空间中开展的公共文化活动与文化遗产保护工作也属于空间实践。因此，社区博物馆的空间实践包括一切与博物馆相关的空间中的自然和物质的实践活动，既包括博物馆所处社区和周围社区的空间环境，也包括馆舍内部的空间与展品设施。

在社区博物馆的空间实践中，首先能让人们直观感受到的是展示空间中的展品和展陈形式，其次是社区博物馆的整体空间、展示空间、交通空间、公共空间等都是社区博物馆空间的组成部分。而且，社区博物馆通常会提取当地的自然生态符号或者与社区相关的历史文化符号进行空间设计。社区博物馆通过公共文化服务为社区居民与参观者带来良好的空间感知体验，吸引社区居民参与活动，为社区居民提供互动、交流和实践的场所媒介，以此培养社区居民的文化意识及其对社区的认同感，促进社区共同体的构建。由此可见，物质空间的生产与再生产往往伴随着社会空间的生产。社区居民通过社区博物馆的空间实践进行工作空间、私人空间、消费空间等感知空间的生产，以此构建可感知的社会空间，并改善自身的生活条件、组织日常的文化休闲活动、改造设计社区环境。

随着社区博物馆不断进行空间实践，大量新的空间被生产出来，这种变化会使新的空间主体和社会关系介入进来，如资本与权力会按照各自的利益诉求干预社区博物馆的空间实践，进而维系自身的空间再生产。

（二）社区博物馆的空间表象

社区博物馆的空间表象，是指空间话语权主导者通过规划、设计等方式，形成对空间塑造的构想。它凌驾于社区博物馆的空间实践之上，并指导空间实践构建符号化的社区博物馆空间。社区博物馆作为一个被构想的公共文化空间，其空间表象受到专家学者、博物馆管理人员、技术人员、设计师、策展人等掌握相关知识、技能及话语权的群体控制，同时受到政府政策、市场导向、意识形态等因素的影响。比如，在社区博物馆的建设、运营、管理过程中，以政府、资本和社区居民为主的空间主体对社区博物馆的整体规划、空间设计、景观设计、策展形式等进行构想，这些构想受到当地历史文化、风俗习惯、宗教信仰等的影响。

空间活动主体通过一系列的计划、组织、设想等开展社区博物馆的设计与建设工作。空间主体将自己的设计理念施加在社区博物馆的空间实践上，设计出符合自身审美要求和满足社区居民需求的博物馆。这些空间表象体现在社区博物馆的建筑外观、景观设计、空间规划、室内设计、展陈形式、组织管理机构、公共教育和文化活动等方面。

与此同时，空间权利主体通过社区博物馆空间表象的生产规训或改造人们对空间的认知。例如，社区博物馆通过开展专题展览或者文化教育活动，将一些抽象符号、文字语言、知识体系、思想情感等传达给参观者，培养人们的文化遗产保护意识和当地居民对社区的认同感，从而影响社区博物馆及社区相关的空间实践，进行空间的生产与再生产。

社区博物馆的空间表象也影响着表征性空间，空间权利主体透过空间表象控制社区博物馆的空间实践，进而生产新的受权利主体支配的空间，社区居民的日常生产生活因此受到影响。例如，三坊七巷社区博物馆的出现使得当地街区逐渐商业化，商铺和游客扰乱了社区居民的日常生活。

（三）社区博物馆的表征性空间

社区博物馆的表征性空间是社区居民和参观者直接拥有的空间，是真正的体验空间。社区博物馆的表征性空间是真实反映人们日常生活的空间，它融合并超越了社区博物馆的空间实践与空间表象。社区博物馆的表征性空间源于社区的日常生活空间，是人们日常生活中对物质空间和符号化空间的运用。差异化的日常经历和多样化的生活需求促使城市居民努力对抗压抑的抽象空间，通过空间实践生产可以称为"家"的生活空间。[1] 因此，社区博物馆的表征性空间具有蓬勃的生命力与解放性，为人们争取空间正义提供了基础。

参观者、社区居民、设计师、博物馆工作人员等空间活动主体在社区博物馆空间中的各种实践活动及其社会关系生产了社区博物馆的表征性空间。例如，社区博物馆空间的设计者通过规划设计为社区居民提供展示社区文化、社区集体记忆、传统习俗等文化遗产的场所，同时也为社区博物馆的参观者提供了良好的观展体验与了解社区文化的渠道。这些实践活动促进了社会关系网络的构建，为人们从社区迈入社会提供了机会。

社区博物馆的展品大多来源于社区居民日常的生产生活，这些展品背后承载着社区居民的生活记忆与想象。例如，一些老照片、旧家具、历史文件等具有纪念意义的物品在社区博物馆中共同构建出社区居民亲历的空间，参观者也能够感受到这种在日常生活中形成的对空间的感知和想象。

社区居民的日常生活生产方式存在许多差异，不同人群会给予社区博物馆空间不同的定义，因此社区博物馆的表征性空间具有差异性、多样性和独特性。例如，母亲与孩子希望社区博物馆举办儿童文化休闲活动、亲子互动活动；老年群体希望社区博物馆有更多文艺展示活动；青年群体则希望社区博物馆提供知识技能培训活动。社区博物馆的表征性空间为人们提供学习、交往的机会，使得社区居民能够在舒适的环境中生活、工作和进行身份转变，并获取城市公共服务资源。

列斐伏尔认为，表征性空间是一个被统治的空间，被动地随着时间和空间使用方式的变化而变化，同时也是试图通过想象力改变现状的革命空间。因此，社区博物馆空间受社会生产方式与生产关系的支配，同时也是人们基于自身对理想生活的想象开展实践活动的

[1] 孙小逸. 空间的生产与城市的权利：理论、应用及其中国意义 [J]. 公共行政评论，2015，8（03）：176-192+205-206.

空间，为社区居民改善自身生活与社区环境提供了场所，帮助人们对抗异化，促进居民和社区的发展。

（四）社区博物馆空间的三元辩证性

社区博物馆是城市居住者共同创造的公共文化空间，也是当地社区居民生活的公共空间，它承载着人们共有的空间实践和集体记忆。经过空间实践，社区博物馆成为一个集文化、教育、社区营造、经济发展于一体的空间，也成为具备物质、精神与社会属性的空间，是物质空间、精神空间与社会空间的辩证统一体。社区博物馆空间的三元辩证关系如图 1-27 所示。

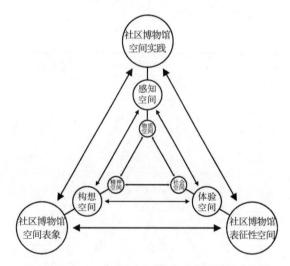

图 1-27　社区博物馆空间的三元辩证关系

社区博物馆是能够被人们感知到的物质空间或自然环境，具有明显的精神性与文化性，记载着社区的变化也展示人们的集体记忆。社区博物馆是人们日常生产生活的场所，也是人们进行互动交流的空间。社区博物馆的社会空间是对物质空间和精神空间的融合与超越，也是博物馆发展的动力源泉。如果与人们的日常生产生活和社交活动失去联系，社区博物馆将变成一潭死水，丧失来自生活本身的生机与活力。

新空间必定会带来新的社会关系，社区博物馆的空间实践必定会带来新的经济空间、文化交流场所，新的社会关系同样会影响社区博物馆的空间实践与表征性空间。设计师的设计理念、当地的人文环境、政府的政策导向、企业机构的诉求等都影响着社区博物馆的空间实践，社区博物馆建设后的物质形态会对社区居民的日常生产生活造成影响，同时社区居民也会根据自己生活中的需求改造社区博物馆的空间。也就是说，社区博物馆的空间实践、空间表象、表征性空间三者相互交织共同构成完整的社区博物馆空间。例如，在当地政府、企业机构、专家学者和社区居民对空间表象的操控下，资本通过空间实践生产出社区博物馆的物质空间，空间话语权主导者通过权力支配和规训精神空间，而各个阶层则通过在表征性空间的博弈不断地修正空间的生产，调节各个空间主体的利益。

同时，社区博物馆空间的三元辩证性也体现在文化保护工作上。社区居民日常的生产生活是创造物质空间与精神空间的动力源泉，社区博物馆的发展建立在社会空间的生产上。对文化遗产进行静态式的陈列保护只会将博物馆变为毫无生命力的空洞场所，而注重商业化会异化居民的日常生产生活，改变当地社区的社会关系结构，影响社区文化的保护和传承。没有居民或没有居民日常生产生活的社区博物馆只能称为历史博物馆或旅游景点，唯有在特定空间下的真实社会生产生活中，才能培育和延续真正的本地文化，从而保持社区博物馆的生机与活力。

三、社区博物馆空间的生产机制

社区博物馆空间的生产机制如图 1-28 所示。

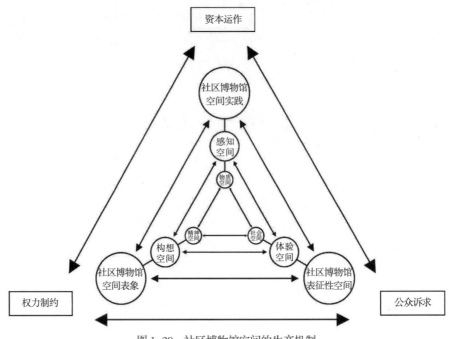

图 1-28 社区博物馆空间的生产机制

（一）资本运作

企业公司与社会机构组织是社区博物馆空间生产中资本的代表，如国有资本、房地产公司、文化传媒公司、综合性集团公司、旅游开发公司、社会公益组织、业主委员会等。而企业公司与社会机构组织大多具有追求资本利润最大化的动机，所以社区博物馆的开发建设与后期发展会促进当地经济繁荣、文化遗产商业化和周边土地升值等，同时一些当地政府也会委托企业公司与社会机构组织代为管理社区博物馆。这些因素会吸引以企业公司为代表的资本力量介入社区博物馆空间的生产。

由于社区博物馆本身具有使用价值、历史文化价值、商业价值，其建设也影响多方的利益，如社区居民、当地政府、文化教育机构、房地产开发商等，因此社区博物馆的建设不同于一般的空间生产，需要协调各方利益，并且会消耗大量时间与金钱。因为当地政府或社区居民往往没有足够的资本和时间支持社区博物馆的空间实践活动，所以大多会选择与企业或社会机构合作，而我国社区博物馆的建设多数采取的是"政府＋企业机构"的模式。这种模式往往会导致企业的空间表象和政府的空间表象与社区居民的表征性空间发生冲突。社区博物馆作为公共文化空间，其本身具有公共性，而企业主导的空间生产大多以资本增值为主要逻辑，任何商业垄断和私有化行为都会破坏社区博物馆的公共性与独特性。

资本实质上是一种生产关系，它在空间实践中占据着举足轻重的地位，充足的资本能够为社区博物馆的空间实践提供坚实的基础平台。首先，资本能为社区博物馆的空间生产提供必要的条件，当地政府的政策、土地开发、商业建设等活动能够吸引资本进入社区博物馆的初始建设中，为社区博物馆的空间实践积累打下基础。其次，资本的首要目标是获得更多的剩余价值，资本会把社区博物馆作为生产资料，与当地政府或社区组织合作基础设施、社区博物馆馆舍、社区古建筑等的建设与修复工作，同时也会与其他企业或机构合作，增加社区博物馆的文化、娱乐、休闲等消费功能，以此来进行资本的增值。最后，资本的运作使得社区博物馆的空间生产维持在一个稳定的状态，人们可以通过资本控制社区博物馆的空间实践，吸引社区居民加入社区博物馆的建设，为社区居民提供大量的工作岗位、就业机会及文化教育资源，将社区的资源进行合理的分配进而促进社区的发展，这也是社区博物馆建设的重要目标。

（二）权力制约

权力对空间生产的制约主要指的是团体、集团或组织等通过运用本身的资本优势或政治优势，进行符合自身利益和价值观念的空间生产。空间权力主体为政府、地方社区组织、人民群众、企业机构等，但大多数国家或地区最大的权力主体是当地政府。

政府是城市空间生产的管理者，其对社区博物馆及社区的发展进行多方面的考虑，满足社区居民、企业机构、政府部门等主体的利益诉求。首先，政府希望通过建设社区博物馆来改善当地社区的人文和生态环境、打造独特的社区文化、开发社区文化功能、促进当地的经济发展并借此提升城市形象和政府形象。其次，政府作为权力的行使者需要调配城市内部的公共资源，通过建设社区博物馆可协调分配当地的公共服务及基础设施。最后，政府通过建设社区博物馆为当地居民提供更好的生活环境，满足人民群众的日常生活需求，促进社区的发展与空间正义。

政府是社区及社区博物馆发展政策的制定和实施主体，在社区博物馆的空间实践中，政府往往会制定许多保护和开发策略，通过设立框架制度来规划社区博物馆的建设与发展，并通过政策服务、拆迁安置居民、改善基础设施、投资支持、招商引资、对外宣传等方式开展社区博物馆的开发工作。此外，政府还拥有审批权、土地管理权、规划设计权、资源分配权等空间权力，其具备进行社区博物馆空间生产的合法性。因此，政府往往主导着社区博物馆的空间生产。

（三）公众诉求

社区博物馆的空间生产除了受到资本与权力的影响，还受到公众诉求的影响。这里的公众指的是社区居民、商家、社区博物馆参观者等利益相关群体。社区及社区博物馆的空间生产时刻影响着公众的日常生活，虽然公众并不具备大量的资本和强势的权力，但他们是社区及社区博物馆的使用者和拥有者，也是社区博物馆空间生产不可或缺的一部分。因此，公众诉求理所应当受到关注和得到满足。

公众的诉求大多是满足自身的需求和扩大自身利益，然而由于公众内部构成复杂，因此其诉求呈现多样化的局面。例如，社区居民和租户希望社区博物馆的空间生产改善当地的居住环境，周边居民希望社区博物馆的建设为他们提供良好的公共文化资源及服务；某些公众希望社区博物馆的空间生产促进当地商业发展，促进地方消费的提高，增加就业岗位，提高社区居民的收入水平和生活水平；某些公众希望社区博物馆保护文化遗产和传承传统文化；某些公众则希望社区博物馆为他们带来独特的文化体验。

四、社区博物馆空间营造原则

（一）感知空间塑造原则

1.体现空间原真性原则

社区博物馆是保护、展示和传承社区文化遗产与集体记忆的公共文化空间，因此通过还原社区物质原貌能够整体、全面地展示当地的人文生态环境。在社区博物馆空间实践过程中，可以通过对社区街道进行规划、修缮保护原有建筑、利用闲置空间建设社区博物馆展厅、改善社区景观等举措体现社区物质空间的原真性。在保护和修缮过程中，应尽量采用建筑原有的工艺和材料，并且保留原本的公共生活空间和服务设施，如幼儿园、学校、医院、治安机构等。在社区博物馆的空间和景观设计方面，可以运用当地文化中提取的符号语言，或使用当地特有的建筑材料、植株品种等，这样能使社区博物馆的设计元素及风格与社区文化统一，更好地体现社区物质空间的原真性。

位于浙江省丽水市松阳县的石仓契约博物馆（图1-29），建筑整体规划定位在村庄水渠上，通过贯穿博物馆整体空间的一条水渠来联系村庄。同时，该博物馆设计还包含修缮改造周边闲置民居，使其成为博物馆的配套服务设施。该博物馆依山而建，建筑墙体全部使用当地石材砌筑，室内空间设计参考了当地天井民居的形态。该博物馆是外来参观者和当地村民共享的场所，不仅具有对外展示功能，还是村里的公共文化活动场所和休闲场所。

图1-29 石仓契约博物馆

2. 塑造空间氛围感原则

设计师可以通过规划设计社区博物馆空间中的色彩、照明等可感知的元素来营造适合不同场所的空间氛围，为参观者提供良好的观展体验。例如，设计师可以通过设计空间整体色调与色彩配比，在满足色彩的功能性、美观性与统一性的基础上，从社区文化中提取具有代表性的色彩，进行合理的色彩设计和表达。设计师也可以搭配使用人工光源和自然光，通过建筑空间结构改变光线照射角度，在提供充足照明的同时避免光线直射展品，为参观者提供人性化的展示空间。

坐落于湖北省武汉市汉阳区的张之洞与武汉博物馆（图1-30）利用建筑空间结构处理光线照射角度并进行具有代表性的色彩设计和表达，使得走入博物馆的每一位参观者都能沉浸式感受这个剧场般的空间，体味一个改革者的心情。

3. 设置多元空间原则

社区博物馆不仅应具备收藏与展示功能，还应满足社区居民和参观者的不同需求。当下的参观者倾向于选择配套服务设施完善的社区博物馆，因此社区博物馆需要通过提高服务质量与拓宽服务对象范围来增强对参观者的吸引力，进而发挥博物馆在教育、文化、休闲、娱乐、商业等方面的功能。这要求社区博物馆在设计初期阶段不仅要保证馆舍参观动线的流畅完整和基础功能的完善，还要在博物馆内外设置一些不同功能的空间，如活动室、图书室、茶室、手工艺作坊、室外花圃、儿童娱乐空间、文创产品空间等。多元功能空间实现了社区博物馆空间功能方面的创新，在为参观者提供多元化体验的同时使社区博物馆更贴近

图 1-30 张之洞与武汉博物馆

社区居民的日常生产生活，为社区居民提供一个满足日常休闲娱乐、教育学习、文化交流需求的公共活动空间。

位于比利时安德莱赫特的 coop 多功能文化中心（图 1-31）采用了创新的改造方式，二次利用工业遗产，将历史工业建筑改造为展览空间、灵活的开放式工作空间、休闲空间及报告厅。如今，安德莱赫特运河沿岸的老工厂变身为多功能综合文化空间，包括中小型企业孵化器、解说中心及创新船厂。

4. 空间布局与动线合理原则

社区博物馆能够通过空间布局将服务设施合理分配在馆舍内外关键节点，在不干扰展示空间的使用与人流动线的前提下提升空间品质，满足人们对社区博物馆的使用需求，进而为参观者带来良好的观展体验。社区博物馆空间内部合理的人流动线设计不仅能够为参观者提供游览方向，还能够连接馆舍内外各个功能空间，将社区博物馆的空间整合为一体。社区博物馆的空间营造，在确保空间布局和人流动线设计规范合理的同时，还要考虑区别外来参观者和社区居民日常生产生活的人流动线，避免参观者干扰社区居民的正常生活，同时防止社区居民破坏参观者的观展体验。因此，设计师应对博物馆空间区域进行动态与静态的划分，对不同功能区域进行合理布局，为服务对象提供舒适的体验。

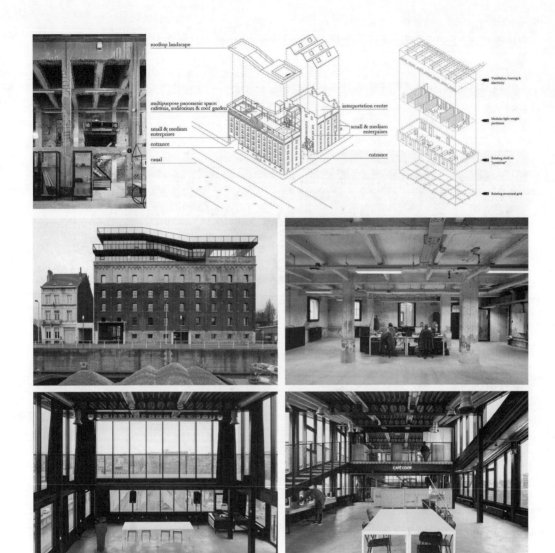

图 1-31　coop 多功能文化中心

5. 体现地域特色原则

因为社区博物馆是社区文化遗产与集体记忆的载体，所以展现地域特色是社区博物馆的基本义务。社区博物馆需要将地域人文与自然元素应用于空间营造，设计师在进行空间设计时，可以使用具备当地特色的材质、色彩、空间形态、物质与非物质文化遗产等元素，营造社区博物馆空间的氛围感。此外，设计师还可以提取社区元素并将其与当代设计元素进行融合，把社区博物馆打造为现代文化与传统社区文化的结合体，如先采用新旧空间并置原则进行社区博物馆的空间营造设计，对社区内部现存的公共空间或闲置场所进行活态化更新改造，保留部分原有建筑空间，再运用新材料、新工艺修复、扩建或改造，丰富空间层次，使新旧空间的材料、肌理、设计风格等融合并形成一定的对比。这样能够增加社区博物馆空间的艺术感、设计感和文化感，突出社区的历史文化底蕴，使参观者与社区居民对社区博物馆产生认同感,将社区文化遗产融入现代文化体系,促进社区文化遗产的传承和发展。

青海省玉树州囊谦县赞普博物馆新馆扩建设计(图1-32)主要采用当地石材作为建筑材料,以石材建造朴素的立面,结合通透的玻璃幕墙,满足当代生活的使用需求。

图1-32　赞普博物馆新馆扩建设计

6. 围绕集体记忆进行展示原则

因为社区博物馆以展示当地文化遗产与集体记忆为主要目的,所以也应将此作为空间展示设计的主题,展现社区文脉和地域特征。在社区博物馆的展馆布局和策展主题顺序方面,可以采取线性叙事方式进行设计,掌握展陈叙事中的空间逻辑与时间逻辑,以社区发展的历史进程为时间轴展开。此外,展陈布置可以单元主题的模式进行统一组织安排,针对不同展示主题和展品种类采用不同的空间逻辑,如嵌套式、并列式、串联式等,这样可以使参观者建立时空概念,增加参观者的沉浸感与体验感,帮助其深入了解当地文化遗产和集体记忆。

位于缅甸与孟加拉国边境地带难民营中央的罗兴亚文化记忆中心(图1-33)旨在收集、保护和传播知识与故事,为流离失所的社群创造充满善意的生活环境。组成空间的每个部分都经过了大量设计会议及实践研讨会探讨。例如,建筑师请工匠亲自设计能够体现他们珍贵记忆的意象,包括房子、鱼、大象、鸟和稻田,所有这些美好的意象被汇聚在同一个空间内,传达出社群的价值观。

7. 以人为本的设计原则

社区博物馆的服务主体是社区居民。由于社区居民在年龄、性别、受教育水平、生活方式、兴趣爱好、经济水平、思想观念等方面存在很大差异,因此各个群体对社区博物馆

图1-33 罗兴亚文化记忆中心

空间内部的展示内容、策展方式、展示效果有着不同的看法和需求。设计师在进行社区博物馆感知空间营造设计时，要做好社区居民心理、情感、思想观念、行为习惯、审美偏好等的调研工作，并根据人们的主要需求进行空间设计、展示设计等。社区博物馆展示设计应保证展示内容通俗易懂，做到由浅入深、层层递进。首先，将通俗易懂且能够吸引参观者注意力的图片、视频或互动技术作为先导展示；其次，逐步深入展示社区相关内容；最后，在具体设计过程中应用人体工程学，展馆空间、道具尺度等要规范、合理，体现包容性。

8. 构建可持续性展示空间原则

因为社区博物馆是对社区文化遗产和集体记忆进行活态化展示的公共文化空间，所以传统固定空间的静态化展示方式并不适用于社区博物馆。规定的主题、稳固的空间动线、固定的展品会极大地削弱社区博物馆的展示功能。同时，因为社区博物馆普遍受到建筑空间形态的束缚，所以没有大规模的展示空间。因此，社区博物馆需要构建可持续性的展示空间，通过可移动、模块化的空间设计实现博物馆空间结构的可变性，这样可以根据藏品展示条件、居民需求、社区发展规划等进行内部空间的调整，以形成新的功能空间，适应环境的变化。与此同时，可移动、模块化的展示设计可以拓展博物馆展示空间，提高建筑空间的利用效率，也能够组织开展临时展览、小型演出、科普讲座、集体观影、居民作品展等公共活动。可持续性展示空间是不断修整自身、不断发展变化、具备蓬勃生命力的公共文化空间。

位于日本神奈川县境内的 Substrate Factory Ayase 原为一个电路板工厂，设计师将一层车间改造为服务当地社区的多功能空间，使其同时具备多样性和开放性。考虑到未来可能对现有厂房进行再建，设计师做了一个多功能加建区域，可以根据使用者的活动改变空间设置。该建筑为框架结构，可以适应不同的条件和需求，而其中的装置及硬件也灵活可变，能与空间功能协调，如可以移动的百叶窗能满足不同私密度和遮阳的需求，可移动隔板能根据需求分割出不同尺度的空间。设计师将各种元素并置，在保护各个元素原有特征的同时，赋予建筑空间独特的个性。

9. 整体化与活态化的展陈原则

社区博物馆是展示社区非物质文化遗产的公共文化空间，由于非物质文化遗产具有一定的特殊性，因此其需要活态化的展示方式才能完整表达自身。社区博物馆可以采用复原历史场景的方法将无法正常展示的非物质文化遗产移入博物馆展示空间内，先提炼非物质文化遗产中的要素，再将其整合为空间场景，如采用展示微缩场景和等比还原场景等方式展示某种工艺品的制作过程及其在发展过程中的变化；同时，可以借助数字媒体技术或艺术化的方式展现非现实的空间。此外，社区博物馆可以采取真人演绎等活态化展示方式，不仅能够整体、生动地展现非物质文化遗产，还能为非物质文化遗产提供一个发展和创新的平台。

（二）构想空间延伸原则

1. 注重非遗保护与传承原则

由于非物质文化遗产是社区文化的重要组成部分，同时对产生地的自然与人文生态环境有很大程度的依赖，也需要物质载体进行表达，因此社区博物馆需要对非物质文化遗产的物质基础进行整体保护和展示，如体现物质空间原真性、突出地域特色、活态化展示等。社区博物馆还应从社区当下及未来发展的角度对非物质文化遗产开展保护、传承与宣传工作。非物质文化遗产最大的特点是不脱离其所属地域特殊的生产生活方式，这就要求社区博物馆不以经济或艺术价值为展品的保护和展示标准，而应收藏和展出与当地居民日常生产生活相关的物品。非物质文化遗产的保护主体应该是文化遗产的传承者与社区博物馆的工作人员，他们先对非遗现状进行记录、整理，再以文献、数字化影像或相关文化表演等形式在社区博物馆中展示。社区博物馆应重视非物质文化遗产在当下的生存状况，为非遗提供发展环境并帮助其适应当下和未来的发展趋势。

2. 培养文化自觉原则

社区居民的文化自觉是社区博物馆及社区发展的动力源泉，强烈的文化自觉能使社区居民了解当地的文化传统，对社区文化产生认同感和归属感，并自发地保护、传承和发展社区文化遗产。这种文化自觉通常出现在文化教育资源充沛、居民生活水平较高、发展较为成熟的社区，这种社区也具备建立社区博物馆的良好基础，同时社区博物馆在居民文化自觉度较高的社区也能够更好地发挥保护、传承和发展社区文化的功能。当今的社区正受到全球化、现代化、城市化进程的影响，许多社区文化遗产正在遭受破坏，如果社区居民的文化自觉程度不高则不足以面对这场危机，社区居民只有认识到文化的重要性才能积极参与到文化交流与建设中。社区博物馆不仅具备保护、传承和发展社区文化的功能，还能在文化活动中培养与强化社区居民对社区文化的认同感和归属感。例如，可以通过组织策划社区传统文化教育活动、开办文化遗产保护相关培训班，激发社区居民对社区文化的兴趣；还可以与高校或研究机构的学者进行产学研合作，同时针对参观者建立社区博物馆微信公众号进行社区文化宣传工作；也可以通过互联网上的社交媒体，如哔哩哔哩、抖音、微博等平台开展文化普及活动。以上文化活动能培养社区居民及社区博物馆参观者的文化自觉意识，使人们重视文化遗产的保护和传承工作，为社区博物馆和社区的发展提供动力。

3. 保存集体记忆原则

社区是人们日常生产生活发生的空间，其物质环境是当地居民维系集体记忆的载体，同时社区居民的实践活动等也都伴随着其日常生活融入社区集体记忆。保存社区集体记忆是社区博物馆的责任之一，社区博物馆可以通过体现物质环境原真性确保记忆载体获得社区居民的认同。同时，集体记忆能够促进社区博物馆及社区的可持续发展，它的连贯性能够帮助社区居民把握当下与判断未来，并保证社区物质空间和人文环境遵循以往的发展逻辑进行演化，这种模式带来的地区独特性能够很好地凝聚社区居民力量，促进社区转型与文化再造进而构建社区共同体。集体记忆承载着社区的文化价值观与精神价值观，其形成是社区居民日常生活的积累。社区博物馆在构建社区集体记忆时可以采用叙事展示设计手段，由于集体记忆的主体是社区居民，社区博物馆应该让社区居民亲自展示和保存集体记忆，通过居民口述历史、收集居民生活相关资料、征集或让居民自愿捐献日常物品、记录社区大事件等方式，逐步唤醒社区居民的集体记忆。最后，社区博物馆可以通过组织活动和日常工作为社区居民提供建立集体记忆的机会。实践活动所引发的事件、情绪等，都有助于形成集体记忆和社区共同体。

4. 居民参与空间营造原则

社区博物馆区别于其他博物馆的一大特点便是社区居民的参与和认同，与社区和社区居民失去联系的社区博物馆是无源之水，社区居民的参与是社区博物馆建设不可或缺的一部分。在社区博物馆空间营造过程中，应尽可能地让社区居民参与进来，虽然社区居民所掌握的博物馆方面的专业技能与知识较为匮乏，但社区博物馆的空间主体是社区居民，因此专家学者、政府机构和博物馆工作人员需要以协助和指导的方式帮助社区居民进行博物馆空间营造，让社区居民广泛且积极地参与进来并掌握一些博物馆管理、文化遗产保护等方面的知识技能，最终达到还权于民的目的。例如，可以在社区博物馆初步筹划阶段，采用参与式设计，让社区居民与建筑师、设计师和策展人开展广泛的合作，社区居民在设计师的专业性指导下进行博物馆的构思与开发，设计师也能够借此关注社区居民的创意、想法与需求，形成一个开放交流的场域。采用这种设计方式的博物馆会比设计师独立完成的方案更符合公众的期望，且能带来更加人性化的体验。在这种参与式设计过程中，社区居民的主体性将真正地生成，他们不再是被动地了解设计项目的进展，而是主动地在设计过程中担当重要角色并承担相应的责任。而且，这种模式不仅可以给予对美与设计感兴趣的人们实现自我价值的机会，还赋予他们为自己发声的话语权，社区博物馆不再是阳春白雪，而成为真正为大众拥有和服务大众的机构。

（三）体验空间恢复原则

1. 增加互动性原则

随着科学技术的发展，新的展示技术与设计手法不断出现，以展柜、展台、展架和展板等为主要展示手段的传统静态陈列方式变得僵化、死板，参观者很难从中体验到参与性和互动性。因此，社区博物馆需要提升展陈设计的互动性，采用多元的展示方式，使参观者能够与空间及物品进行交流与互动，增强其沉浸感和体验感。例如，社区博物馆可以运用全息成像、3D 建模技术、激光扫描技术、VR 技术、AR 技术等数字媒体技术，配合液晶屏、投影设备等多媒体工具进行交互活动，增强展示空间的趣味性。这些技术与工具可以向参观者全方位展示社区文化，并配合传统的展台、展柜与模型实物展示为参观者带来多感官体验，将社区博物馆的展陈设计带入一个全新的纬度。新兴的数字媒体技术（如虚拟现实技术等）不仅可以应用在社区博物馆的展陈设计中，还能够在互联网上建立社区博物馆。

南岸美村乡村生态博物馆（图 1-34）利用摩尔纹与运动的视错觉原理，结合现代技术完成设计与图像处理，形成摩尔纹动态记忆墙。该记忆墙的主题是乡村山野人家的日常生活，当周围居民沿着墙壁散步时，会觉得墙壁上的图案在随着他们的脚步运动。该博物馆还使用了投影仪等数字媒体设备营造互动性空间，这种互动性空间能够增强当地居民对博物馆的认同感和归属感。

2. 提升生活质量原则

社区居民是社区博物馆的服务对象和运营管理主体，社区居民的日常生活是社区文化的来源，社区博物馆需要满足社区居民的需求并维护他们的利益。因此，改善社区居民的生活环境和提升社区居民的生活质量也是社区博物馆空间营造的目的。社区博物馆可以在保证社区居民日常生产生活的前提下，通过改造社区内部的空间环境、改善基础设施与提供额外功能服务、开展人文关怀活动和组织休闲娱乐项目，以及提供工作岗位等方式提

图1-34　南岸美村乡村生态博物馆及摩尔纹动态记忆墙

升社区居民的生活水平,如组织居民进行路面维修、建立垃圾处理站点、增加社区的绿化、举办社区歌唱比赛、举办健康讲座等。例如,史家胡同风貌保护协会依托史家胡同博物馆组织了"咱们的院子——东四南文保区院落提升"项目,由中央美术学院、北京规划院等高校和机构的专家学者负责,对居民改造呼声最高的东四南地区的 8 个院落进行保护改造。[1] 他们与设计师合作,开展胡同景观再生设计展览,改善社区的空间环境,提升社区居民的居住质量。社区博物馆还可以通过建设多元空间为社区居民提供休闲广场、活动中心、图书室等公共空间,借助公共空间将社区文体活动日常化,维护社区居民的邻里关系,最终实现社区文化、经济、生活等方面的提升。由此可见,社区博物馆只有实现从物质到精神的整体改善,才能真正服务社区居民,并促进本身的发展。

3. 还原日常生活原则

列斐伏尔认为,在资本增值逻辑的支配下,随着生产活动量的增加和范围的扩张,人们的日常生活及其所占空间都会被异化。社区博物馆是反映人们日常生产生活的公共文化空间,博物馆不仅要改善、修复社区的物质空间和保护社区文化遗产,还要还原和保留社区居民的生产生活方式及社会关系。社区博物馆可以组织社区居民参加当地的民俗

[1]　姚佩雯.社区博物馆与北京胡同文化的保护与宣传:以史家胡同博物馆为例 [D]. 南京:南京师范大学,2019.

文化活动、读书会、文化艺术讲座等公共文化活动，也可以举办一些生产技能的培训班，还可以和周围幼儿园、学校等合作，组织学生参观社区博物馆。社区博物馆可通过开展公共文化活动促使社区居民交流互动，加深社区居民间的了解并维持社区内部的社会关系网络。社区博物馆发挥自身的文化教育功能，帮助社区居民更新知识体系、掌握生产生活技能和知识，并通过组织日常活动与民俗活动帮助社区居民维护日常生活习惯，进而对抗空间的异化。

4. 空间再生产原则

社区博物馆空间本身具备生产性，社区内部的文化资源、物质资源、资本等都为社区博物馆空间的再生产提供动力，发挥好社区博物馆空间的再生产功能不仅能够促进社区博物馆自身的发展，还能增加社区的商业活力及提高社区居民的生活水平。例如，可以借助社区内部的文化资源开展文化旅游活动，或者根据社区特色进行文创产品的开发，还可以通过民俗展演、商业展览、餐饮、创意体验、民宿、便民服务等形式进行再生产活动。社区博物馆利用商业空间能为自身运营提供资金，也能为社区居民提供工作岗位和额外的收入，为社区的发展提供动力。同时要注意，社区博物馆运行商业模式应以非营利、增加社区活力、获得维持社区博物馆日常运营的资金为根本目的。所以，社区博物馆的再生产活动应坚持适度原则，不能以资本增值为主要目标。

兴村红糖工坊位于浙江省丽水市松阳县樟溪乡，仍采用古法工艺制作红糖，兼具红糖生产厂房、村民活动和文化展示功能，是衔接村庄和田园的重要场所。该工坊在投入使用后，不仅极大改善了传统小作坊式脏、乱、差的生产条件，使传统红糖加工走向产业化的道路，还带动相关产业发展，实现"吃——品红糖、住——红糖特色民宿、游——甘蔗田风景、购——传统红糖产品、娱——体验红糖加工"的红糖旅游系统，不仅提高了村民收入，还增强了村民的文化自信。该工坊已成为村庄的公共文化场所，举办了多场木偶戏演出。

本节首先基于列斐伏尔的空间生产理论进行分析与归纳总结，梳理了社区博物馆的物质空间、精神空间及社会空间；其次，对社区博物馆空间的三元结构进行了整体的分析，并在此基础上阐明社区博物馆空间生产的机制；最后，从列斐伏尔空间三元辩证法角度对社区博物馆空间营造原则进行归纳总结，提出感知空间塑造原则、构想空间延伸原则及体验空间恢复原则，并在三大原则之下提出相关的具体原则，它们依次对应物质空间、精神空间、社会空间，以及空间实践、空间表象和表征性空间。本节基于列斐伏尔空间三元辩证法提出社区博物馆空间营造原则，整体层次分明且涵盖面广泛，三大原则相互补充又层层递进，为接下来基于我国不同城市社区类型的社区博物馆空间营造策略的提出奠定了坚实的理论基础。

第五节
我国城市社区发展现状与博物馆空间营造策略研究

一、我国城市社区发展现状

（一）我国城市社区发展历程

自 1949 年以来，我国城市社区的发展受到经济体制、城市发展与人口变化等诸多方面的影响。20 世纪四五十年代，我国城市基层的组织化建设是从改造旧有保甲制开始的，先废除保甲制再由各类基层社会自治性组织慢慢过渡到城市居民委员会，这类街居制社区的管理对象主要是城市中无单位的一般居民，涉及家庭妇女、商人、自由职业者、失业人员及无业人员等，同时对各类党政机关、企事业单位进行单位制管理。

1958—1977 年，受到苏联模式及当时我国实行的计划经济体制的影响，农村地区建立了大量的人民公社，城市基层组织也受此影响进行了大规模的整改。自 1960 年开始，全国大多数的城市人民公社将闲散劳动人员组织起来，生活集体化、家务劳动社会化的集体福利和服务事业是其最大的特点，我国城市形成了国有企业、集体企业并存的生产劳动格局。[1] 自此，我国城市社区基本形成了单位制与街居制共存的局面，工厂、企业、机关、学校等国有企业与行政机关实行单位体制管理，而单位之外的城市居民由街道办事处与居委会进行组织管理，并且当时实行严格的户籍管控制度，地区之间的人口流动幅度很小。这种整合政治、经济、社会、教育、医疗功能的社区结构具有很强的依附性。单位制的组织形式也影响城市的规划布局与建筑形态，再加上当时城市内部人均收入差距不大，因此，改革开放前我国的社区类型相对稳固，城市社区也相对封闭。城市内部主要分为街坊社区、单位社区两种类型。

1978—2012 年，我国将重心转移到经济建设方面。市场经济体制是我国城市社区类型演变的根本原因和动力，市场及资本的力量开始影响城市空间的生产，介入城市规划、旧城区改造及新城区的扩建工作。市场的流通性导致我国的人口开始大量流动，国家也不断对户籍管理制度进行调整，这使得城市社区人口发生变化。城市人口结构与社会阶层也开始分化，新的空间生产伴随着新的社会关系产生，这使得城市基层社区管理体制发生改变。伴随着市场化的经济改革，城市内部的人民公社与单位制社区逐渐消亡，街道办事处和居民委员会的职能恢复，社会治理开始由国家管控转向现代化管理。在社区建设上，我国 1986 年首次引入"社区"概念并倡导在城市开展社区服务，这标志着我国社区建设的开始。《中华人民共和国城市居民委员会组织法》（1989 年 12 月，2018 年12 月修订）重申居民委员会是居民自我管理、自我教育、自我服务的基层群众性自治

[1] 王亮. 从城市人民公社到现代城市社区：对中国城市基层单位发展的思考 [J]. 考试周刊, 2013 (54)：27-28.

组织。[1] 与此同时，高速城市化使得城市开发逐渐波及城郊农村地区，再加上人口的大量迁徙、流动与房地产开发，改革开放以后我国城市出现过渡型社区、商品房社区等不同的社区类型，城市社区类型逐渐增加，居民的居住情况也出现阶层化和群聚化的特点。

自 2012 年党的十八大以来，我国逐渐将城市社区管理转变为社区治理。2017 年，党的十九大提出"打造共建共治共享的社会治理格局"，要求按"党委领导、政府负责、社会协同、公众参与、法治保障"的"20 字方针"继续完善社会治理体制，并首次系统提出了社会治理"四化"标准，即提高社会治理社会化、法治化、智能化、专业化水平。[2]《关于加强和完善城乡社区治理的意见》（2017 年 6 月）中明确提出"城乡社区是社会治理的基本单元"，建设目标是要"把城乡社区建设成为和谐有序、绿色文明、创新包容、共建共享的幸福家园"。与此同时，基层的政府职能开始发生转变，将基层管理的重心全面转移至公共服务、公共管理与公共安全领域，进而推动城市治理的精细化。

（二）地域、关系与结构下我国城市社区的类型及其特征

作为人们日常生活的空间、政府治理的基层单元和资本市场的实践空间，城市社区一直是多主体不断交互、实践、生产的城市空间。我国的城市社区近年来处于经济体制转变的大环境下，所以变化较为明显，不同类型的社区之间也存在较大差别。从地域、关系与结构三方面来看待我国的城市社区，可以将其分为过渡型社区、洼地型社区、离散型社区及邻里型社区。

1. 过渡型社区

过渡型社区的主要特点是保留原有社会关系与生活习惯的人群在新地区或新环境下居住生活。过渡型社区多产生自政府的旧城区拆迁改造和新城区扩建，如城市内部的安置小区、城乡接合部社区、失地农民集中区、解困房小区、村改居小区等。过渡型社区在整体空间形态方面与正常的城市社区没有太大区别，然而社区内部的居民大多为当地的农民或原住民，他们对自身的身份认同也未发生改变，所以过渡型社区居民原本的社交网络、生活习惯、生产方式、集体记忆、思想观念等都得以保留。如大量的失地农民相较城市生活还是更喜欢之前的乡村生活，他们保持着原有的生产生活方式，在社区内种植花草和农作物、晾晒谷物和被褥、集会交流、举行民俗活动等。过渡型社区成员之间有着相似的利益诉求与生活习惯，社区居民仍然用血缘和地域关系维系着彼此之间的联系。由于失地农民的受教育程度和劳动技能与城市内部工作岗位不匹配，再加上城市的生活成本远远高于乡村地区，因此过渡型社区的居民往往无法适应城市的生产生活方式。在政府的改造下，虽然过渡型社区的空间形态与产业结构已趋于城镇化，但是社区居民的经济水平与社会关

[1] 朱涛. 新中国 70 年社会治理变迁与基本经验 [J]. 北京工业大学学报（社会科学版），2019，19（04）：11-17.
[2] 同上.

系还处于之前的状态，这种矛盾的生存环境导致社区居民毫无归属感，进而产生身份认同危机。高昂的生活成本与低质量的工作岗位使得社区居民难以融入城市生活，老龄化及教育资源的匮乏也导致社区居民无法跟上城市的发展，因此他们参与社区治理的积极性较低。过渡型社区的建设者往往过分强调现代性的意义，他们追求"现代化"的激情，一次又一次地引导着失地农民努力扫除一切旧东西的痕迹，传统的东西无论好坏，统统要被抛弃，这势必导致一种意义系统的崩塌。[1] 总之，如何使过渡型社区的居民融入城市生活、保留传统习俗、提升生活水平、建立社区共同体等，仍然是需要解决的难题。

2. 洼地型社区

洼地型社区的主要特点是发展缓慢甚至停滞，多为城市旧有居住区。伴随着经济体制的改革，资本大量介入城市空间生产，商品房小区的建设、单位制的瓦解、人口的流动等改变了城市旧有居住区的面貌，资源、制度、管理、居民结构等方面的变化使得城市旧有居住区逐渐陷入发展的洼地。比较典型的洼地型社区是单位改制或破产后遗留下的职工社区和职工社区以外的老旧街区，这些社区的维护和管理严重依赖旧有体制，由于新的城市空间生产改变了原有环境，因此当下的洼地型社区处于缺乏维护管理而破败不堪的状态。因为洼地型社区建设时间较早，所以居民的居住环境较为拥挤，缺乏公共基础设施，物业的管理服务水平低下，无法满足社区居民的日常生活需求，适老化改造也无法与洼地型社区的老龄化程度匹配。洼地型社区的空间形态比较老旧，租住成本和生活成本较为低廉，导致一些原住民搬离社区，大量的外来人口涌入。这使得洼地型社区的人口结构发生变化，新旧社区居民由于生活习惯、思想观念及身份认同的差异产生了许多矛盾。城市内部历史文化街区也具备洼地型社区的特征，一些比较著名的历史文化街区因其稀缺的文化价值而受到政府与资本的青睐，进行了大规模的改造，但仍有大量的历史文化街区在高速城市化的过程中遭到破坏，那些得到修缮和改造的历史文化街区也存在过度商业化的问题。城市旧有居住区大多保留着宝贵的社区文化及居民的集体记忆，如参加三线建设的工人社区及具有工业时代背景的老旧社区，这类社区都保有大量珍贵的时代记忆，但由于人口老龄化及缺少公共文化空间等问题，这些珍贵的社区文化逐渐消失。以上种种因素表明，洼地型社区需要满足社区居民的日常生活需求，改善社区的物质环境，建立外来人口与原住民之间良好的社会关系，保护珍贵的社区文化遗产和集体记忆。

3. 离散型社区

离散型社区的主要特点是尚未建立稳固社会关系和身份认同的人群在新地区或新环境下居住生活。由于资本市场介入城市空间生产及居民跨城区进行日常工作与居住，我国城市许多社区出现居民社会关系网络脱离日常生活的情况，居民对社区没有归属感。

[1]　刘祖云，李烊. 理解过渡型社区认同之三维：时空、记忆及意义 [J]. 理论探讨，2017（02）：149-154.

同时，一些社区的基层自治组织种类繁多、结构松散、能力不足，社区居民对公共事务的参与度和积极性都不高。因此，我国城市内部出现大量离散型社区，比较典型的离散型社区是新建商品房社区、拆迁社区、物管小区。传统单位制社区居民对社区具有高度的认同感、社交关系网络紧密，而由于居民独立居住空间面积大、居民各方面情况呈现较大差异性、人口流动性较强且居住时间较短等原因，新建商品房社区居民缺乏对社区的认同感与归属感。新建商品房社区多为设有门禁系统的封闭园区，居民的互动交流不便；居民的工作地点大多远离商品房社区，且工作时间较长、工作强度较高，这使得新建商品房社区居民缺乏处理社区公共事务的精力与意愿。新建商品房社区的一大特点是居民可以将住宅作为商品进行买卖，这使得新建商品房社区的居民流动性较大，而且居民的职业、受教育程度、思想观念、个人爱好、价值观等方面具有很大的差别，这导致新建商品房社区居民的利益诉求无法得到统一。以上种种因素使得新建商品房社区仅具有居住功能，文化、经济、社会等功能都十分欠缺，邻里关系淡漠，社区共同体无法建立。一些城乡接合部社区和经过体制改革的单位社区虽然具备相对完整的组织结构，并且存在部分经济资源可以为社区建设提供保障，但随着社区居民生活方式的变化与人员的流动，社区居民的社会联系度减弱。新建商品房社区作为一种新型城市空间形态，重建了国家、市场与社会主体的社会关系及业主群体的交往方式。[1] 总之，以资本增值为导向的城市空间的生产对社区居民的社会联系和地域认同造成严重的破坏，因此离散型社区需要增强社区组织化程度，赋权于社区居民并重建社区居民的空间话语权，建立社区居民的社会关系网络，提高社区居民参与公共事务的积极性，培养社区居民的集体意识，增强社区居民对社区的认同感和归属感，丰富社区的文化、经济、社会功能。

4. 邻里型社区

邻里型社区的主要特点是社区居民具备一定的社会关系网络，但社区结构还需要进一步完善。新的城市空间生成的旧有社区共同体逐渐消失不见，但城市居民委员会与新的社区建立了新的联系，这种特殊的关系是当下城市社区共同体构建的基础。比较典型的邻里型社区是城市中产阶级住宅社区、自治社区。邻里型社区在社区居民的日常生活中已经建立起基本的共同生活方式及普遍意义上的道德秩序，如在物业或业主维权、社区居民饲养宠物规范、社区内部环境卫生维护等方面，社区居民已经初步达成共识。邻里型社区建立了一定的社会关系网络，社区居民大多关注公共事务，对公共事务的参与度和积极性都很高，社区内部往往成立具备一定组织动员力的基层自治组织，如业主委员会、物业管理委员会。在政府规划指导下通过资本市场建立起来的新建商品房社区有成为邻里型社区的基础，一些新建商品房社区在居民居住之前便已成立基层组织架构和配套物业管理系统，为

[1] 张振，杨建科. 城市社区的空间关系异化：生成机理与治理机制：基于空间生产视角的分析 [J]. 学习与实践，2017（11）：82-88.

后期社区建立社会关系网络奠定了基础，但由于城市空间生产存在不稳定性，可能导致新建商品房社区出现资源不足、人口流动性大等问题，进而使得新建商品房社区逐渐演变为过渡型社区或离散型社区。总之，邻里型社区虽具备一定的社会关系网络，但如果不进行后续维护或整合进基层社区治理体系中，往往会逐渐消亡，进而引发物业纠纷、社区治安问题、环境维护问题。

二、我国城市社区博物馆空间营造策略

（一）过渡型社区博物馆空间营造策略

由于过渡型社区的物理空间形态一直以来并不适配社区居民的日常生产生活方式，阻碍以失地农民为主体人群的社区居民融入城市生活，因此社区博物馆在空间营造过程中要充分考虑社区居民的生活方式、思想观念、风俗习惯等，营造舒适的展示环境与日常生活环境，为社区居民提供优质的教育文化资源，保护和传承社区文化与集体记忆，帮助社区居民建立城市空间下的身份认同。

1. 过渡型社区博物馆感知空间营造策略

过渡型社区博物馆的感知空间营造可以从博物馆的规划布局、空间形态、室内外设计、展陈设计等方面进行。社区博物馆在规划布局方面可以充分利用社区现有建筑空间，在原有建筑的基础上进行微改造，并在改造过程中植入社区居民原有的集体记忆和社区文化，通过再现社区居民日常生活的空间形态，或仿照围合院落的形式进行社区博物馆空间的整体规划布局。通过还原居民熟悉的空间形态，不仅能体现社区的原真性并真实反映社区居民的生活环境，还能建立社区居民对社区博物馆的归属感。涌头社区旧村及工厂片区改造提升工程空间形态如图1-35所示。

图 1-35　涌头社区旧村及工厂片区改造提升工程空间形态

过渡型社区居民大多来自同一地区，彼此之间保留着基本的社交关系网络。这种熟人社会有着强烈的交流互动需求，社区居民延续原本的生活习惯，大多喜欢室外活动或聚集性活动，所以在营造社区博物馆空间时，不仅要注重展示空间的开放，还要为社区居民营造公共活动场所空间。例如，创造公共空间、半公共空间、私密空间等多层次的室内与景观空间，在社区博物馆内部设置居民活动室和非遗工作坊，在室外建设公共活动广场。同时，充分了解社区居民的需求，设置图书馆、室内外种植区等空间，满足社区居民的日常需求。

另外，设计师可以提取社区居民原生活环境中的符号与元素或符合社区居民审美需求的符号与元素，将其融入社区博物馆的景观设计与室内设计（图1-36、图1-37）。例如，还原社区居民原本生活环境中的景观亭、雕塑等小品，在室内运用传统梁架结构，建筑采用坡屋顶结构形式，种植原有村落中的植株等。

图 1-36　涌头社区旧村及工厂片区改造提升工程室外公共空间

图 1-37　东山村纸博物馆室内空间

在进行社区博物馆的展陈设计时，可以将展览划分为长期展、临时展和流动展，在长期展中设立传统生活展厅，集中展示社区居民原有的生产生活方式和集体记忆，采用活态化展陈方式进行场景还原，并结合数字媒体技术增加展陈空间的沉浸感。这样能够建立社区居民对社区博物馆的认同感，同时保护和传承原本的社区文化与集体记忆，使得社区居民在融入城市生活的同时保留自身文化的根源。

2. 过渡型社区博物馆构想空间营造策略

过渡型社区博物馆的构想空间营造可以从保护社区居民的传统生产生活方式、传承非物质文化遗产、培养社区居民文化自觉等方面入手。社区博物馆在为社区居民提供舒适、亲切的物质环境的同时，还应收集和整理社区居民传承的非物质文化遗产。由于过渡型社区居民原本的生活环境具有一定的特殊性，他们大多保留着世代相传的生产生活技能及民俗文化，当他们进入城市空间生活时，环境的改变同样影响非物质文化遗产的传承和发展。因此，社区博物馆要做好非物质文化遗产的保护和展示工作，非物质文化遗产包括剪纸（图1-38）、刺绣、磨豆腐、酿酒等传统工艺。

图1-38　老梅湖的新建筑——剪纸艺坊室内空间

由于过渡型社区居民的文化保护意识较为淡薄、受教育水平有待提高，因此社区博物馆不仅要做好社区文化保护工作，还要培养社区居民的文化自觉，通过展示、宣传及开办讲座等方式，让社区居民意识到传承社区文化的重要性。这样不仅能够提高社区居民的整体素质，还能为建设文化型社区提供动力。

过渡型社区博物馆需要保存社区居民原本的集体记忆，维护社区居民已经存在的社会关系。过渡型社区博物馆应记录当下社区内部发生的事件，并通过收藏、展示等方式将原有记忆与当下生活串联，弥合城市空间生产带来的断裂感，帮助社区居民建立完整的生活纽带，从而使社区居民更好地融入城市生活。（图1-39）

过渡型社区博物馆在空间营造过程中要鼓励社区居民参与，这样能够锻炼和培养社区居民的主体意识，建设满足社区居民真实需求的社区博物馆空间。例如，在社区博物馆和社区内部的楼道、墙面、景观标识上进行创意美化活动；征集社区居民拥有的旧照片、旧物件等记录生活的物质载体并对其进行展示。

3. 过渡型社区博物馆体验空间营造策略

过渡型社区博物馆的体验空间营造可以从提高社区博物馆展陈的互动性、提升社区居

图 1-39　奇峰村村史馆室内展示空间

民生活质量、帮助社区居民适应城市生活、社区空间再生产等方面进行。过渡型社区博物馆可以通过使用数字媒体技术增加展陈的互动性，如先使用数字模型对原住民的生活环境进行还原，再通过数字媒体设备进行展示；还可以邀请社区内部非遗手工艺人进行现场展示，增加社区博物馆展陈的交互性，为社区居民提供良好的观展体验。

由于过渡型社区居民的受教育水平不高，其掌握的乡村生产技能与城镇的大部分工作岗位不匹配，因此社区居民往往难以找到能够获得充足生存资源的工作。过渡型社区相对缺乏教育文化资源，也会导致社区居民无法快速适应城市工作环境。因此，社区博物馆在空间营造过程中要充分考虑过渡型社区居民的教育和文化需求，在规划布局时设置图书馆、学习室等空间。同时，社区博物馆可以与政府和社会组织合作，将社会资源引入社区，通过开办实用技能培训班、提供就业指导、组织企业进社区、开展大学生支教活动等，为过渡型社区居民提供自我提升的机会，帮助社区居民获得较好的就业机会及职业发展前景，并且使社区居民在满足基本生活需求的前提下享受娱乐、学习等多元化资源，进而获得在城市中生活的幸福感、认同感、归属感。当社区居民逐渐适应城市空间的生产和生活方式后，他们的身份认知会发生转变，并最终融入城市社会生活。

过渡型社区居民在原本的日常生活中有许多公共活动，进入城市空间后，新的人文环境与空间形态使得他们无法继续保持原有的生活方式。因此，社区博物馆可以社区居民的兴趣爱好为切入点，结合原住民的乡土文化，组织策划一些公共文化活动。例如，乡村中的村民大多喜欢在公共空间宴请客人，社区博物馆可以在规划设计时设置相关活动场所，这些场所在大多数时候作为休闲娱乐空间被使用，而在重要的日子则作为失地农民举办酒席、聚会活动的场所。同时，社区博物馆可以组织一些传统民俗活动，以及读书会、讲座等公共文化活动。

过渡型社区博物馆可以利用社区内部的文化资源进行文创商业活动，或进行传统手工艺生产活动，也可以提供社区便民服务业务。合理利用社区的商业性，培育社区能人，能够为社区及社区博物馆带来资本收益并提供就业岗位，同时也能够为企业做宣传，实现共赢发展。

（二）洼地型社区博物馆空间营造策略

洼地型社区大多为城市老旧社区与历史文化街区，因为规划建设时间较早，所以社区内部的交通网络、规划布局、服务设施都需要进行修缮改造。虽然社区内部的建筑与基础设施年代久远，但仍旧留存着极具特色和历史价值的文化遗产。在洼地型社区博物馆的空间营造过程中，要注意改造社区公共空间、满足社区居民日常需求、保留历史记忆、传承文化遗产、合理利用社区资源进行社区空间再生产。

1.洼地型社区博物馆感知空间营造策略

洼地型社区博物馆的感知空间营造可以从博物馆的规划布局、室内外设计、展陈设计等方面进行。洼地型社区不同于其他城市社区，由于其建设受时代限制，社区内部存在公共空间面积较小、用地结构不合理、公共服务设施不足等问题，因此社区博物馆的整体规划布局可以利用社区内部废弃的公共空间，如社区内部的大型自行车车棚、废弃仓库、废弃锅炉房等。如果社区内部公共空间面积狭窄且无原有建筑可利用，那么可以对社区内部的小微空间进行轻量化改造，充分利用社区内部各处公共节点空间，将社区博物馆馆舍分散至社区各处，再由社区交通流线进行连接（图1-40）。对于历史文化街区，则可使街区内部的历史建筑充当社区博物馆馆舍，并保留街区原有的规划布局；对于社区居民不常用到的空间，可以对其进行整合与激活，如更换老旧的空间材料、植入微型设施等（图1-41）。

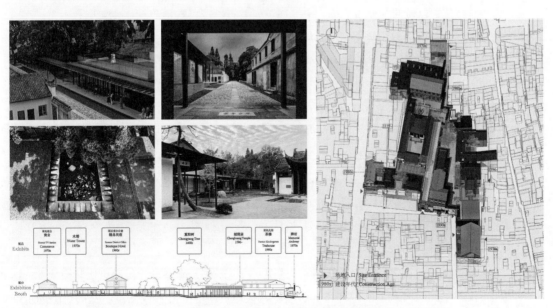

图1-40　文里·松阳三庙文化交流中心通过廊道打通社区公共空间节点

图1-41　东四胡同博物馆——东四四条77号院升级改造项目

　　由于洼地型社区的空间资源较为有限，再加上社区缺乏公共设施，社区居民没有足够的空间进行集体活动，因此社区博物馆要运用功能叠加手段进行空间营造。社区博物馆需要满足社区居民物质环境方面的需求，通过对有限空间进行集约和高效利用，实现社区博物馆空间的功能叠加。例如，将口袋公园和博物馆展示空间融合，使社区居民能够在日常散步过程中观展。在社区博物馆感知空间营造过程中，要整合不同利益方的诉求，在展示空间中设置公共设施，打造满足多类人群使用需求的场所，使社区中的不同人群可以顺畅沟通，提升社区的活力。（图1-42）

　　另外，社区博物馆的感知空间营造应考虑多时段使用。设计师可通过分析社区居民群体的活动规律，有针对性地设计空间内部功能。在不影响社区居民日常生活的前提下，延长社区博物馆空间在夜晚的使用时间。如早晨与中午是中老年人活动高峰期，而年轻人通常在下午和晚上进行公共活动。因此，社区博物馆的公共场所可以设置多功能设施和活动式设施，通过增加功能和提升可变更性使空间更具包容性，使社区博物馆成为满足社区人群各时段使用需求的活动场所。

　　在洼地型社区博物馆的感知空间营造中，可以采用紧凑型设计与模块化装配技术，这样不仅对空间的需求小，还有利于后续可持续地更新空间内容，预留了空间调整的可能性。社区博物馆的感知空间营造是循序渐进的空间生产，需要满足社区居民的需求。例如，图1-43所示社区博物馆的六边形展览装置集合了照明、播放影像、投影、挂钩等功能。

图 1-42 城市叠加纪念物 Patch-City 将集会、展示、休息、交通等功能叠加

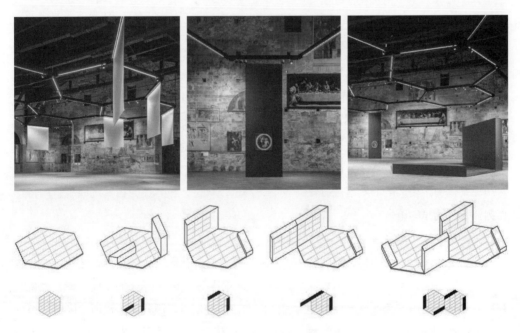

图 1-43 六边形展览装置集合了照明、播放影像、投影、挂钩等功能

社区博物馆感知空间营造应具备灵活调整与再优化的特点（图1-44）。由于洼地型社区环境老旧需要不断维护，且需要赋予有限空间多重功能，因此社区博物馆的展示装置需要具备适应性、简洁性与灵活性，便于空间的管理、维护及功能切换。

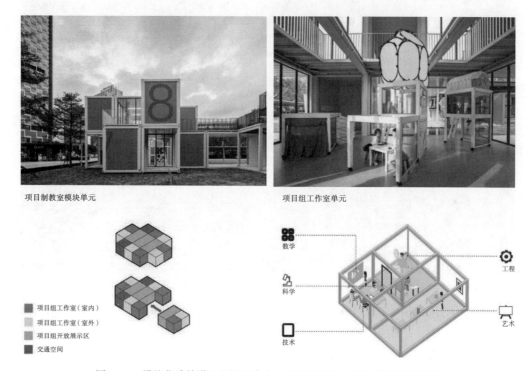

项目制教室模块单元　　　　　　　　　　　　　　　　项目组工作室单元

■ 项目组工作室（室内）
□ 项目组工作室（室外）
▨ 项目组开放展示区
■ 交通空间

数学　　科学　　技术　　工程　　艺术

图1-44　模块化建筑设计空间需求小，可灵活组合，便于后期持续更新

由于洼地型社区建设时间长，楼体外墙多已出现不同程度的老化现象，因此在进行社区博物馆感知空间营造时，可以通过翻新社区建筑外墙和公共设施，使社区博物馆在材质、色彩与形式上与社区内部建筑、设施统一，将原本散乱、重复、破旧的社区物质环境重新整合起来。例如，可以对旧国企工厂社区或高校职工社区的公共空间中比较突兀的建筑物进行外观改造，使其成为社区博物馆的展示空间或公共活动空间（图1-45）；也可以对历史文化街区中的老旧院落进行修缮改造，通过现代工艺技术还原古建筑原貌，再将其作为社区博物馆的馆舍。

2.洼地型社区博物馆构想空间营造策略

洼地型社区博物馆的构想空间营造可以从保护和传承社区文化与集体记忆、引导社区居民参与等方面入手。由于洼地型社区大多存在时间较长，随着时代的发展孕育了独特的社区文化，社区内部存在许多保留社区居民生活记忆的地方。因此，洼地型社区博物馆可以深入挖掘社区人文资源，开展收集、整理、展示等工作，也可以对充满社区记忆的地方进行还原设计，唤醒社区居民的集体记忆及其对社区和城市的感情，培养社区居民的归属

图 1-45　山灰艺术社区——西安石油大学锅炉房改造项目改造前（左侧）与改造后（右侧）

感和认同感。同时，也要对社区中的非物质文化遗产进行整体性、活态化保护，通过居民参与的方式展示和传承非物质文化遗产。

在文化积淀和旅游业的影响下，虽然洼地型社区中的居民初步具备了对社区模糊的文化认同，但在构想空间营造时仍需引导他们认识自身的主体地位，充分调动其建构社区共同体的积极性。如可以通过知识普及推广、文化活动组织等形式，加强社区居民对社区文化的了解，建立社区居民的文化保护意识，培养其社区认同感；还可以成立社区志愿者、文化宣讲团等组织，通过开展针对社区内外的宣传交流工作，促进社区文化价值传播，同时鼓励具备一定知识基础的社区居民担任社区志愿者，在文化点进行志愿服务。

洼地型社区由于规划与建设问题，无法满足社区居民的日常生活需求，所以在社区博物馆空间营造中要充分考虑社区居民的意见和需求，提高社区居民对设计方案的开发度与参与度，考虑社区居民反馈的意见，实现社区博物馆空间营造价值的最大化。洼地型社区居民大多具有基本的文化自觉意识，但由于参与渠道的限制，他们很难开展有组织、有计划的文化保护工作，而且传统的老旧社区改造通常是以政府为主导、自上而下进行的，这种被动形式导致社区居民的参与积极性不高。社区博物馆需要为社区居民提供多种参与渠道，引导社区居民参与到构想空间的营造中。如可以组织社区居民捐赠博物馆藏品或参与博物馆管理、宣传工作，通过参与式改造满足社区居民的利益诉求，设计出更加和谐便捷的社区公共文化空间；也可以组织公共艺术活动，改造社区原有单调乏味的视觉空间。（图 1-46）

图1-46　虹桥机场新村社区博物馆在设计、建设、展品捐赠、管理等方面都有社区居民的参与

3.洼地型社区博物馆体验空间营造策略

洼地型社区博物馆的体验空间营造可以从数字媒体技术介入博物馆展陈、组织公共文化活动、提升居民生活质量、发挥文化产业优势等方面进行。洼地型社区拥有大量的文化资源，但由于空间资源的限制及保护社区古建筑的原则，社区博物馆的展示空间较为有限，可以通过数字媒体技术的介入来解决这些难题，数字媒体技术有着较强的灵活性和多样性，还能够在有限的空间中营造沉浸感和体验感。多感官数字媒体技术新颖的表现形式可以吸引社区居民积极参与，拉近社区博物馆与社区居民之间的距离；还可以收集社区中不易计算和发现的数据，全面地展示社区集体记忆和文化遗产。（图1-47）

由于洼地型社区建成时间较长，公共设施老化且不足，严重影响社区居民的生活质量，因此提升社区居民的生活质量成为社区博物馆的重要任务之一。社区博物馆需要改善社区的物质环境，包括建设社区公共文化空间，对社区微空间进行改造，以及设置共享客厅、图书馆、健身房、影院、茶吧等功能性空间。可以通过开展人文关怀活动、休闲娱乐活动及教育文化活动丰富社区居民的精神世界，如开展人文讲座、戏曲表演等活动；可以通过开设音乐、戏曲、舞蹈等公共艺术课程，吸引社区居民参与到各种学习活动之中；还可以组织社区居民参加社区墙绘壁画活动，使社区居民在美化社区环境的同时创建自己的体验空间。

图1-47 南头古城数字展厅建筑群利用数字媒体技术在有限的空间中营造沉浸感和体验感

另外，洼地型社区具备丰富的文化资源，社区博物馆可以通过文创产品开发、传统工艺品生产等方式发挥社区文化产业的优势。洼地型社区大多坐落在老城区内部，社区内部及周边都存在当地历史文化的物质载体，如历史文化街区内部的古建筑、旧工厂职工社区周边的工业遗产等，这使得洼地型社区存在较坚实的文化产业基础。首先，社区博物馆可以引导周边优势资源介入社区的文化产业发展，如建立社区博物馆市井文化或当地历史人文主题游览线，再辅以特色餐饮、文化讲堂、特色书吧等业态，发展洼地型社区创意文化旅游产业。其次，社区博物馆可以利用洼地型社区传统工艺进行产品生产，将传统工艺技术的保护融入社区居民日常的生产生活中，这样不仅能够为传统工艺带来新的生命力，还能够获取经济价值进而促进传统工艺的再生产循环，如建立参与式陶艺制作工坊，使掌握传统工艺技术的社区居民和社区博物馆的参观者参与生产制作。社区居民生产出的陶艺物件可以作为社区博物馆的文创商品进行售卖，而参观者在专业人士的指导下制作的陶艺作品可以作为纪念品被带回家收藏。

（三）离散型社区博物馆空间营造策略

伴随着我国经济体制的改革、城市化进程的加快及城市社区人口流动的加剧，以商品房为主要住宅类型的离散型社区大量出现。离散型社区内部的住宅多为高层或超高层建筑，且私有面积相对传统洼地型社区大大增加。由于快节奏的现代都市生活、居民各方面的差异及封闭化的社区管理模式，离散型社区居民的关系较为冷漠，再加上由于商品房小区的开发年限较短，且内部的基础设施较为完善，因此在离散型社区博物馆的空间营造中，需要增强社区的组织化程度，建立社区居民的社会关系网络，提高社区居民参与公共事务的积极性，培养社区居民的集体意识，构建社区居民的认同感和归属感，丰富社区的文化、经济、社会功能。也就是说，社区博物馆的构想空间与体验空间营造十分重要。

1.离散型社区博物馆感知空间营造策略

离散型社区博物馆的感知空间营造可以从博物馆的规划布局、室内外设计、展陈设计等方面进行。离散型社区主要由商品房小区、自治社区构成，其内部大多存在业主会所或与之类似的社区公共空间，社区博物馆可以利用社区内部与周边现存的、空置或利用率不高的公共空间进行博物馆的感知空间营造。通过营造开放式的空间形态，吸引社区居民进入社区博物馆空间，为社区居民创造交流互动的平台。同时，可以根据社区居民的需求设计规划多功能空间，如社区图书馆、社区影院、亲子休闲空间及社交活动空间等，还可以通过设置流动展厅和永久展厅为社区居民提供展示和记录社区文化与集体记忆的空间。

离散型社区博物馆在进行感知空间营造时可以利用社区居民经常使用的空间进行展陈设计，如在社区内部的停车场、社区公共广场及公共设施周边设置展示点（图1-48）；可

图1-48　蚝乡湖文创馆通过改造废弃厂房提供村史展览、文化交流等服务

以梳理调查社区居民的日常人流动线，在沿途设置展示墙（图1-49）；还可以利用社区内部的绿地、儿童活动场所、运动健身场地等区域，通过景观设计和植入室外互动构造物打造社区交往空间，为社区居民建立紧密的社会关系提供物质基础。

图1-49　万州吉祥街在社区交通流线上设置文化景墙展示城区风貌

另外，离散型社区博物馆感知空间的材质、色彩、风格应与社区整体环境和谐统一，还应做到功能分区明确、整体布局合理、流线设计顺畅等。在设计过程中，应充分了解社区居民的需求和意向，注重艺术性在社区博物馆空间营造中的体现，创造出具有丰富文化内涵的公共文化空间，使得社区居民在快节奏的城市生活中获得感知方面的享受。

2. 离散型社区博物馆构想空间营造策略

离散型社区博物馆的构想空间营造可以从社区居民参与博物馆空间营造和日常管理、保存集体记忆和构建社区共同体、促进社区价值观的养成与培养社区居民文化自觉意识、加强社区居民自组织能力等方面入手。

由于离散型社区居民之间尚未建立紧密的社会关系，因此在社区博物馆前期的空间营造中，可以采用政府与社会组织主导，社区居民与业主委员会参与的模式。设计团队在得到社区居民的想法和意向后进行社区博物馆的规划设计，在物质空间营造的过程中，培养社区居民参与社区建设和规划决策的意识。这样不仅能够营造出满足社区居民需求的博物馆空间，还能与社区居民互动，增进彼此之间的感情。另外，社区居民在参与博物馆文化活动和博物馆相关知识技能培训后，将具备独立自主管理社区博物馆的能力，这时博物馆的管理模式可以逐渐过渡到社区居民、业主委员会主导，政府与社会组织协助的模式，让社区居民自己决定社区未来的发展。

由于离散型社区居民的异质性及缺乏建立社区共同体的基本纽带，因此社区博物馆的主要任务之一是保存社区居民的集体记忆，通过定期举办艺术文化展示活动、记录社区发生的事件、展示具有社区居民生活痕迹的物品，使社区居民在新的生活环境下重新构建基于现代城市社区的关系网络和价值认知，能够围绕自身和社区的生存问题展开学习、对话并达成共识，增强自身对社区的认同感及参与公共事务的积极性，进而为离散型社区建立社区共同体。

离散型社区博物馆的构想空间营造中最重要的一部分是让社区居民认识到社区价值的重要性。社区价值是社区文化的核心之一，是社区在长期存在与发展过程中形成的社区共有的信念、道德、理想、行为规则的抽象化和普遍化的价值观念。[1]因此，社区博物馆可以通过举办社区文化活动、开展专题讲座等方式，将无形的态度、信念、规范等以实物和事实的形式展示，将平常散布于个体间的个性化行为以典型、集合的状态表达出来，这样更容易被社区居民感受、学习，从而促进社区居民的文化自觉意识与社区价值观的培养。社区博物馆还应注重对青少年的教育和培养，通过开展宣传活动及青少年感兴趣的文化活动，建立下一代社区居民的集体记忆与社区认同感。（图1-50）

图1-50　通过在社区公共空间安装临时装置"Ribbon"而重新连接社区

另外，由于离散型社区博物馆的构想空间营造需要加强社区居民的自组织能力，因此可以倡导建立自治组织，并由居委会等牵头带领这些自治组织参与到社区博物馆的空间营造中。一方面，社区博物馆在营造构想空间的过程中能够促进社区居民对社区事务的关注，并积极参与其中；另一方面，社区博物馆也能为这种讨论提供必要的知识背景。这样可以促进社区在具体问题解决上逐渐形成理性、坦诚的协商文化，促进社区治理的民主、文明、高效运行。

3. 离散型社区博物馆体验空间营造策略

离散型社区博物馆的体验空间营造可以从拓宽社区公共空间、开展社区文化活动、组织社区建设等方面入手。离散型社区的基础设施建设水平相对较好，社区博物馆体验空间

[1]　赵玥.浅论社区博物馆在社区文化建设中的价值与意义 [J].上海文博论丛，2014（02）：57-60.

营造的关键在于为社区居民建立较为紧密的社会关系，将相对离散的社区环境转变为人们能够交流互动、体验生活的日常空间。因此，社区博物馆需要为社区居民提供多功能空间，从而满足其日常生活需求。离散型社区居民虽然在工作职业、兴趣爱好、思想观念等方面差异性较强，但依然具备一些共同需求。社区博物馆可在周末组织社区居民参与亲子活动、青少年艺术展览及有关社区共同体的展览活动（图1-51），或者组织社区居民参与社区生态环境改造活动。经常性的社区活动，在一定程度上能够重构邻里关系，构建良好的社区关系。

图1-51 "街道共同体"展览通过呈现国内外不同群体自发组织、参与改变
城市空间的实践案例，探讨个体在此时此地可能的行动路径

在体验空间营造过程中，离散型社区博物馆可以与大型博物馆合作，通过将博物馆中的藏品引入社区进行展示、举办专题展览等形式，丰富社区居民的精神文化生活，让社区博物馆成为社区的文化中心、交流中心、互助中心和学习中心。在文化活动中密切社区居民之间的关系，加深社区居民对社区的认同感。社区博物馆应鼓励社区居民参与社区文化遗产化的活动，鼓励社区居民通过管理和利用社区文化遗产加深对社区价值的认知，在传承社区文化遗产的过程中，将文化遗产与社区当前变革和未来发展联系起来，发现和发掘文化遗产对社区发展的积极作用，并将这些新的创造纳入文化遗产体系。

离散型社区博物馆体验空间营造的关键之处是建立开放式社区博物馆，并通过社区博物馆对外开放逐渐将封闭式社区变为开放式社区。现在的新建居住社区，大多是封闭式社区。每个社区都需要配备相应的医疗卫生、文化体育设施，这样每个社区都无法享受齐全的功能设施，还要承担相应的费用，是一种非规模经济。不同社区可以通过社区博物馆共享文化资源，相邻社区居民在文化展示和学习的过程中进行沟通交流。这种基于日常生活的交互不仅能够促进社区共同体的形成，还能避免公共资源的浪费。

（四）邻里型社区博物馆空间营造策略

社区居民的邻里关系是维持社区生存和发展的重要内容。邻里关系是基于地缘关系并经过大量社会实践形成的一系列功能性的社交网络，社区邻里会为实现共同价值、共同利益等目的凝结为密不可分的整体。邻里之间基本利益需求一致，感情彼此认同，有共同的社区归属感和行为准则，并因此互相帮助、关系融洽，这样的社区邻里关系被称为和谐邻里关系。邻里型社区居民之间已经建立了一定的社会关系网络，并且形成了共同的价值观，对社区的认同感和归属感很强烈，对社区公共事务的参与度和积极性都很高。但由于邻里型社区自组织的特点，如果对社区文化和集体记忆采取规范、整体、活态化的保护机制，那么宝贵的社区文化遗产将逐渐消亡，社区内部建立的社会关系网络也会逐渐解体。因此，邻里型社区博物馆空间营造策略包括构建稳固的运营管理机制、保护社区文化与集体记忆、维持社区居民身份认同、满足社区居民的需求、强化社区居民的情感联系、帮助新成员融入社区等。

1. 邻里型社区博物馆感知空间营造策略

邻里型社区博物馆的感知空间营造可以从博物馆的规划布局、室内外设计、展陈设计等方面入手。由于邻里型社区的基础设施较为完善，能够满足社区居民日常生活的基本需求，因此社区博物馆可以将社区及社区周边的闲置建筑作为馆舍或新建馆舍（图 1-52）。这样既可以进行分散式布局，如通过交通网络将景观空间、公共活动场所、功能空间等社

图 1-52　时代文仓——沈阳市东贸库改造

区公共空间串联起来，在社区关键节点设置展示点，又可以"大组团"的形式整合资源，系统地将商铺、服务机构、文化机构、休闲娱乐场所集中到一起，进行统一规划、合理布局、集中管理，使有限的公共资源得到最大化地利用和共享。这样不仅可以获得经济效益，还可以提高土地的使用效率。

邻里型社区博物馆的感知空间不仅应具备收藏及展示功能，还应具备餐饮、休闲娱乐等多元化的功能。现在，休闲娱乐功能在博物馆公共服务空间中所占的比例越来越大，复合化的社区博物馆空间除具备基本的博物馆服务功能外，还将成为一个为社区居民提供多样化服务的综合性复合空间（图1-53）。这样，社区博物馆的教育活动、文化活动、商业活动、休闲活动等都能与社区居民的需求重合，通过对服务资源的整合叠加，对使用空间的集约利用，创造一个更贴近社区、能为社区居民提供便利的社区博物馆空间。

图1-53　UCCA沙丘美术馆具备展厅、接待厅、咖啡厅、室外展览、观海平台等功能

由于社区博物馆的建筑规模大多较小，因此在满足多元化功能的前提下，博物馆空间营造需要采用复合化的设计模式，使不同空间与功能互相渗透、混合及叠加。如对社区博物馆内部的交通空间和社交空间进行融合设计，对社区影院和咖啡厅进行融合设计。混合、多元、开放、变化的空间能为社区居民带来更多的体验。邻里型社区博物馆的感知空间营造可以融入具有社区特征的文化符号进行建筑设计，选用当地的建筑材料进行建造，起用当地的手工艺人参与设计施工等。

在邻里型社区博物馆的感知空间营造过程中，需要注重空间的开放性。因此，设计师需要在社区博物馆建筑空间中展现开放性，使社区博物馆展示空间与其他功能空间保持紧密的联系。可以通过设置合理的交通流线保障参观者便捷到达社区博物馆内部任意空间，还可以将开放的休息空间设置在过渡空间中，确保参观者在社区博物馆感知空间中不会产生强烈的空间分割感。另外，社区博物馆应保持开放的空间界面，这样不仅方便社区居民进入建筑内部空间，而且能够吸引潜在的服务群体。社区博物馆开放的空间界面主要通过通透的建筑体量、互动性强的建筑立面及向导性强的入口设计来吸引社区居民。

2. 邻里型社区博物馆构想空间营造策略

邻里型社区博物馆的构想空间营造可以从构建稳固的运营管理机制、保护社区文化与集体记忆、维持社区居民身份认同等方面入手。邻里型社区已经形成较为稳固的社会关系网络，社区居民也具备高度的文化自觉。社区居民熟知社区传统文化的源头，也明白其所具有的特色和发展趋势，成熟的文化空间与丰厚的文化资源也促进了独特的社区文化的形成。因此，在邻里型社区博物馆构想空间营造过程中需要建立有效的社区居民参与机制，鼓励社区居民主动参与到社区博物馆的建设与运营中。但是，这种参与不能局限于展示社区文化，而是要营造博物馆与社区融为一体的氛围，实现社区的文化自治。社区博物馆可以成立社区博物馆事务管理委员会或相关组织，事务管理委员会负责社区博物馆的日常工作，其成员以熟知社区传统文化和掌握一定专业知识技能的社区居民为主，也可以与政府、社会组织、高校和研究院合作，并聘请博物馆学、人类学、民俗学等相关学科专家学者作为咨询委员会成员。另外，在邻里型社区博物馆的构想空间营造过程中，可以鼓励社区居民积极投入博物馆的建设；在设计过程中，可以邀请社区居民提出建设的建议；在建设过程中，可以把具有手工艺技术的社区居民纳入建设队伍；在建设完成之后，可以将社区居民培训成社区博物馆的管理员。

此外，保护社区文化与集体记忆能够促进邻里型社区博物馆的构想空间营造。城市的发展与变化会引发社区居民的"记忆危机"，随着越来越多具有不同文化背景与生活经验的人口来到城市社区，社区居民的生活经验之间出现了大量的盲点，如果没有足够的共同记忆来填充这些盲点，必然导致社区共同体的瓦解。社区博物馆源于社区，又回归社区，对展示社区历史，构建、传承社区集体记忆有着重要作用。因此，社区博物馆对社区的文化遗产尤其非物质文化遗产进行展示与传播，在一定程度上可以还原社区的历史面貌，这对原住居民是一种"唤醒"，对新居民是一种"补课"，可以使新居民更加了解社区。同时，对社区中的青少年来说，它是一种教育和传承，这一过程无形中使社区的文化特色和价值观念得到传播和传承。作为社区文化遗产的收藏和传承空间，社区博物馆是构建社区文化认同、传承社区集体记忆的重要场所，其建设与发展的过程就是唤醒社区居民对社区和城市历史的记忆、重建社区居民对社区和城市的归属感、增进社区居民和社区之间内在联系的过程，也是强化社区居民身份认同、地域认同的过程，对于增强社区和城市的凝聚力具有极大的帮助。（图1-54）

3. 邻里型社区博物馆体验空间营造策略

邻里型社区博物馆的体验空间营造可以从构建舒适的社交空间、数字媒体技术介入博物馆空间、发挥商业价值、建设开放型的公共服务空间、打造线上公共文化空间等方面入手。社区博物馆在现代社会不仅是一处展览建筑，还是一个重要的社交活动场合。因为邻里

图 1-54　阿那亚艺术中心外观及内部展览

型社区的居民注重日常交流互动，所以社区博物馆需要为社区居民构建舒适的社交空间，社区居民在这种社交空间进行各种社会活动，其社会关系会得到改善，自身的精神世界也将被改造。社区博物馆可以在门厅、休息厅、公共大厅等人流量大且人流聚集停留时间长的场所空间设置开放式的社区交往场所，如咖啡厅、庭院空间等，为社区居民提供多层次的空间体验。社区居民可以选择咖啡厅、休息厅等社交性强的场所进行活动，同时在配有无线网络、信息服务等的现代化建筑设计空间中获得便利的社区交往空间体验，增进社区感情。

设计师可以通过数字媒体技术介入博物馆空间来营造邻里型社区博物馆的体验空间。在这个信息爆炸的时代，信息的传播速度飞快，传播手段多样，传播效果也日益增强。社区博物馆需要具备可灵活调整的空间及运营方式，不必像大型的博物馆那样保持稳定的空间及运营模式。通过数字媒体技术的介入，可使公共服务空间保持舒适的空间品质，保持与社区居民的紧密信息互动关系，实时更新服务项目甚至空间模式，为社区博物馆的体验空间营造带来无限可能。

社区博物馆的建筑规模普遍较小，一方面是由于社区用地紧张，另一方面是由于建设资金一般不如大型的国家级及省级博物馆雄厚。因此，邻里型社区博物馆可以利用灵活的运营模式和多变的空间设计与社区的其他产业机构合作。例如，公共服务空间可以与社区的商业体合作，在创造商业价值的同时，为社区居民提供工作岗位；公共服务空间还可以与其他建筑共用设计，合理利用社区中用途单一的大空间，通过复合的设计提高这些空间的使用效率，为社区的服务提供更多的途径。（图 1-55）

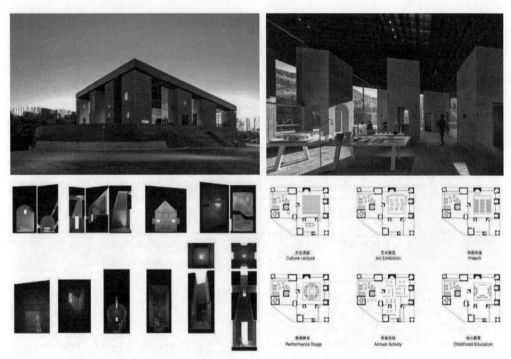

图 1-55　阿那亚艺术中心为社区居民提供多样化的文化空间

　　邻里型社区博物馆体验空间营造的重点之一是建设开放型的公共服务空间。在中国大规模的城市化建设进程中，过快的"造城"步伐使很多城市问题暴露，包括拥挤不堪的交通环境、急功近利的地标建筑、分布不均的公共空间及尺度过大的城市景观等。社区博物馆可以充当城市活力源的角色，特别是公共服务空间，已成为社区的中小型博物馆的对外"城市客厅"。公共服务空间不仅能为城市提供社交场所，还能通过与人民广场、城市景观的衔接，为城市打造多功能服务空间，彻底激活城市的活力。社区博物馆可以把公共空间与社区的文化机构、商业设施、娱乐休闲设施等结合起来，通过将灵活多变的空间模式与社区居民的具体需求整合，为社区居民建设复合性公共服务体系，让社区居民能在日常生活中自由地参与博物馆提供的各项公益设施、文化课程、社区活动及艺术表演等。总之，公共服务空间能很好地融入社区，服务社区居民，以一种全新的方式提升社区的生活品质和艺术氛围。

　　邻里型社区博物馆可以通过打造线上公共文化空间来进行体验空间的营造，为社区居民量身打造理想的生活社区，通过互联网社群将社区邻里紧密联系起来。社区居民可参与社区共建，创建多种兴趣群，如话剧群、马术群、摄影群、诗社群、跑步群等，用社群联结朋友，在社群中深化归属感，使社区形成良性循环的和谐整体。通过这种共同建造家园的合作伙伴关系，使社区居民获得参与感，并通过建立大业主群，使社区居民自发地组织并维护这种氛围，以共建者的身份来维护社区环境。社区居民在生活中不仅需要社区的联结，也需要私人生活空间。现代社会的人们更加注重隐私，仅通过互联网就可以建立联系，线上公共文化空间的边界性，使其区别于其他文化项目。它使人与人之间的距离恰到好处，更符合现代人对生活感、烟火气的追求，也避免了因边界感的缺失而导致的困扰。

第二章

生态（社区）博物馆与古村落遗址保护

在我国乡村振兴的背景下，为推动对中国传统古村落的保护与开发，博物馆加入了对古村落文化遗产的保护，这虽然促进了古村落所属地区的经济发展，但导致了诸多问题，仅靠博物馆对古村落文化遗产进行保护与传承有很大的局限性。"在地"博物馆并不仅仅是一座实体建筑，更应该成为一种理念"在地"的实践。博物馆作为介入古村落遗址保护与传承的文化艺术工具，承载着遗产保护、文化传承、乡村振兴发展等多重任务。

首先，本章分析了当今博物馆在促进古村落文化遗产保护方面的现状，并由此产生思考，且带着问题将与此次研究课题相关的理论概念进行系统的分析，包括"博物馆学"与"新博物馆学"理论概述、"生态博物馆"国际理论框架与实践、"生态（社区）博物馆"概念及在中国的实践、古村落遗址保护与文化再生理论基础等。

其次，本章尝试了一种新的思路：在"新博物馆学"的视角下，将生态（社区）博物馆理念植入对古村落遗址的保护与文化传承再生中；以社区全方位、整体性、开放性的思维方式，将完整的古村落遗址"社区"作为"博物馆"来进行活态化保护，不单保存文化遗产本身，也一并保存与文化遗产相关的生态自然和文化环境；尝试建立一种新型的在古村落遗址保护基础上的，传承古村落历史人文环境与自然生态环境的生态（社区）博物馆，并且更加注重社区村民的参与。本章重点分析我国具有生态（社区）博物馆特征的古村落遗址保护与再生案例，从中选出安吉生态博物馆这一典型案例来进行分析，包括建设目标与设计现状、社区参与运营模式及发展过程中存在的问题等内容。

最后，以陕州地坑院古村落遗址生态（社区）博物馆设计为例，对以上课题研究提出的设想与理念进行深入的分析与论证。对陕州地坑院古村落遗址的历史文化发展状况、生态环境状况、社区居民状况及保护发展的困境进行分析，提出具体的设计实践策略，包括将陕州地坑院古村落遗址保护空间进行整体性规划与修复，对其文化遗产进行活态化保护，建立在地化综合艺术基地中心，以及进行公共社区性文化展示与再生等；并从社区参与的角度出发建立陕州地坑院古村落遗址生态（社区）博物馆运营管理体系。

第一节

"生态（社区）博物馆"视角下的古村落遗址保护与文化再生理论研究

党的十六届五中全会中明确提出了建设社会主义新农村的重大任务，农业农村部据此开展了"美丽乡村"活动，并推广了建设美丽乡村的 10 种模式。这些模式将成为全国建设美丽乡村的示范和榜样。文化遗产模式指在文化资源丰富、具有较强文化遗产推广潜力的地区，创建"美丽乡村"。

保护与传承发展古村落遗址是推进"美丽乡村"建设、实施"乡村振兴战略"的重中之重。目前，中国学术界对古村落遗址的保护和修复可以归纳为三大类：一是现场保护；二是易地搬迁；三是旅游开发。旅游开发是古村落遗址振兴的重要途径，而博物馆参与古村落文化遗产保护也成为热门项目。虽然这在一定程度上促进了古村落遗址的经济发展和文化遗产的保护，但导致许多问题出现，如古村落遗址的生态环境被破坏等。

建设博物馆是古村落遗址盛行的旅游开发模式，许多地方政府兴建历史文化博物馆，这虽然吸引了许多游客，促进了当地的经济发展，对古村落文化遗产起到一定的保护作用，但是就目前的发展状况来看，在古村落遗址旅游开发模式下建立的博物馆，因追求速度或模式化开发，大多是粗制滥造的仿古建筑或千篇一律的复制品，并不符合古村落地域文化环境氛围。有些地方为了建立博物馆，甚至对古村落遗址肆意开发，这样反而破坏了古村落遗址的原始风貌。

就以上研究背景，本节提出将生态（社区）博物馆的理念融入对古村落遗址的保护与开发中，将完整的古村落遗址作为博物馆来进行活态化保护，对古村落遗址的人文环境与生态环境进行全方位的保护与传承，并提倡社区居民参与进来。

中国的国情与其他国家不同，生态（社区）博物馆在中国的发展要走特色化道路。因此，需要将生态（社区）博物馆理念植入古村落遗址的活态化保护与传承工作中，并且根据当今时代发展的趋势和社会大众的审美能力，采用更多元化的手段来对古村落遗址进行保护与再生，最终使古村落经济得到发展，使文化遗产得到继承与发扬，从而促进"美丽乡村"的建设。

目前，国际上对生态博物馆的研究已经相对成熟。自 20 世纪 70 年代以来，世界上很多国家对生态博物馆这一理念展开了实践，许多专家学者从不同的角度对这一理念进行深入的分析与阐释。

旅游开发模式给古村落遗址带来了经济收益，但是因生态环境脆弱、空间承载力有限，利益追求日渐高于保护传承等问题也随之而来，传统意义上的博物馆所能发挥的作用越来越薄弱。因此，对古村落遗址的开发既要考虑人文环境、自然生态环境，又要顾及各方生存利益。

本节分析了博物馆介入古村落文化遗产保护的发展现状及问题，并试图建立一种新的思路：在新博物馆学的视角下，将生态（社区）博物馆理念纳入对古村落遗址的保护与文化再生中，建立一种新型的、在古村落遗址保护基础上的、传承古村落历史人文环境与自然生态环境的生态（社区）博物馆，并且更加注重社区村民的参与，唤起社区村民的文化记忆，使其共同打造属于自己的"美丽乡村"，促进当地社区的经济发展与文化传承。

本节试图在"乡村振兴战略""美丽乡村"建设的大背景下，探索一条具有中国特色的生态（社区）博物馆道路，因为中国的国情与其他国家不同，所以生态（社区）博物馆在中国发展要走"本土化"道路，并且要根据当今时代发展趋势、社会大众审美能力，采用更多元化的手段对古村落遗址进行保护与再生。

一、"博物馆学"与"新博物馆学"理论概述

（一）国际博物馆学与中国博物馆学

国际博物馆学：随着欧洲资本主义民主文化运动的兴起，一批重要的博物馆，如爱尔兰国家博物馆、维也纳自然史博物馆、大英博物馆、威尼斯艺术学院美术馆、丹麦国立美术馆、西班牙国立考古博物馆等，相继转化为服务社会公众的博物馆。但直至被视为现代博物馆模型的法国卢浮宫开放，才标志着博物馆社会化时代的到来。博物馆出现之后，在自身建设和发挥社会功能等方面不断追求完善，带动了博物馆学的产生与发展。最早具有近代特征的博物馆至今虽已有4个多世纪，但自英国人杰·格拉瑟1885年正式使用"博物馆学"这一术语，迄今只有100多年的历史。关于国际博物馆学的定义，1972年国际博物馆协会认定："博物馆学"是一种对博物馆的历史和背景、博物馆在社会中的作用，博物馆的研究、保护、教育和组织，博物馆与自然环境的关系，以及博物馆的分类的研究。

中国博物馆学：19世纪中叶，在中国社会近代化进程中，博物馆学与其他科学文化一起被介绍到中国。博物馆学是西方文化的产物，一经传入中国，很快就与当时的社会形势相适应，发展较为顺利。自20世纪30年代开始，博物馆学研究便有了新的发展，研究视野逐渐拓宽，成果也日益增多，中国博物馆学研究开始发力。1935年，中国博物馆协会成立，并通过了《中国博物馆协会组织大纲》，该协会以"研究博物馆学术，发展博物馆事

业，并谋博物馆之互助"为宗旨，从此我国博物馆的学术研究有了自己的组织。1934年，国际联盟学术合作委员会举行万国博物馆专家会议，同年出版了两卷本《博物馆学》，此书很快被译成多种文字，推动了各国博物馆学研究的发展。1936年，上海市博物馆刊行陈端志的著作《博物馆学通论》，该书就是以两卷本《博物馆学》为蓝本。《博物馆学通论》是中国第一部系统论述博物馆理论及工作方法的博物馆学专著，自此博物馆在普及教育、传播文化方面的作用日益受到关注。

我国现在普遍采用的博物馆定义是1961年《博物馆工作概论》中的表述，即博物馆是"文物和标本的主要收藏机构、宣传教育机构和科学研究机构，是我国社会主义科学文化事业的重要组成部分"，这一定义具有浓厚的时代色彩。20世纪80年代，中国博物馆学界对博物馆的定义展开了热烈讨论，但基本肯定了上述定义。1985年出版的《中国博物馆学概论》和1993年出版的中国大百科全书《文物·博物馆》卷也都持有这种观点。

博物馆的功能是博物馆学的重要研究内容，收藏、宣传教育和科学研究是博物馆的三大主要功能。博物馆是一个多功能的社会公共文化设施，它的功能随着社会的演进和博物馆自身的发展而不断扩展。目前，学界对博物馆功能的认识有了新的发展。宋向光在《博物馆定义与当代博物馆的发展》一文中根据人们对博物馆功能的不同表述方式，总结出三类观点，分别是功能说、职能说和方法说。功能说认为功能是博物馆为实现自身社会价值而必须做的事情，如征集、保护、研究、陈列和教育是博物馆自诞生就有的功能，是由博物馆收藏的文物及博物馆自身的特性决定的。职能说认为博物馆的主要业务活动是由博物馆与外界的交流决定的，即博物馆要满足社会的需求，完成社会赋予的任务，完成这些任务和需求的活动就是职能。博物馆的主要职能通常由社会多种需求综合规定，如保存文化遗产的需求，要求博物馆具备收藏、记录、研究、交流和宣传等职能。方法说更关注博物馆实现目的的手段和措施，关注具体条件下完成具体任务的方法。

博物馆学界对博物馆文化这一命题的探讨是在新时期与时俱进的背景下展开的，博物馆文化作为当代社会的一种重要文化现象，正逐步形成一种理念和行为模式。从广义上讲，博物馆文化可被理解为博物馆及各类具有博物馆性质的机构所发挥的社会功能的总和；从狭义上讲，博物馆文化指博物馆在为社会及其发展服务过程中的各类创造。博物馆通过保护、收藏人类历史进程中具有传承价值的文化与自然物证，开展系统的整理、研究，推出具有特色的展览及相关知识读物、纪念品、宣传品，向公众提供研究、教育、欣赏，以及休闲、娱乐等方面的服务。

（二）"新博物馆学"的源起与概念

"新博物馆学"的源起：第二次世界大战后，各国博物馆事业的恢复和发展促进了博物馆学理论的发展。由于社会意识形态不同，在传统的博物馆学理论体系之外，又出现了一种新的博物馆学理论体系，苏联、中国和东欧国家以辩证唯物主义为理论基础，建立了新博物馆学体系。成立新博物馆学的呼声源于1983年在伦敦召开的国际博物馆协会大会，当时与会的一批专家学者第一次公开表达了一致意见；1983 年，雨果·戴瓦兰在蒙特利尔发起"生态博物馆研究日"活动，他是倡导社区型生态博物馆的先行者；1984 年，在魁北克举办的首届"生态博物馆和新博物馆学"国际研讨会重申了成立新博物馆学的主张。国际博物馆协会下属国际博物馆学委员会最先发声，并迅速引发了一场声势浩大、组织规范的运动，大家都希望这场运动能够促成一个以新博物馆学为核心的国际组织诞生，于是逐条修订《魁北克宣言》，并将 1984 年《魁北克宣言》的发表定为"新博物馆学"的诞生标志。

参与修订宣言的博物馆学者认为，人类面临着生态环境破坏和全球化社会道德水平下降的双重危机，必须对传统的博物馆学作出新的解释。《魁北克宣言》指出："当我们保存过去文明的遗存及保护今日之渴望与科技的成就时，新博物馆学主要关注有助于社区发展和社会进步的旺盛力量，并且将其与未来计划连接。""对我们来说，博物馆是，或应该是社会拥有的准备和完成社会改革的最佳工具。"

"新博物馆学"的概念：新博物馆学致力于保存先前文明的物质成果、保护体现当今社会愿景和科技的成就，但其首要关注的是社区的发展。相对传统博物馆学的观念，新博物馆学的重心在于关怀社群和社区的需求，而不是传统博物馆所一向奉为准则的藏品的整理、保护、研究和陈列等。新博物馆学反对忽略社会关系、执意坚持精英观念的博物馆，提倡大众化博物馆。新博物馆学提倡对文化遗产的整体性保护，即不仅要保护文化遗产本身，与文化遗产有关的自然和文化环境也要一起保存。

"新博物馆学"的主要内容：扩大博物馆的功能；将博物馆与教育结合；协调人类与自然环境的生态关系；深入社会为社区和特定的群体服务；衔接历史与未来，使博物馆能反映社会的演变。

（三）"新博物馆学"的发展状况

"新"是相对"旧"而言的，新博物馆学是对传统博物馆的观念、目标和功能等全方位的自省和更新，特别是对传统博物馆过于注重方法，如典藏建档、保存、陈列等功能，而忽略了目的进行检讨和批判。新博物馆学运动发展至今，以强有力的新人文主义观念为支撑，为博物馆带来了人性化关怀之风。

博物馆是一个综合性的复杂的设施。传统博物馆强调征集、保存、陈列的技术和功能。而这样分类明晰、陈展历史文物的博物馆往往学术氛围浓厚，是小众的、被精英欣赏的高雅场所，对普通人而言太遥远。

这种新型的建立在原址保护基础上的带有实验性质的博物馆最先出现在法国，并且被命名为"生态博物馆"。这种新型博物馆针对传统博物馆的缺陷而提出其理念，它是"由所在地人民和公共权力机构共同设想、共同修建、共同经营管理的一种工具"。这里的"工具"更准确地说是"媒介物"，即博物馆是一个让"公众参与社会计划和发展的媒介物"。

这样一来，博物馆的概念、功能和目标都有了前所未有的扩大，生态博物馆的概念是新博物馆学的标志性概念之一，但经过若干年的发展和实践，其意义已经不再拘泥于这个概念本身，而在于其带来的博物馆事业的创新。正如雨果·戴瓦兰认为，生态博物馆作为为社会服务的必不可少的工具，让全世界的遗产为全世界服务，为寻找用以掌握未来的各种文化和物质手段的全人类服务。

新博物馆学作为一个系统性的学术概念被引入中国，得益于老一辈专家学者的工作。例如，《中国博物馆》作为国内博物馆学领域起步较早的学术期刊，在 1986 年第 4 期便发表了一批文章，介绍了新博物馆学的重要内容——生态博物馆。

二、"生态博物馆"国际理论框架与实践

（一）"生态博物馆"的源起

在新博物馆学理念的倡导下，博物馆不再局限于一个固定的建筑空间，它变成一种全方位、整体性、开放式的空间。彼得·戴维斯认为，如果博物馆还想继续在保护生态、保存文物方面发挥重要作用的话，那么就需要以一种新的形态出现。新型博物馆需要具备两个特质：一是无墙；二是以当地社区为主。生态博物馆是在新博物馆学运动背景下产生的。20 世纪 70 年代，乔治·亨利·里维埃和雨果·戴瓦兰将环境保护的理念引入文化遗产的保护与博物馆的建设，把生态（Ecological）和生计（Economic）看作有机整体，用动态的概念实现对社区整体的保护。

（二）"生态博物馆"的概念

从语言学角度看，生态博物馆（Eco-museum）的英语前缀"eco"，既不指经济（Economy），也不泛指生态学（Ecology），而是指社会生态环境均衡系统。

生态博物馆相对传统博物馆而言，在理念上不够成熟，注定了这个理念需要在实践中不断修正、完善。生态博物馆的发起者之一乔治·亨利·里维埃曾对生态博物馆进行了 3 次阐释：1973 年的定义重点强调生态学和环境的存在；1978 年的定义重点强调生态博物馆的实验性质，同时阐述了地方社区的作用；而第 3 次定义比较详尽，成文于 1980 年，发表于 1985 年，用了较大的篇幅对生态博物馆进行阐释，认为生态博物馆是由所在地人民和公共权利机构共同设想、共同修建、共同经营管理的一种工具。公共权利机构的参与是通过有关专家、设施及机构所提供的资源来实现的，当地人民的参与则靠他们的志向、知识和经历。生态博物馆是人类和自然的一种表现，它虽将人类置于其周围的自然环境之中，用野生、原始的方式描绘自然，但又被传统的、工业化的社会按照其自身的设想加以改造。乔治·亨利·里维埃将这个定义称为进化的定义。

生态博物馆的另一位发起人雨果·戴瓦兰在分析乔治·亨利·里维埃对生态博物馆的定义后，提出了自己的观点，认为生态博物馆是居民参与社区发展的一种工具。生态博物馆的目的是服务人群，而非由人群来服务它。它所处理的时空并不局限于博物馆的门墙之

内，而艺术也并非人性的唯一表现。博物馆专业人员是一个"社会人"，他们是寻求变革的演员、是社区的公仆。博物馆的参观者并非温顺的消费者，而是有能力参与研究的未来的创造者。生态博物馆向人们展示他们（原住民）的一切，使他们能够以此为模范，懂得自己与世界其他社会团体的责任。雨果·戴瓦兰给出的定义不仅全面地论述了与生态博物馆相关的内容，还使生态博物馆理念在强调居民参与方面得到了深化，并将这种参与看成博物馆的一种历史责任。

（三）"生态博物馆"的国际发展现状与实践

随着生态博物馆建设实践的推进，生态博物馆理念在全球范围内迅速传播，这一理念在不同国家实践时呈现出不同的特点。这里选取具有代表性的实践案例来加以论证。

生态博物馆理念及其实践最早出现在法国，相关活动甚至在"生态博物馆"这一名词诞生之前的 20 世纪 60 年代就已经出现，只是那时候还没有被冠以"生态博物馆"之名，但是已经具备了生态博物馆的性质，并且促进了生态博物馆理念的最终形成，比较有代表性的是马尔基兹生态博物馆和卡马尔格博物馆。1960 年，乔治·亨利·里维埃将瑞典斯堪森露天博物馆的理念引入法国并进行了创新，其借鉴了斯堪森露天博物馆的形式，但是展出的内容均来自当地，并不像斯堪森露天博物馆那样从外地迁来。这种创新模式的目的是在保护古建筑和文化遗产的同时关注人类与环境的关系。这一创新理念也迎合了法国当时的社会风潮——自然环境保育和地区发展运动，号召当地居民积极参与保存其所在地区的自然景观。

在乔治·亨利·里维埃等博物馆专业人士的主导下，人们在法国加斯科尼劳朗德地区的自然公园内建造了一座实验性质的博物馆——马尔基兹生态博物馆，在该博物馆中，独具特色的老式农场和附属建筑物，以及当地农民使用的器具、家具和传统手工艺等都得到了展示。该博物馆虽然在展示方法上有"创造"的意味，但目的是"以生态学的方式，呈现环境与动物、植物和矿物的互动关系，以及在人类有意识地运作下的变化"。该博物馆以当地居民为主要展示对象，并不注重游客的数量，甚至将游客视为上帝额外的恩赐。卡马尔格博物馆创建于临近卡马尔格湿地自然保护区的野生动物公园内，它与马尔基兹生态博物馆不同，并没有分散布置，而是在一座饲养羊的农场中建成，其目的是建立游客与居民之间文化沟通的纽带。该博物馆的信息由居民提供给游客，当地居民成为博物馆事务的参与者，他们在参与规划博物馆的同时，进一步了解当地的传统文化。

上文介绍的两个博物馆虽然各具特色，但也有着共同的指向：将博物馆所在地区的文化与自然环境作为一个整体加以展示和保护；鼓励当地居民义务参与博物馆的规划和运营；将过去、现在和未来看作博物馆的有机组成部分，通过了解过去来把握现在，用过去和现在迎接未来。这些共同的指向为生态博物馆的构建搭建了理论框架，推动了生态博物馆的诞生。

三、"生态（社区）博物馆"在中国的设计实践

（一）"生态（社区）博物馆"的概念

生态（社区）博物馆的概念是由国外引入中国的。通俗地讲，生态博物馆是兼容"双生"（"生产"和"生态"）的一种文化工具。

生态（社区）博物馆中的生态概念包含自然生态和人文生态两部分，强调保护文化遗址的原真性、完整性，既关注物质遗产，又关注非物质遗产，更加注重社区居民的主动参与。

生态（社区）博物馆是一种通过对村落、街区的建筑格局、整体风貌、生产生活等传统文化和生态环境的综合保护和展示，整体再现人类文明的发展轨迹的新型博物馆。"以社区为中心""把遗产留在当地"是生态（社区）博物馆的两大核心理念，也是当前在中国广泛开展的古村落遗址保护与利用的主题。

（二）"生态（社区）博物馆"的国内发展现状与实践

苏东海先生是中国博物馆学研究领域的开拓者，他认为在中国特殊的国情下，生态（社区）博物馆的管理存在较长的"文化代理"期，实施"文化代理"的主体是地方政府和专家学者，他们代替当地居民管理生态（社区）博物馆，并开展相关的活动。由于这种"文化代理"现象在中国很难改变，因此要想让社区居民成为真正意义上的文化主人，需要很长一段时间。中国特殊的国情决定了中国生态（社区）博物馆"文化代理"存在的合理性，但是具体指向必须明确，且不应长期存在。"文化代理"只是一个过程，最终的结果是将生态（社区）博物馆的运营管理权交由社区居民。遗憾的是，"文化代理"的具体内容和具体期限至今都没有明确。"文化代理"可以是关于生态（社区）博物馆文化遗产研究计划、活动策划的代理，它属于意识层面的代理，而实施的主体应该是社区居民，且最终使社区居民变被动为主动，能够自己进行活动策划，对生态（社区）博物馆进行运营管理。

中国生态（社区）博物馆经过了近二十年的建设实践，已具备一定规模，但是大多以保护少数民族文化遗产及其所处的生态环境为主，且呈现出西南地区较多、东部地区有所发展、其他地区几乎没有的不均衡的分布状态。虽然有部分博物馆被归类为"生态（社区）博物馆"，但根本不符合生态（社区）博物馆的概念，不能称为真正意义上的生态（社区）博物馆。

例如，贵州生态（社区）博物馆群的建设主要由苏东海和胡朝相发起，大多远离现代都市。从第一座生态博物馆——梭嘎苗族生态博物馆开建，到堂安侗族生态博物馆落成，社区居民对生态（社区）博物馆的了解甚少，他们希望凭借生态（社区）博物馆来发展旅游业，但对社区生态环境的保护、文化遗产的保护、生态（社区）博物馆的可持续发展等似乎并不关心。生态（社区）博物馆似乎成了一个空架子，紧紧地架在"生态"与"社区"之上。

生态（社区）博物馆具体的建设实践均由政府部门主导，在中国特殊的国情下，社区居民不可能自发地建立生态博物馆，但是他们应该积极参与政府主导的生态博物馆的建设，并慢慢地转变角色，由参与者变成主导者，与政府共同维护建成的生态博物馆。因此，生态（社区）博物馆所在社区居民意愿必须得到关注，使社区居民真正成为"文化主人"。

实际上，依托生态（社区）博物馆来发展旅游无可厚非，关键是在发展旅游的过程中应做到保护社区环境、传承与保护社区特有的文化遗产；社区居民能主动参与生态博物馆的运营与管理并真正成为其主人；生态博物馆的长期发展目标是明确且可持续的。

（三）发展中国特色的"生态（社区）博物馆"

由于中国的国情与其他国家不同，因此生态（社区）博物馆的建设实践也与其他国家存在差异。为此，苏东海先生提出，生态（社区）博物馆在中国的发展要走"本土化"道路。

在推进生态文明建设、美丽中国建设的进程中，打造生态文化城镇、生态文化社区等，已成为一种新的思考与实践。在此过程中，生态（社区）博物馆的建设被广泛运用于中国的古村落、历史街区、工业遗产等的保护和利用中。我国在不断的实践中，走出一条既符合中国实际又兼顾当下与长远需求的道路。

要发展具有中国特色的生态（社区）博物馆，就要加强生态（社区）博物馆相关文化遗产和环境资源调查，科学制定生态（社区）博物馆发展规划。生态（社区）博物馆发展必须经过科学的条件评估与决策论证，要避免对生态（社区）博物馆理念的"误用"甚至"滥用"；要重点依托历史文化名村（镇）、街区等保存文化遗产特别丰富的村庄、街道，发展具有中国历史文化内涵和鲜明个性特点的生态（社区）博物馆。

立足中国实际的生态（社区）博物馆，无疑已成为维系民族文化传统、保留城市记忆及将遗产事业与文化发展紧密结合起来的理想方式。

发展具有中国特色的生态（社区）博物馆对于调动全社会保护文化遗产的积极性，推动文化遗产的有效保护和传承发展，建设中华民族共有精神家园，增强民族自信心和凝聚力，延续中华文脉，促进文化与经济社会全面、协调和可持续发展，具有十分重要的现实意义。

四、古村落遗址保护与文化再生理论基础

（一）古村落与保护事业

我们通常把历史遗存下来的村庄聚落称为"古村落"或"传统村落"。"古村落"指民国以前建村，建筑环境、建筑风貌、村落选址未有大的变动，具有独特民俗民风，至今仍

为人民服务的村落。我国于 2012 年启动古村落保护工程，截至 2024 年，共有 8155 个村落被列入中国古村落保护名录并实施了挂牌保护。这些古村落，在选址上体现人与自然的和谐共生关系及风水理念，同时蕴含着儒家伦理观念；村落内民居建筑及传统公共建筑的布局保持了传统的空间形态和肌理；街巷空间的风貌保存完整，传统民居建筑在村落所有建筑中达到一定比例；村落及村内传统公共建筑有较久远的建造历史；村内还保留着传统生产、生活方式，以及传统艺术。

古村落自诞生之日起，就与人们的生活息息相关，是一种兼具物质性和非物质性的综合性活态遗产。但是，对古村落价值的认识及在此基础之上的保护在很长的时间里没有受到重视，或者说整体保护的概念没有被提出。文物界对古村落中的经典建筑、重要器物、物质遗存用文物保护的方法登记造册并实施文物等级制保护手段；建筑规划专家对样板级的古村落中的乡土建筑进行测绘；民俗界对古村落的非物质文化遗产开展调查并进行认定。古村落体量巨大，如果仅从民居的遗产价值来考察，被列入文物保护清单和名录的不过是少数的典型建筑，从数量上便遗落了大量古民居，遑论完整的村落格局、建筑规划、非物质文化遗产和生活方式。

随我国经济的高速发展，工业化与城镇化进程持续推进。城市规模迅速扩张，城市周边大量农村被吞并，原汁原味的古村落因建筑利用效率低下而遭到摧毁与抛弃。在乡村建设中，村民修建新居也相当随意，多选择钢筋水泥混凝土浇筑的小洋楼，呈现出"千村一面"的局面。

面对这种局面，不少专家学者带着保护历史遗产的责任感开展相关工作。清华大学建筑学院的陈志华、楼庆西、李秋香等自 1985 年起连续十几年组织学生进行乡土建筑调查，对几十个古村落进行测绘，收集了大量的第一手资料，并已按照专题编写成《乡土瑰宝》系列丛书；同济大学的阮仪三教授也组织博士研究生、硕士研究生、本科生组成调研梯队，利用暑假在全国范围内踏查古城、古镇、古村落，历时 15 年，调研了 100 个历史城镇和村落，调查成果除了供发表，还提供给各省、市、县级地方政府，为地方历史遗产保护与开发管理提供依据；著名作家冯骥才近年为古村落保护事业到处奔走，出现在公众面前谈论的也都是古村落保护工作，因此被誉为"传统村落保护第一人"。冯骥才于 2001 年当选中国民间文艺家协会主席，2002 年开始做中国民间文化遗产调查工作。在调查中，他发现传统村落正在迅速瓦解，于是提出了"村落保护"问题。2005 年，冯骥才赴河北、山东、山西、江苏、浙江、安徽、江西、广西等地的几十个村落进行田野考察，就古村落状况作初步登记。2006 年，中国文联、中国民间文艺家协会、浙江省文联、嘉善县人民政府在浙江西塘联合主办了"中国古村落保护（西塘）国际高峰论坛"，即"西塘会议"。来自文物保护、建筑规划、民俗学、遗产学、旅游学等学科的专家及各级政府的有关负责人参会，会议发布了《西塘宣言》，向全中国发出了保护古村落的呼吁，向全世界宣示了保护中国古村落的决心。

国务院于 2008 年公布了《历史文化名城名村名镇保护条例》。同年，冯骥才及其团队开展古村落调查工作，并提出建立中国传统村落保护与发展研究中心，旨在进一步科学地推动与实施古村落的保护和发展工作。

古村落保护事业依然任重道远，正如阮仪三教授所言："面对如此广袤的土地，我们的调研活动始终是开放的，并不只是进行学术研究，更重要的是因地制宜地为地区提出保护和管理古村落的建议，并长期关注这些地区的发展建设活动，防止历史文化遗存不经意间被损毁。""使这样美丽的地方保留古朴而和谐的生活状态，是我们奋斗的目标。"

（二）布尔迪厄文化再生产理论

"文化再生"是法国社会学家皮埃尔·布尔迪厄于 1973 年提出的一个概念，其立足点放在日常生活经验突生的性质上，其作用在于阐明社会文化的动态演变过程。一旦以动态的观点去看待文化实践，社会结构的状态和决定作用便呈现出十足的偶然性，社会实践所固有的创新和能动力量也表现为一种偶然性，那么社会经验的连续性变迁则具有必然性和互补性。由此可以总结出文化再生的真实意义：作为一种动态过程，它既可以保持符号学系统（如文化）的诸要素之间的"体内平衡"，又可以为系统提供进化的可能。

从另一层意义上讲，文化再生理论之所以强调社会经验性质，不仅因为它把文化看作一个动态过程，而且因为它在表明它与结构概念的异同。社会学说明几乎都是以某种结构概念为出发点的，或者认为结构对所有社会成员都是典型的，它的一系列表现被视为理所当然的；或者认为结构约束着社会成员的行为，是不以个人的意志为转移的；再或认为，在社会学推理中，无论社会成员的推理，还是理论家的推理，结构都提供了一个超个人的因果链。从这些结构概念衍生出社会理论的动力学，即所谓的"过程"。而文化概念，更明确地讲，布尔迪厄的文化概念恰恰源于"过程"这一概念。作为过程的文化是突生的，如同所有社会过程一样，文化以再生的方式不断地演进，同时为社会行动本身提供了基础。在布尔迪厄的文化研究中，结构、过程及社会行动这些概念并不是描述的，而是隐喻的。"文化再生"这一概念本身也是一种隐喻，它有多重内涵，如何解读这种隐喻是理解文化再生概念需要解决的问题。如果从"表现型"的角度去理解，意味着"复制"或"重复"；如果从"遗传型"的角度去理解，意味着"再生"。前者是一种"消极"的理解，是机械论或技术论的理解，将其运用到社会生活领域，只能表现为一种对旧制度的确认；后者是"积极"的理解，这种理解为变化和重新组合提供了可能。

第二节

"生态（社区）博物馆"与古村落遗址保护的关联性构建

一、"生态（社区）博物馆"与古村落遗址保护对象的同质性

（一）基于"生态（社区）博物馆"的保护本体

生态（社区）博物馆的保护本体不是单一的文物，也不单是拥有保存功能的历史建筑，它强调的是对自然环境、人文环境、物质文化遗产和非物质文化遗产进行整体性保护的过程。这实质上是对一个"文化空间"进行整体性保护。

对于保护的本体而言，生态（社区）博物馆也将文化遗产整体性保护的区域扩展至了文化辐射的范围，而不局限于物理边界的划分，这对于文化遗产的整体性保护也是一次大胆的突破。生态（社区）博物馆并不只是建设一座建筑，它更应该是一种理念"在地"的实践。设想以社区全方位、整体性、开放性的思维方式，将完整的古村落遗址"社区"作为"博物馆"来进行活态化保护，不光是文化遗产本身，与文化遗产相关的生态自然和文化环境也要一起保存。

同时生态（社区）博物馆确立了社区居民对于文化遗产保护的核心作用，通过社区居民的自主管理，使文化遗产的原生环境和文化遗产得到一体保护，更能保证文化遗产的原真性。

（二）基于古村落遗址的保护客体

古村落遗址的保护客体不局限于遗址建筑物本身，对古村落的整体文化空间也要进行保护。对古村落文化空间的保护即是对古村落文化格局、历史文脉、文化氛围、地域特色等传统文化载体的保护。古村落的历史文化与地域民俗文化是古村落重要的特征，对古村落文化特色资源的传承是建立在对古村落文化空间保护研究的基础上的。古村落传统生活方式的变化和城镇化发展影响着古村落空间格局的演变，不少古村落还出现了发展千篇一律的现象，失去了原有的特色。对古村落文化空间的保护与发展研究有助于体现古村落特色，增强村民的文化认同感，进而激发古村落的文化竞争力。

乡土建筑及其生长环境构成的统一整体能反映古村落的空间格局和历史风貌，是古村落生活功能历史演变的例证，更是一个活态的"文化空间"存在体。古村落正符合生态（社区）博物馆保护本体的选择要求。

通过生态（社区）博物馆的介入，可以保护文化遗产本身及其生存的环境，包括生态自然环境与社会历史人文环境。

二、"生态（社区）博物馆"与古村落遗址保护原则的一致性

（一）"生态（社区）博物馆"的保护原则

生态（社区）博物馆是一种新型的文化遗产保护手段，继承了传统博物馆对文物保护的诸多优点，同时对传统的文化遗产保护理论进行了反省和更新，从社会的需求出发，提出了更符合社会发展趋势的保护理念。

以社区整体开放性思维来保护和传承文化遗产，需要保留整体文化遗产的真实性与原生性。博物馆的遗产保护就是以物质遗产、非物质遗产的真实性重构历史及社会的想象，真实性是博物馆的生命所在，也是博物馆的根本，生态（社区）博物馆也不例外。以古村落社区为中心，将遗产留在当地，遵循"原地保护""整体保护"等原则，保持其真实性与原生性。遗产存在于原生性遗址空间，为文化资源再生提供了可能性。无论物质遗产还是非物质遗产，拥有、使用的主体都是人，在度量某一文化遗产的原真性时，文化遗产的物质构成只是基本的要件，而文化遗产的文化构成，以及基于特定人群形成的遗产才是衡量文化遗产原真性的关键，所以古村落遗址所在社群对文化遗产原真性的评判才是关键衡量标准。村民是其文化的主人，有权认同和解释文化，如果想更好地在文化原生地保护和传承文化，就应该尊重社区村民的主人地位，并以社区村民参与的方式来评估所选择文化遗产的原真性。毋庸置疑，社区村民已成为生态（社区）博物馆落地实践与保留文化遗产原真性的重要力量。

在传承历史文化的同时，还要保存相关的生态自然环境，生态（社区）博物馆始终要坚持"人—社会—生态环境"三位一体的理念，其核心建设概念是社区生态文化整体观及村民参与意识。社区生态文化整体观突破传统的对博物馆是"一座建筑"的限定，以整体性、社区性的观念来展开对相关文化遗产的保护与传承。在对文化遗产的整体性保护过程中，除了历史文化遗产本身，与遗产相关的生态自然和文化环境也要一起保存，应将古村落社区整体作为博物馆来进行活态化保护，以当地社区为主体来整体构建古村落的生态（社区）博物馆。

古村落的地域自然生态环境是地域历史文化形成的基础，不断影响着村民的生活。地域文化形成的关键条件是自然生态环境，它决定着村民的生存方式与质量，人们在自然中寻求生计，不同的地域自然条件所产生的地方历史文化风俗也不同。也正是如此，才造就了独具特色的乡村地域文化与民俗文化。若一个地域的自然环境被毁灭，那么当地人们的精神寄托也会随之消失，所以与古村落相关的生态自然环境是必须加以保存与修复的，不能将其摒弃或肆意开发破坏。

总之，只有将古村落的历史文化遗产与生态自然环境空间结合考虑，才能实现对古村落遗址的全方位保护与传承。这也是将生态（社区）博物馆理念植入对古村落环境的保护的最终目的。

（二）古村落遗址的保护原则

清华大学的陈志华教授曾对我国 13 个省 100 多个不同类型的村落进行长达 20 年的调查研究，在经过大量的思考和总结后，他将乡村聚落和乡土建筑的保护原则归纳为以下 8 点。

一是要保护乡村聚落和乡土建筑的原生态，凡有损于乡村聚落或者乡土建筑的行为都要尽量避免。

二是为了尽可能保护乡村聚落和乡土建筑的原生态，必须保护乡村聚落的整体性，也就是保护历史信息的完整性和系统性。

三是不仅要保护乡村聚落的各类建筑，也要保护乡村聚落里的各类公用生活设施和生产设施，如池塘、沟渠、石磨、水井等。

四是要收集、保护各样日常的和劳动的器物、用具，因为它们能表现村民们的智慧和劳动技巧，反映乡村聚落的民俗与村民的生活方式。

五是要细心地发现和保护乡土建筑上的历史痕迹。

六是要尽可能地保护乡村聚落的原生态环境。

七是要保护一个乡村聚落，就要保护它的一切可以收集到的文字史料，并将这些文字史料展览，最好是以村志的形式出版。

八是乡村聚落作为居住环境，和它共生的还有很多物质和非物质性质的东西，它们都应该被收集和保存，乡村聚落的保护目标就是力争完整地保护乡村聚落多方面的综合价值。

综上所述，生态（社区）博物馆建设原则与古村落遗址保护原则具有相对一致性。

三、"生态（社区）博物馆"介入古村落遗址保护的重要性

生态（社区）博物馆是在人类社会现代环境意识与现代生态意识不断觉醒的背景下产生的，是指以一个特定区域为单位、没有固定边界的活体博物馆。它强调保护、保存、展示生态自然和文化遗产的整体性和原真性，以及人与遗产的活态关系。自"生态（社区）博物馆"这个概念出现以来，我国博物馆学者就从自身的理解和需要出发，对其作出了不同且不断变化的界定。结合不同地区的情况，我国生态（社区）博物馆的建设与发展已经历了特定民族地区、农业地区、城市特定区域等发展阶段，促进了文化遗产的保护和利用，对博物馆概念与功能的演变也产生了巨大的影响。

生态（社区）博物馆之所以被看作有别于传统博物馆的一种新形式，是因为生态（社区）博物馆从一开始就强调了文化遗产与其原生地密不可分的关系，脱离生产环境的文化遗产是没有精神支撑的，这样的保护必将随着时间的推移而丧失意义。在对文化遗产的保护方面，除了文化遗产产生的社会环境，自然环境也被看作关键因素而受到重视。就保护

的范围而言，生态（社区）博物馆将文化遗产整体保护的区域扩展至文化辐射的范围，而不局限于物理边界，这对文化遗产的整体性保护是一次大胆的突破。同时，生态（社区）博物馆确立了社区居民对文化遗产保护的核心作用，通过社区居民的自主管理，使文化遗产的原生环境和文化遗产本身得到一体化保护，保证文化遗产的原真性。社区居民作为文化遗产的创造者和继承者，承担着文化遗产的传承和创新任务。就文化遗产而言，静止的、一成不变的保护是不被认可的，只有将文化遗产的保护看作一个动态的发展过程，才能真正地传承和发扬文化遗产的内在价值。生态（社区）博物馆将这个使命赋予文化遗产的生产者和继承者显然是对文化遗产保护主体的澄清，文化遗产保护的主体不是政府部门，而是社区居民。

生态（社区）博物馆在我国的发展是基于我国多样的民族文化遗产遭受破坏的现状，生态（社区）博物馆将对文化传统的整体保护、原地保护和自我保护及发展中保护作为重要的行为准则，这与传统古村落的保护理念不谋而合。2005 年，国际古迹遗址理事会第15 届大会在西安召开，会议讨论通过了在文化遗产保护方面具有里程碑式意义的文件《西安宣言》，宣言中提出："文化遗产是历史信息的载体，离开了环境，将成为孤零零的标本。因此，对文化遗产的保护还应包括妥善保护其背景环境。"由此可见，生态（社区）博物馆介入古村落遗址保护具有重要意义。

第三节
我国"生态（社区）博物馆"对古村落遗址保护与再生案例分析——安吉生态博物馆

一、安吉生态博物馆的建设目标与设计现状

（一）安吉生态博物馆的建设目标

安吉生态博物馆建设是继贵州、广西、云南、内蒙古等生态博物馆之后，在我国东部较发达地区的一次新的尝试，"试图在展示规模、展示内容、展示模式等方面进行有益探索，在东部地区探索建设发展生态博物馆的新类型、新模式和新典范"。在展示规模上，将安吉县域内独具特色的生态资源和人文资源全部纳入展示范围，建设安吉生态博物馆群；在展示内容上，将自然生态、文化生态、社会生态、产业生态多方面融合；在展示模式上，采用"中心馆（信息中心）＋专题馆（主题馆）＋展示馆（村落地域文化展示点）"的三级辐射模式，重点突出博物馆的示范、体验、审美功能。

　　安吉生态博物馆建设与"美丽乡村"建设几乎同步。生态博物馆的建设是"中国美丽乡村"行动的延伸和深化，自然风光和民俗文化的展示能唤起人们的环保意识，能更有效地恢复开发建设时被破坏的植被，保护生物多样性和自然景观。安吉生态博物馆的建设在保护、征集、整理和展示安吉县的自然生态和历史文化遗产方面具有重要作用，能够形成居民积极参与环境保护，以及文化遗产保护与传承的良好氛围，从而提高当地居民的文化素质，在不影响文化遗产保护的前提下引导当地居民开展和参与文化活动，努力提高当地居民的生活质量。

（二）安吉生态博物馆群的设计现状

　　目前，安吉生态博物馆群建设基本完成，只有个别专题馆仍处于在建或待建状态。安吉生态博物馆群分布图如图 2-1 所示。

图 2-1　安吉生态博物馆群分布图（由安吉生态博物馆提供）

这里着重介绍安吉生态博物馆中心馆的设计。

安吉生态博物馆中心馆作为一座兼具历史文化底蕴和现代功能的城市客厅，已成为研究中国竹乡民俗文化的重要基地。在营造中心馆的同时，12个专题馆和26个展示馆，以原真、活态的形式分布于各个乡镇和村落。安吉生态博物馆群从书画文化、孝文化、手工造纸文化、桥文化等角度出发，全面展示了安吉的历史渊源和现代成就，并在中心馆的统筹下呈现出独具特色的一镇一韵、一村一景的多元文化景观。

安吉生态博物馆中心馆设计包括专题展厅、管理维护、序厅、地域文化展厅、庭院、报告厅、艺术厅等平面功能分区（图2-2）。中心馆整体交通以序厅为核心进行组织，并通过主楼梯联系上下层竖向交通。中心馆平面方正平直，建筑空间以序厅、地域文化展厅和竹园为核心来布置；序厅以光为主题，试图捕捉光线在建筑内部刻画的痕迹；地域文化展厅以地域为线索，印记着历史在建筑内部穿梭的笔触。地域文化展厅充分体现情景交融的参观方式，其内容也相当于各乡镇、各村落展区的总目录。

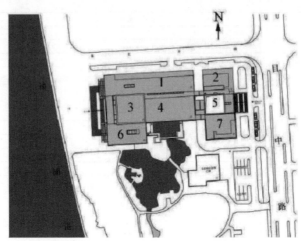

1—专题展厅；2—管理维护；3—序厅；4—地域文化展厅；
5—庭院；6—报告厅；7—艺术厅

图2-2　安吉生态博物馆中心馆平面图

建筑形态是空间的交互界面，人们通过辨别形态来界定空间；空间与人的活动结合在一起形成了场所；形态、空间、场所是一组统一的概念。在城市发展过程中，只有找到城市元素之间的关联性，确立新旧元素之间的张力，才能引发人们的共鸣，使建筑形态所界定的空间能吸引市民来活动，成为市民认可的场所。中心馆对安吉地方文化中独特的金石文化进行借鉴与诠释，取印章的意象，整体风格苍劲浑厚，意趣隽永。

二、安吉生态博物馆的社区参与运营模式

（一）安吉生态博物馆的社区参与模式

安吉生态博物馆的建设和巩固主要由生态博物馆建设管理委员会来统一协调，实行政府引导、专家指导、居民主导的运营模式，即社区参与模式。安吉生态博物馆的运营模式如图2-3所示。

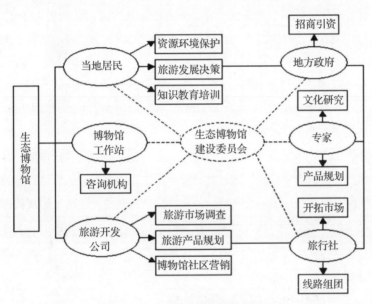

图2-3　安吉生态博物馆的运营模式

遗憾的是，从图2-3中很难看出当地居民的主导地位，当地居民参与的决策也仅限于旅游发展。但是，《中国生态博物馆总体规划》却对各组织的职能与任务作了详细的解释，认为当地居民本身就是一种活的文化载体，他们主要负责生态博物馆的文化记忆传承与展示，参与生态博物馆所在社区的资源环境保护、旅游发展决策、知识教育培训等。因此，既要通过教育培训的手段提高当地居民的文化素养和认知能力，又要在生态博物馆运营过程中保障当地居民的经济利益，以此促进其积极地投身生态博物馆的建设与发展。博物馆工作站应设在生态博物馆资料信息中心，借助专家和当地居民的力量储存社区文化记忆、整理和研究社区文化遗产、传播社区文化信息。旅游开发公司主要负责旅游市场调查、旅游产品规划、博物馆社区营销工作。以独特的地方文化或民族文化为载体，以生态博物馆为活动空间，创新旅游产品设计与开发，展示当地居民最原始、最古朴的特色。同时，要重视知识产权保护，规范旅游新产品的资格认证体系。地方政府主要负责生态博物馆及相关基础设施建设，制定科学合理的利益分配机制，协调旅游投资公司、旅行社和当地居民间的关系，组织和引导当地居民积极主动地参与生态博物馆建

设。专家主要是博物馆学、旅游学、人类学、社会学等领域的资深人士，负责安吉生态博物馆项目规划，并不断探索新的发展模式。旅行社根据市场需求设计开发新的旅游线路，开拓新的客源市场，将生态博物馆与周边其他文化旅游资源进行整体营销，打造"文化旅游专线"。

（二）安吉生态博物馆的运营模式

关于安吉生态博物馆建成运营后可能产生的影响，《中国生态博物馆总体规划》作出了如下分析。一是产生巨大的生态效益。生态博物馆不仅能够对安吉县范围内的森林、土壤、湿地、竹林、野生动物等起到保护作用，而且能唤起社区居民的生态环境保护意识，营造健康的人居环境。二是产生巨大的社会效益。生态博物馆群建设能够带来大量的就业岗位，可以重构该县的经济结构，拉动县域经济发展，提高社区居民的生活质量和文化素质，从而促进社区团结、社会和谐稳定。三是产生巨大的经济效益。《中国生态博物馆总体规划》认为生态博物馆的一些展示区、展示点不仅能提高这些地区的知名度，而且能直接成为旅游景点，为相关单位创收。

安吉生态博物馆在实际发展过程中，首先，制定了详细的生态博物馆群分布图，确保安吉生态博物馆群建设按计划稳步推进，并对安吉生态博物馆群的运营进行有效评估与管理；其次，唤醒广大社区居民的历史记忆，一定程度上提升了社区居民的文化自豪感和自信心，使社区环境和文化遗产得到有效保护；最后，依托生态博物馆群推动安吉乡村旅游业发展，提高社区居民收入，助力"美丽乡村"建设。

三、安吉生态博物馆发展存在的问题

（一）社区参与模式未真正落实

生态博物馆理念强调原住民应主动倡导建设生态博物馆，并积极开展相关活动，自主运营管理生态博物馆。在中国特殊的国情下，由原住民主动倡导建设生态博物馆比较困难，所以中国目前的生态博物馆建设都是由政府倡导。从目前安吉生态博物馆的建设实践来看，原住民始终没有成为生态博物馆真正的主人，且生态博物馆开展的活动很少，社区居民参与模式未得到真正的落实，很难唤起原住民对文化的认同，这也限制了生态博物馆的可持续发展。

从安吉生态博物馆的建设实践来看，在中国建设生态博物馆，一般由地方政府充当主力，很少考虑社区居民的意愿。生态博物馆建成后，若地方政府的投入无以为继，只能把生态博物馆改造成旅游场所，这与生态博物馆的建设初衷背离。

生态博物馆的理念被引入中国，始于苏东海；生态博物馆在中国的建设实践，也始于苏东海。苏东海可以凭借自己的力量把生态博物馆的理念引入中国，但是想凭借他单独的力量将生态博物馆建设起来并有效地运营下去，恐怕只是一个美丽的梦想，因为当前生态博物馆在中国的建设和运营只能依靠政府。中国特殊的国情决定了生态博物馆很难像大多数西方国家那样，由社区居民或民间组织自发地组织建设。目前来看，政府的主导方向与生态博物馆的理念有所偏差，社区居民参与模式也得不到很好的落实，这些都会限制安吉生态博物馆的建设与发展。

（二）中心馆建设管控不严

安吉生态博物馆是一个有机的整体，分布于村镇或企业的专题馆和展示馆均接受中心馆的监督、管理。中心馆在所有场馆中居于核心地位，肩负着重要的责任，而各专题馆和展示馆的自我约束与提升也十分重要。目前，中心馆、专题馆和展示馆均存在不足之处。

中心馆没有制定系统、细致的发展规划，对专题馆和展示馆的监督、管理也不够科学、严谨。安吉生态博物馆群的发展需要不断地深入挖掘地方文化，多方筹措运营资金并对其进行有计划的分配使用，确保地方文化得到有效的保护与传承，这些均需要中心馆作出详细的规划。中心馆是安吉生态博物馆群的"大脑"，应该发挥技术支持作用，对专题馆和展示馆统一进行数字信息化管理。但是，现实情况并非如此，如中心馆信息中心工作人员在录入安吉生态博物馆地区的生僻地名时，进行了主观改动，违背了地名的原真性，某种程度上是一种破坏文化遗产的行为。只有科学严谨地对专题馆和展示馆进行监督管理，才能确保生态博物馆群的相关信息真实传播。

（三）社区居民文化教育意识缺失

社区居民是保证生态博物馆可持续发展的主体，只有社区居民积极地参与生态博物馆的运营与管理并成为其主人，才能使社区环境和文化遗产得到有效保护。但是，安吉生态博物馆群的社区居民普遍缺乏文化自觉意识，参与生态博物馆运营与管理的积极性也不高。

大部分专题馆和展示馆分布在村镇，而目前村镇中普遍存在一种现象——留在村里的人大多是50岁以上的以务农为主业的中老年和部分16岁以下的以上学为主业的青少年，村子里的青壮年大多外出务工。很多专题馆或展示馆建成后，村子里的中老年和青少年成为其服务的主要对象，而这些村民在场馆建设之初具有较强的好奇心，参观的频次较高。但是随着时间的推移，由于场馆内的陈列不能得到有效提升、更新，村民们便对此失去兴趣，更谈不上全身心地投入场馆的管理与运营。

安吉县位于华东经济发达地区，当地人善于经商，很多村民抓住了生态博物馆群建设的风口，办起了农家乐。他们大多将生态博物馆看作赚钱的平台，对生态博物馆理念了解较少，加之地方政府没有对村民进行专业、系统地科普文化教育宣传和指导，导致目前大多数村民文化启蒙不足，对生态博物馆的理解还停留在世俗化阶段，甚至把生态博物馆等同于生态旅游、乡村旅游。大多数村民根本不理解什么是文化，也很难分辨本村落特有的文化与其他村落的文化的本质区别，因此很难形成文化自觉意识，他们只是打着文化的招牌在换取经济利益。如此一来，虽然当地村民的收入有所增加，但背离了生态博物馆建设的初衷。

第四节
陕州地坑院古村落遗址生态（社区）博物馆设计实践

一、陕州地坑院古村落遗址项目综述

（一）陕州地坑院的历史文化发展

陕州地坑院位于河南省三门峡市陕州区张汴乡北营村，地处黄土高原的东部边缘。作为一种古老而神奇的民居样式，地坑院蕴藏着丰富的历史文化，是我国特有的古民居建筑，也是目前地下民居建筑的代表，被誉为"地平线下古村落，民居史上活化石"。

地坑院也叫"地窑"，具有浓郁的黄土地风情，是先在平地上向下挖 6 米左右，挖出大小不一的方形或矩形，然后在四壁凿出窑洞供人居住的一种地下建筑形式。"进村不见人，见树不见村"就是地坑院的真实写照。

陕州地坑院发展历史悠久，《礼记·礼运》记载："冬则居营窟，夏则居橧巢。""营窟"是一种地穴式房屋，也是窑洞最初的形式。陕州地坑院见证了地穴式房屋发展演变的过程。地坑院民居与土地连成一体，通过建筑与自然的有机结合，表达劳动人民对黄土地的深情，彰显劳动人民的智慧。受传统文化影响，地坑院的营造技艺与传统的阴阳八卦方位密切结合，它选取正东、正西、正南、正北 4 个方位来深化它的形制，专家称之为豫西居住文化的特色符号。陕州地坑院古村落遗址如图 2-4 所示。

从古代的哲学角度看，地坑院这种融于自然的建筑，与"天人合一"的哲学思想不谋而合。窑洞的上部拱圆、下方端直，既契合中国传统文化中"天圆地方"的思想，又体现了人与自然和谐共生的理念。

地坑院具有独特的营造技艺，当地居民也因此形成了特有的风俗习惯和文化心理。陕州地坑院孕育了丰富的文化遗产，包括陕州澄泥砚、捶草印花、陕州剪纸等。

图 2-4　陕州地坑院古村落遗址

（二）陕州地坑院的生态环境分析

陕州地坑院位于豫西地区，在黄河的中部地带，这里土壤肥沃、水源充足，是华夏文明的起源地。豫西地带的农村已经习惯了居住窑洞，当前仍然可以看到一些年老的村民将窑洞——"地下四合院"作为居住场所，它又被当地人称为"地坑院"（图 2-5）。陕州地坑院整体位于黄土塬上，处于温带大陆性气候区，冬季受干燥寒冷的西北季风影响，降雪天气少，夏季酷热但常见暴雨天气，春秋季凉爽，四季分明，季相特征显著。黄土塬整体上南部高北部低，地表的黄土层深且厚，土壤有机质含量高，砂石含量小，有利于地下建筑的建造，且就地取材和建造有利于生态景观的再生和循环。地上看不到房舍，家家户户藏于地下，远远望去只见树冠和地面上的林木，这是陕州地坑院的显著特点。陕州地坑院古村落遗址环境区域卫星图如图 2-6 所示。

地坑院建造有如下特点。

其一，向下挖坑，黄土建造。豫西窑洞民居处于温带大陆性气候区，西北季风对豫西地区的影响较大，空气中含水量小，气候颇为干燥，虽季相分明但十年九旱，年降水量较少，因此遭受洪涝灾害的可能性不大。此外，该地属黄土高原中部的塬上区域，干燥的气候、良好的通风条件可以使黄土材料建造建筑保持稳定，由于窑洞充分利用了地下空间，因此保温效果明显，具有冬暖夏凉的优点。

其二，布局合理，四面凿洞。窑址宜选择西南朝向、地势相对较高、近处无墓葬、无渗出水地带。确定适合居住的地点后，先在平整的黄土地上挖一个一百多平方米的方形坑，作为公共活动区，然后在坑壁的四面打出几孔窑洞作为起居室、灶房、牲口房、粮仓等，最后在拐角处挖出一条通往地面的地道，地道一般坡度较缓，铺有红砖、粗石，即使雨天行走也不至于滑倒。院内通常会留下一口水井，井周围摆着石盘用来洗碗、洗衣。最后，在坑崖四周砌上一圈矮墙，起到保护行人的作用，同时也能为住户遮风挡雨。

图 2-5　地坑院实景图　　　　　　　图 2-6　陕州地坑院古村落遗址
　　　　　　　　　　　　　　　　　　　　　　环境区域卫星图

（三）陕州地坑院的社区居民现状

进入 21 世纪后，国家出台了关于退耕还林的一系列相关政策，并给予了陕州地坑院原住民丰厚的补贴。于是，原住民纷纷搬迁，住进了样板房内。

在生态（社区）博物馆的建设过程中，应该遵循村民自愿选择的原则，若村民向往原本的生活，则可以继续住在地坑院。村民作为陕州地坑院的主人，是陕州地坑院传统文化的拥有者和发展者，但由于陕州地坑院基础设施和公共服务设施落后，大量村民外迁，陕州地坑院出现人口空心化现象。因此，要想留住村民，必须改善其生产生活环境，这也是保护与建设陕州地坑院的必要措施。

（四）陕州地坑院的保护发展困境

陕州地坑院营造技艺于 2011 年被国务院批准列入第三批国家级非物质文化遗产名录。当地政府对地坑院进行了大规模的旅游开发，这虽然促进了当地的经济发展，但导致诸多问题出现。

2012 年，当地政府提出兴建旅游区，开发第三产业，以北营村为重点旅游开发区，全村 40 多个地坑院才得以保存发展。其中，有 21 个地坑院已被开发为"民俗文化展示厅"，打破了原有的各自独立的格局，串联起来形成了"不走回头路"的展览馆；有两个地坑院被改造成了民宿；还有 1 个地坑院被设计成了"三进三出"的豪华窑洞宾馆，名为"易苑"；其余原始坑院暂未开发。

陕州地坑院开发存在如下问题。

其一，过于城市化的建设破坏了村落的整体风貌。陕州地坑院的旅游开发建设中城市化问题较为严重，主要体现在道路硬化、乡村公园化等方面。将城市审美介入乡村，破坏了村落的原生态风貌。在景区入口（图 2-7）处，修建了宽阔的柏油马路，以及仿古大门和大型广场，一味地追求宏大的场面。游客检票进入景区后，并不能直接看到地坑院的主体景区。原有的乡村小路已不复存在，大尺度的广场及马路与原有村落在空间尺度比例上严重失调，影响了村落的原生风貌。广场及道路两旁排列规则的花园和整齐划一的植物，充满城市化建设特征，与村落环境格格不入。大面积的土地硬化既对农业用地造成了极大浪费，也导致雨水不能正常渗入地下，造成地表径流流失，影响植被的生长。

图 2-7　陕州地坑院景区入口

其二，趋同化、仿古化建筑与村落风貌格格不入。在地坑院景区内，仿古建筑随处可见。景区入口修建了高大的门楼，这破坏了村落的原始风貌；景区内规划了小吃街、临街店铺等，但对原始地坑院村落文化特色的展示却不到位。村落外围修建了雄伟的古城墙和"仿宋一条街"，出口的仿古街道则更明显，临街的店铺完全是复古建筑的堆砌，并绘有烦琐的花纹。青砖灰瓦的地上建筑与地下四合院形成鲜明对比，大有喧宾夺主之势。这种急功近利的开发建设模式颠覆了原有的"地上看不到房舍，家家户户藏于地下"的地坑院村落风貌。

其三，景区内的游览路线及过度翻新的门窗破坏了建筑主体（图 2-8）。陕州地坑院是劳动人民生活经验和豫西文化的凝结，在陕州地坑院的旅游资源利用中应该表现出浓郁的豫西民俗文化特色和陕州地方特色，但是景区却对原始建筑和乡村景观进行了过度包装。首先，为了方便游客游览，整个景区的 20 多座地坑院被全部贯通，破坏了原有的院落布局和墙体；其次，门窗都进行翻新处理，真正需要呈现的村落自然风貌和乡土文化气息因此消失了。

其四，原住民的搬迁造成景区游客缺乏真实互动体验。大部分游客来到陕州地坑院民俗文化园区的目的之一是食、宿在地坑院，充分感受陕州地坑院独特的生活方式（图 2-9）。然而，村民却被安排搬离地坑院，原有村落的地坑院成为纯粹的展示空间。游客进入院内游览，接触不到村民，也体验不到与村民同吃、同住的乐趣，不能真实了解劳

图 2-8　陕州地坑院原建筑翻新

图 2-9　陕州地坑院原住民生活场景

动人民的生产生活方式。地坑院这种独特居住方式所蕴含的丰富民俗文化价值，没有得到深度的挖掘。

　　虽然陕州地坑院营造技艺已被列为国家级非物质文化遗产名录，但是新建地坑院逐渐减少，营造技艺无法在实践中得到传承，地坑院营造技艺濒临失传。传统民俗文化是聚落的灵魂，随着国家对传统民俗文化的重视，以及当地政府对地坑院传统民俗文化的保护与扶持，陕州地坑院蕴含的传统民俗文化得以传承和发扬。

二、陕州地坑院古村落遗址生态（社区）博物馆的构建目标与设计原则

（一）陕州地坑院古村落遗址生态（社区）博物馆的构建目标

陕州地坑院是一种古老的民居，蕴藏着丰富的历史、文化和科学信息，意蕴深厚，价值颇高。

2012 年，三门峡市人民政府开始对地坑院进行旅游开发，但是由于经验不足，出现了诸多问题，虽促进了当地的经济发展，但对地坑院资源不合理的开发利用严重地破坏了村落风貌。2016 年，陕州地坑院作为特色旅游项目向游客开放。2018 年，《中共中央　国务院关于实施乡村振兴战略的意见》发布，为乡村旅游业发展提供了机遇。陕州地坑院旅游开发只有以地坑院为载体，以豫西地域文化为特色，才能振兴乡村旅游业，形成陕州区持久的经济发展动力。

在豫西地区，一些大型的地坑院已被当地政府保护，并被开发为旅游景区；另一些小型的、分散的地坑院已慢慢被人淡忘，被夷为平地或是建成了新的楼房。随着经济水平的提高，人们的温饱问题被解决，在物质和精神上有了更高的要求。豫西地坑院目前面临着消亡的威胁，如何在保护古村落遗址的同时满足现代人的真正需要？这成为迫切需要被解决的问题，也是本书研究保护与更新陕州地坑院的出发点。

陕州地坑院过去的旅游开发过于急于求成，违背了旅游开发与保护的原则。将生态（社区）博物馆理念植入陕州地坑院古村落遗址，不仅可以对地坑院的文化环境与生态环境等方面进行保护与传承，还可以吸引大量游客来欣赏陕州地坑院的特有民俗文化。

陕州地坑院古村落遗址生态（社区）博物馆的建立可以改善和提升当地居民的生产生活条件，使得居民自愿留在陕州地坑院生活，传承和延续陕州地坑院的传统文化。

（二）陕州地坑院古村落遗址生态（社区）博物馆的设计原则

1. 原状保护原则

在陕州地坑院建立生态（社区）博物馆应该遵守原状保护原则，通过对文化遗产进行原状保护，有效地传承和发展当地的文化传统，改善当地的生产生活环境，从而使文化深深植根于当地肥沃的土壤中。陕州地坑院古村落遗址生态（社区）博物馆的建立，并非将地坑院当地的文物搬到博物馆中去，而是将文化遗产置于其生长环境中，从而真正挖掘出文化遗产的内涵。

2. 整体保护原则

陕州地坑院拥有丰富的民俗文化和黄土地域风情生态景观，陕州地坑院古村落遗址生态（社区）博物馆的建立和发展，应以现有的村落文化与生态环境为基础，遵循整体保护的设计理念，坚持自然生态景观和历史文化遗产同样重要的设计思路，注重保护黄土地的自然要素，保护陕州地坑院内的居住环境，以及民风民俗等文化要素。若要使陕州地坑院拥有发展的动力和基础，就要保护地域内的所有文化，包括生态文化与历史文化等，保护

所有有价值的信息，实现文化景观与生态景观、物质文化遗产和非物质文化遗产的整体保护。陕州地坑院古村落遗址生态（社区）博物馆的建立和发展是一个系统的工程，应该以实际条件为基础，按照整体保护和科学发展的原则，科学地对陕州地坑院进行保护规划。

3.动态保护原则

生态（社区）博物馆作为村落文化对外展示的窗口，搭建了不同文化之间交流的桥梁。由于陕州地坑院多样的文化遗产和生态景观是在长期积累的过程中形成并继续向前发展的，因此需尊重其发展规律，维护其丰富性。动态地保护不同时期的文化特征，是延续和发展陕州地坑院文化脉络的关键所在。生态（社区）博物馆应该作为文化遗产活的见证，地坑式传统民居、居民生活习惯、黄土风光等要素构成了陕州地坑院的文化特色，进而吸引游客前来观赏、了解当地的文化生活和陕州地坑院的文化内涵。对产生和发展文化遗产的生态环境而言，要素之间的密切联系构成了整个生态环境链条，牵一发而动全身，应将对生态环境的保护置于与文化遗产的保护同等重要的位置。对文化遗产而言，尊重历史不代表要封存历史、静态地保护历史、将文物封存在博物馆中，应通过动态保护的方式再现历史，让现代人更好地了解历史。对历史脉络完整性和原真性的严格要求，是保证陕州地坑院可持续发展的前提条件，也为陕州地坑院的多方面发展提供了可能。

4.居民自觉保护原则

居民作为村落的创造者和拥有者，对村落的发展起着决定性作用。生态（社区）博物馆应成为居民自我保护意识的反映，其内容应涵盖社会、文化、经济和环境等多个方面。通过生态（社区）博物馆，居民可以实现对村落未来发展方向的设想，并按照自己对村落历史文化的理解提出合理的诉求。同时，以生态（社区）博物馆为沟通媒介，居民可以表达自身的要求和发展的愿望，政府对陕州地坑院发展的构想作出反馈，从而实现政府和居民发展愿望的和谐统一。保证居民的绝对自主性，是生态（社区）博物馆在陕州地坑院长远发展的基础。应尊重居民的意见，鼓励居民参与生态（社区）博物馆的建设和管理，加强居民的主人翁意识，提升居民的自信心和自豪感，从而实现陕州地坑院全体居民积极参与生态（社区）博物馆的建设和管理。

三、陕州地坑院古村落遗址生态（社区）博物馆具体的设计实践

（一）陕州地坑院古村落遗址保护空间的整体性规划与修复

生态（社区）博物馆应采取"整体性"设计，打破特定建筑围墙，以全方位、整体性、开放性的思维方式，将完整的古村落遗址"社区"作为"博物馆"来进行活态化保护，不光是文化遗产本身，与文化遗产相关的生态自然和文化环境也要一起保存。生态（社区）博物馆始终要遵循"人—社会—生态环境"三位一体的理念，坚持没有"围墙"的生态社区文化整体观。没有"围墙"就是要突破传统博物馆"一座建筑"的限定，从整体性角度

展开对古村落遗址相关文化遗产的保护与传承。生态（社区）博物馆致力于将古村落文化遗产与自然生态景观统一起来，形成一个整体性的空间概念，全方位地诠释当地的生态环境与历史文化特色。

在对古村落文化遗产的整体性保护的过程中，除了文化遗产本身，与文化遗产相关的生态自然和文化环境也要一起保护。以古村落为中心，将文化遗产留在当地，遵循"整体保护""原地保护"等原则，保持文化遗产的真实性与原生性。

陕州地坑院古村落遗址生态（社区）博物馆要注重当地文化辐射的范围，对现存地坑遗址保护空间要重新进行规划与修复，划定空间范围实质是对其文化传播范围进行界定（图2-10），也有利于地坑院的整体管理与文化传播。陕州地坑院古村落遗址保护空间的划定可以分为以下两个范围。

图2-10 陕州地坑院保护空间划定

第一保护空间范围：以陕州地坑院原地坑建筑群遗址为中心的核心保护区域，共44个地坑，对当地遗留下来的原始地坑院进行保护与修复，可适当采取急救措施，但应避免破坏原地坑建筑遗留下的岁月痕迹与独特的建造技艺。

第二保护空间范围：陕州地坑院原地坑建筑群遗址向外辐射的范围区域，应因地制宜地利用好此空间。

以上两个保护空间范围都属于生态（社区）博物馆的管控区，两大保护空间范围相互进行文化补给，共同形成陕州地坑院古村落遗址的生态（社区）博物馆保护区。

（二）陕州地坑院古村落遗址文化遗产的活态化保护与再生

陕州地坑院古村落遗址生态（社区）博物馆与传统博物馆的差异在于：传统博物馆是建筑、收藏、专家、参观者等要素的集合体；而生态（社区）博物馆是地域、传统、记忆、居民的集合体。陕州地坑院古村落遗址生态（社区）博物馆将整个地坑院作为博物馆，将地坑院的自然与人文要素纳入活态化保护范围，全方位地对地坑院文化遗产进行保护与再生，不局限于传统的文物收藏等内容。在活态化保护与再生的过程中，"原住民"要素被强调，力求提升地坑院居民对本土文化的认同感及对地域文化的传承与再生能力。

传统博物馆的展示内容仅为古村落文化遗产的一小部分，更为广泛的活态文化遗产仍然大量存在于民间，如果想很好地对地坑院文化进行传承与再生，必须深入了解地坑院居民的日常生活。要想挖掘地坑院文化遗产的精华，就要使传承人与当地居民积极参与，进行民间艺术展示、生活习俗活态展示等，这样的展示形式更生活化，也更能体现地坑院的整体人文环境。在长期的生产生活过程中，当地特有的地域文化与民俗特征已经在当地村民的心里建立了"精神文化信仰"，所以若想让陕州地坑院文化再生，就必须回归当地居民的生活，关注居民的一切诉求。

"展示就是第二次生命"，从"固化"到"活态"的生活化人文展示，因其在地性而与当下生活具有可连接性，具备在生活中生长出新的意义的可能，从固化之物走向居民日常生活的活态之物，进而影响居民关于文化遗产的认知、价值判断及未来利用的可能性。相比较而言，生态（社区）博物馆的展示方式是对陕州地坑院现状真实的诠释，是一种活态的、具有时效性的展示，这也是它区别于传统博物馆在展示方式上的创新。它立体化地记录地坑院居民的生存状况，在叙事方式上较传统博物馆更直接。对陕州地坑院古村落遗址的活态化展示，有助于游客了解陕州地坑院的过去和现状，以及未来的发展状况，游客的参观也会使当地居民获得心理上的满足，增强居民对本地域文化的自信心和自豪感，同时也有利于居民收入的增加。

陕州地坑院古村落遗址文化遗产的活态化保护与再生，可以采取 3 种方式：一是以原始地坑群为基础规划特色参观展示线路；二是再现地坑院传统民俗及生活方式；三是打造地坑院主题文化市集。

（三）陕州地坑院古村落遗址在地化综合艺术基地中心的建立

在地化原意为现场制造。建筑中的在地化概念，强调的是建筑物本身与所处的大地及形成于其上的文化、风土等地域特征的依附关系。"在地"设计的特性源于自然环境和地域生活，依据地形地势、气候条件和生产生活方式，追求建筑的空间组织、建构、材料等因地制宜、因材施用，有机且灵活地适应自然气候，与环境相得益彰。

陕州地坑院古村落遗址生态（社区）博物馆也要遵循"在地化"设计原则，顺应地坑院古村落遗址的生态环境，顺应地形地势、风俗文化等因素，因地制宜地建立与古村落遗址之间融合统一的文化空间体系。

陕州地坑院古村落遗址在地化综合艺术基地中心的建立，应注意 3 个方面：一是重视环境的在地化，即在建造过程中对地域环境中的自然历史文化、特有的风俗习惯、价值观念等进行保护，保持环境的原真性；二是在综合艺术基地中心建立的过程中，对地坑院古村落遗址场地特质进行实际分析，在此基础上协调生态（社区）博物馆和地坑院古村落遗址之间的关系，通过对地坑院古村落遗址建筑元素的汲取、历史文化元素的再现及地方传统工艺技术与材料的利用营造浓厚的场所精神，以此来延续地坑院的文化特色；三是使用主体的在地化，密切关注场地内使用主体的动态需求及其变化，通过宜人尺度与多功能空间营造和谐的社区氛围。

其一，在地化综合艺术基地中心可作为一个研究中心。在地化综合艺术基地中心作为陕州地坑院文化保护区内文化遗产收藏、展示的平台，其建设在保护区内，与文化遗产存在天然的物理联系，我们可以将地坑院古村落遗址作为一个整体来进行研究，而综合艺术基地中心则作为其中的一部分而存在。

其二，在地化综合艺术基地中心可作为一个社区活动中心。综合艺术基地中心作为陕州地坑院古村落遗址生态（社区）博物馆的核心，除了作为研究中心，还应该是社区的公共交流空间。我国广大社区缺乏完善的文化设施，居民无法大规模地聚集交流，综合艺术基地中心为陕州地坑院居民提供了文化学习、沟通交流、活动聚会的场所，具有重要的现实意义。社区居民在这里获取的不仅仅是社区记忆、宗族文化，还有被遗忘的历史。陕州地坑院古村落遗址因受到地形的限制，内部缺乏较为开阔的公共空间，因此在地坑院古村落遗址内挖掘和建立社区活动中心就显得尤为重要。

其三，注重综合艺术基地中心的选址建设。作为一个具有公共社区性质的实体建筑或半封闭与半开放式空间，它秉承着生态（社区）博物馆原地保护、整体保护的原则，最大限度地展现文化遗产与其生长环境之间的内在联系，这与传统博物馆有着本质的区别。由于原地坑院遗址核心保护区场地有限，且为避免破坏遗址风貌，因此综合艺术基地中心应选址于核心保护区辐射的范围内。同时，综合艺术基地中心的建立应最大限度地保证陕州地坑院古村落遗址原有的空间格局和建筑风格。

（四）陕州地坑院古村落遗址公共性社区文化展示与再生

生态（社区）博物馆的"公共性"，不仅表现在内部空间，还表现在生态（社区）博物馆与当地古村落遗址原生态环境共同形成的场所空间，外部场所空间表达的文化性是生态（社区）博物馆向社区与居民的延伸。在陕州地坑院古村落遗址生态（社区）博物馆的设计中，公共性空间文化氛围的营造始于生态（社区）博物馆的内在主题理念，并延伸到社区环境的营造方面，让生态（社区）博物馆的公共性空间形成以文化性为主要特征的空间体系，进行地坑院公共性社区文化展示与再生，向社区居民开放，向游客开放，吸引社区居民与游客共同参与，使生态（社区）博物馆成为社区生活的一部分，也成为地坑院古村落文化展示的一部分。

陕州地坑院古村落遗址生态（社区）博物馆的公共社区性文化展示，使游客产生亲切感，让生态（社区）博物馆成为游客与社区居民可接近、能接触到的公共文化展示家园，促使游客和社区居民体验并参与到文化展示活动中来，形成相互促进的良性关系，更好地践行生态（社区）博物馆的核心理念。陕州地坑院古村落遗址生态（社区）博物馆的"公共性"营造，将建筑融合于自然生态环境与社区环境，是生态（社区）博物馆理念的一种呈现方式。它打破了传统博物馆的固化空间界定，强调公共社区性文化展示与再生，更关注生态（社区）博物馆和社区环境之间的区域空间所延伸的历史文化主题和气质氛围，让文化展示、传承与发扬走出所谓的建筑，成为生动的、真实的存在，并真正融入社区生活。

陕州地坑院古村落遗址生态（社区）博物馆的公共社区性文化展示与再生设计理念以"公共性"为出发点，从保护地坑院古村落自然生态环境与人文社会环境角度强调生态（社区）博物馆服务于社区居民与游客，使生态（社区）博物馆成为人们可接近、能参与体验的公共文化家园。社区性文化展示应该注重地坑院历史文化符号信息从源头到受众的真实性、完整性等，以获得在地社区居民对展示内容的认同。通过历史文化的展示，实现与所在社区的连接，并由此激励社区居民主动传承文化与延续传统，从而唤醒居民的文化记忆。在一定情况下，社区性文化展示既要尊重原始的历史真实性，又要重视演化的真实性。真实性既是社会建构的过程，又是社会建构的结果，法国社会学家莫里斯·哈布瓦赫认为，过去是一种社会建构，由现在的信仰、兴趣、愿望塑形，是现在中心观的反映。这种建构既有当下社区居民、游客、专家等不同角色的参与，也有特定历史文化情景下的相互塑造。

陕州地坑院古村落遗址公共社区性文化展示与再生，以古村落所在社区整体为中心来开展"公共性"空间的展示，设想将整体社区建立为一个总的文化展示体系，并将其地坑群落进行分类或整理，细化到每一个小的区域部分，来建立"区块化"的展示模块分支，以村落所在社区总的艺术展示中心来联动每一个地坑小区块化分支的展示形式，进行地坑院古村落的原生态文化展示，参观者可以领略社区居民的日常生活与地坑院古村落遗址的整体文化风貌。

公共社区性文化展示与古村落所在社区深度融合，可采取社区展览、居民亲自表演展示等方式，共同打造"古今"融合的文化艺术体验社区，将地坑院古村落原始生态影像与当下生活场景生动结合与再现，通过沉浸式的场景设置与互动的展项，吸引游客积极参与其中，增加其体验感。然而，这种设想少不了社区居民的积极参与，也需要采用多种媒介技术来进行综合呈现。公共性文化艺术体验社区形式的嵌入，为地坑院提供了互动平台，而这种互动平台是社区可协商的、流动的、情境沉浸式的、数字多元化的，可以更好地丰富生态（社区）博物馆介入陕州地坑院古村落遗址文化保护传承的意义与层次。

游客千里迢迢来到地坑院古村落就是为了沉浸式感受居民日常生活，公共社区性文化展示可以将观众带到居民生活空间，以真实性、互动性及沉浸式效果来满足游客的精神需求，但是在效果的呈现上要将"静止"的与"动态"的元素结合，这时候数字技术就会发挥重大作用。例如，运用 VR 技术将不可移动的文化遗产或已经消失了的文化内容重现，建立虚拟动态影像，吸引游客与居民加入，真正实现社区性质的整体联动与互动式参观方式。

四、陕州地坑院古村落遗址生态（社区）博物馆运营管理体系

（一）构建多元主体社区参与民主机制

在生态（社区）博物馆理念下，应倡导多元化主体参与模式。参与主体也从"国家—地方"转变为"国家—地方—居民"，国家在政策、标准等方面发挥管理、监督职能，而地方与居民则负责具体实施工作。

然而，当前大多情况是政府主导，很少考虑社区居民的想法和意愿。因此，需建立相应的机制，鼓励社区居民积极地参与古村落遗址生态环境与文化遗产的保护传承与建设管理工作，将文化权利适度地分配给当地居民，摒弃一方主导的单一模式，并在制度上予以保障，以激发居民的参与积极性。

为实现生态（社区）博物馆的专业性与标准化，确保其展示的真实性，本地社群需要积极参与博物馆建设。只有本地社群持续投入，参与对生态（社区）博物馆整体的理解、诠释，并将其转化为日常生活中的保护利用，生态（社区）博物馆才能落地生根，在陕州地坑院古村落遗址环境中可持续地发展下去。

此外，可在陕州当地建立本土精英参与机制，以彰显他们的价值。集合当地民俗技艺传承人和年轻人，组成具有领导力与文化前瞻性的社区力量，这有助于带动当地居民加入地坑院文化保护传承队伍，同时给予一定的经济补偿，针对不同文化项目制定不同的参与规则，并定期进行相关内容的考核。

在日常运营中，生态（社区）博物馆可通过建立沟通联络机制，组织专业培训、交流学习，以活动、展览等形式建立社区居民之间、居民与博物馆参观者之间，以及居民与专家、政府之间的良性互动关系，逐步向专业化方向发展，培育陕州地坑院古村落遗址的生态人文环境，使生态（社区）博物馆成为陕州地坑院古村落整体社区结构的有机组成部分，并通过这一平台辐射所有相关人群，真正实现社区居民的广泛参与。

（二）促进全方位文化保护传承机制

建立陕州地坑院信息中心平台，收录陕州地坑院的所有文化记忆，收集整理地坑院文化遗产与民俗文物等内容，可分为物质文化遗产与非物质文化遗产两大类，并建立相应的资料档案库。在信息中心日常工作中，建议由专业人员与社区居民共同负责文化遗产的收集与整理工作，全方位、系统地记录陕州地坑院的发展历程，通过双方的协作，让社区居民认识到保护古村落文化遗产的重要性与意义，同时在判断文化遗产是否具有原真性的时候给出合理的意见，从而更好地保护与传承古村落文化遗产。在收录的过程中，专业人员与社区居民相互交流与合作，打破以往单一的工作模式。在实际操作中，信息中心应承担文物收藏与展示、资料收集与整理、文化研究与教育的职责，同时，还应该作为当地居民集会议事的场所和社区服务中心。

在陕州地坑院信息中心建设的基础上，建立全方位、自上而下的保护传承机制，有利于陕州地坑院文化遗产和自然环境的原样性保护。对陕州地坑院的建筑遗产、民俗文化、生态环境等方面进行实际勘查，记录现阶段状况，并持续追踪与管理，制定保护防范措施，杜绝一切破坏文化遗产与生态环境的行为。然而，仅靠专业管理人员对陕州地坑院各种遗产进行排查，力度远远不够，要发动陕州地坑院的居民参与到文化保护传承机制的建立中来，让社区居民参与其中，并对这一过程进行学习与监督。由于居民对各种文化遗产的保护传承措施认识并不到位，因此要想让此过程有效，就应该对地坑院居民进行相关知识普及，让居民学会保护与传承不同类型的文化遗产，并学会分辨破坏遗产的行为。同时，可以建立社区居民监督勘查小组，将责任落实到各家各户，实地检测并记录遗产情况，排查损坏遗产的隐患，定期向上级负责人汇报。若发现隐患问题，应及时进行保护控制，采取相应的急救措施。

（三）建立专业型基础教育学习机制

生态（社区）博物馆强调原住民对发展本族文化的重要作用，陕州地坑院的文化遗产必须由本地居民传承和发展。因此，在陕州地坑院建立传统文化专业性基础教育学习机制就显得尤为重要。根据我国广大农村现状可知，农民子女或多或少都会掌握一定的农作技术，对农村风俗习惯也有所认识，这些技术和风俗习惯恰好是我国乡村文化最本质的体现，也是生态（社区）博物馆倡导发掘和保护的对象之一。

专业性基础教育学习机制可分为两大类：一是让居民深入学习生态（社区）博物馆的理念，让居民深刻理解什么是生态（社区）博物馆，了解在陕州地坑院建立生态（社区）博物馆的最终目的与意义。只有这样，才能让居民对陕州地坑院古村落遗址文化遗产进行更好的保护与传承。二是让居民尤其是年轻一代的居民学习并传承传统工艺。如今，许多传统工艺逐渐失传，年轻人对其传承显得尤为重要与紧迫。

在专业基础教育学习机制建立过程中，应积极收集和整理陕州地坑院物质和非物质文化遗产。例如，可以出版陕州地坑院历史文化相关书籍，或增设相关民俗文化课程，以授课形式系统地向当地青少年传授地坑院传统文化，使其从小就建立保护和传承文化遗产的意识；也可采取文学艺术的形式，举办一些民俗艺术展、图书展等；还可以组织学生定期参与生态（社区）博物馆日常管理工作，建立"体验日"，培养学生对陕州地坑院传统文化的兴趣。同时，陕州地坑院古村落遗址生态（社区）博物馆可邀请高校在地坑院当地建立基础教育基地和培训基地，对社区各年龄段的居民进行知识传授与文化熏陶。

（四）实施线上与线下同步运营机制

1.线上运营机制

建立整体生态（社区）博物馆线上平台，并在各大互联网平台发布与陕州地坑院相关的文化内容，传播与共享陕州地坑院的民俗文化，让更多人领略陕州地坑院的风采。近年来，线上相关内容的建设也显得尤为重要。不过，在线上运营工作开展之前，社区需要对居民进行相关文化知识普及与观念提升教育，并且讲解相关app（如微信视频号、抖音、小红书、哔哩哔哩等）的使用方法、运营技巧及注意事项，让社区居民都能成为陕州地坑院的"代言人""传播者"与"创造者"。社区居民可以进行在线直播，展示陕州地坑院所处的生态环境，讲述陕州地坑院的历史渊源，在线进行游戏互动并解答问题，创建与陕州地坑院相关的文化品牌与相关文创产品等；也可以参与幕后创意视频剪辑与文案编排，在线上发布具有"文化性""创意性""真实性"的陕州地坑院相关视频或图文资料。

2. 线下运营机制

社区居民线下实地参与文化形象品牌推广，实现多方面利益融合。生态（社区）博物馆理念的融入首先要回归民间，让居民深入理解生态（社区）博物馆理念的本质，为家乡的独特性感到自豪，进而促使民俗传承人等群体自发性地对本土文化形象进行宣传与推广，参与线下实地展示活动、文化形象传播、品牌经营等。例如，在章朗生态博物馆建设实践中，生态博物馆赢得了"千年古寨""千年古寺"的名号，还建立了"千年古茶"的品牌形象。因为品牌形象对文化遗产的宣传与推广有重要作用，所以要积极地对居民进行文化教育与思想提升，让他们意识到建立品牌形象的重要性，主动参与线下品牌形象推广活动。品牌形象线下实地推广可以采取社区居民参与的民俗传承人文化遗产活态展示、社区文化交流活动、历史文化说书等方法。

中篇

『城市』与『儿童』博物馆探索模式

后工业化时代,是一个城市建筑与城市文化不断融合与拓展的时代,随着城市结构、空间规划、建筑特征的改变,旧的城市特征已悄然发生变化,使得工业遗址需要从一种更加宏观的视角求得自身的存续。基于后工业城市发展现状,当今工业遗址空间以碎片化、斑点化的状态散落在城市中,彼此间缺少博物馆化的沟通。本章提出了一种崭新的理念——"城市大博物馆",作为对城市间、区域性、规模化的工业遗址的保护与再生的回应,实际上是对工业文化资源的博物馆化综合展示。工业遗址作为城市历史片区与文化遗产的重要组成部分,对构建博物馆城市具有非同寻常的价值与意义。因此,我们将有代表性的工业城市通过工业遗址联系起来,将工业遗址群与工业风貌区看作具有博物馆属性的系统体系,建立可被阅读、可被编辑的立体空间,走向一种对工业遗址"城市大博物馆"保护再生的重新理解;同时,从"城市大博物馆"视角对工业遗址进行保护、再生与发展,并以此反观工业遗址对"城市大博物馆"的塑造作用。

"城市大博物馆"视角下的工业遗址保护与再生强调的是对工业物质资料与工业精神文明进行规模化与整体化的收藏、保存、活化与交流;将散落在城市中碎片式的工业遗址作为博物馆城市的集中场所,以点成线、以线成面地把工业遗址区串联成一座没有围墙的、活的博物馆;通过对"博物馆""城市大博物馆""工业遗址"的关联性进行理论分析,以及对具有城市大博物馆特征的国内外典型的工业遗址保护与再利用改造案例进行分析,分别从宏观视角下的城市"博物馆模式"、中观视角下的工业文化风貌区与博物馆群、微观视角下的工业遗存建筑"锚点"与工业景观"公园"3个方面,归纳出"城市大博物馆"理念在工业遗址保护与再生过程中不同层级的特征与表现;进而推导出工业遗址保护与再利用过程中的设计原则与策略,包含博物馆化保护原则、空间存续性原则、城市化整体更新原则与环境保护可持续性原则;并从城市"多中心锚点"发展层面、区域性工业文化风貌区保护再生层面、工业建筑景观活化层面,构建工业遗址"城市大博物馆"的保护与再生策略。

工业遗址的保护与再生在当今具有城市化与博物馆化的特征,在上述理论与环境的推演下,可从"城市大博物馆"的视角发挥工业遗址对自身的保护、重塑与再生价值,发挥工业遗址参与社会的价值,发挥工业遗址对生态保护的反思价值,发挥工业遗址对文化遗产及博物馆城市的构建价值。因此,"城市大博物馆"对工业遗址的保护与发展理念、导向、策略有着重要意义,为当代工业遗址保护与再生提供了有益参考。

与此同时,现代博物馆以教育推广为重要目标,努力构建与社区居民的公共关系。其展示的目标除了介绍知识,还包括引导参观者积累美感经验,进而使之认知"真善美"的生命真理。博物馆作为教育场所,拥有大量的资源优势。除了学校的教育,儿童博物馆在儿童教育上也发挥着巨大作用。目前,中国的儿童博物馆数量较少,以"儿童博物馆"命名的只有北京和上海的两家博物馆。儿童博物馆虽然在展览内容上比传统博物馆更容易被儿童接受，但是提供给儿童动手参与和体验的项目较少。儿童博物馆空间强调"自己动手""自觉探索"的观念，可以让儿童在探索体验中认识世界，从而激发儿童各方面的能力。由此可以看出，发展儿童博物馆空间的探索性可以解决儿童博物馆存在的问题。将儿童博物馆的空间探索性作为研究对象，将具身认知理论融入儿童博物馆设计研究，探究如何在儿童博物馆空间中调动儿童认知探索的主动性，促进儿童在博物馆中主动探索学习，从而将儿童博物馆的教育功能发挥到极致。本书主要基于具身认知理论对儿童博物馆空间的探索性进行设计研究，通过提出问题、分析问题、解决问题的研究思路，从理论研究、实例分析、问题发现、设计策略的研究框架出发，分析具身认知理论对儿童博物馆空间探索性设计的指导意义。此次研究致力于以具身认知理论为理论支撑，揭示具身认知理论与儿童认知及儿童博物馆空间探索性设计的关系，探讨在中国如何实现集认知、体验、参与、探索于一体的儿童博物馆空间；同时，通过多学科、多领域的系统分析方法，从身体、环境、情境3个层面找到具身认知理论与空间设计融合的支撑点，为儿童博物馆空间探索性的设计提供思路和策略。

第三章

『儿童』博物馆探索性与具身认知理论

第一节
儿童认知与儿童博物馆相关理论

一、儿童认知的结构与发展阶段

（一）儿童认知的结构

儿童心理学家让·皮亚杰认为，智慧的本质就是适应，而每个智慧活动都含有一定的认知结构 [1]。让·皮亚杰还认为，在认知结构中人的活动是双向的，在此基础上他提出个体在接受刺激之后，需要先将信息同化到已有的认知结构当中，然后对刺激作出相应的反应。让·皮亚杰提出，图式、同化、顺应、平衡是认知结构的 4 个概念，其中图式是核心概念。儿童认知结构的 4 个概念对比见表 3-1。由此可知，儿童认知发展其实就是在原有图式的基础上，进行同化、顺应、平衡的过程。（图 3-1）

表 3-1　儿童认知结构的 4 个概念对比

概念	含义	举例
图式	人们认识事物的基础	儿童原本以为两条腿的小动物都是小鸡
同化	当儿童受到外部刺激时，通过将新的认知与自身原有的图式融合去消化新刺激的过程	儿童以为孔雀也是小鸡
顺应	改变原有图式，进一步了解并消化新的刺激，是适应新环境的过程	儿童意识到孔雀与小鸡的不同，孔雀的羽毛更绚丽，于是心中产生疑问
平衡	将同化和顺应两个步骤平衡，形成一个更为完整的平衡认知结构	儿童认识到孔雀不是小鸡

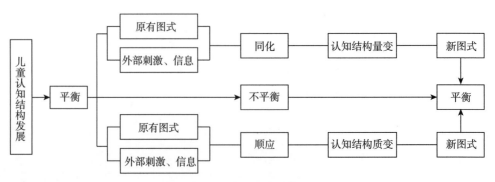

图 3-1　儿童认知结构发展

[1] 皮亚杰，英海尔德 . 儿童心理学 [M]. 吴福元，译 . 北京：商务印书馆，1980.

1. 图式

图式是人们在认识周围世界的过程中形成的自己独特的认知结构，是有组织的思考或行动模式，也是人类动作的基础。例如，人类在婴儿时期，就会吸吮这个动作，这是让·皮亚杰的"遗传性图式"。儿童在日常生活和学习中不断丰富自己的图式，图式的提升也意味着儿童认知的发展。

2. 同化

同化是指有机体在受到外部刺激时，把刺激整合到已有图式或认知结构中，使之成为自身认知结构的一部分。儿童将刺激通过自身处理或者改变的方式与自身认知结构结合，是一种对外部刺激理解和对有机环境适应的过程，是儿童将新的认知融合到原有图式中的步骤，也是儿童丰富原有图式、增加认知的一个环节。

3. 顺应

顺应是指有机体在不能利用原有图式接受新刺激时，通过改变原有图式来适应新刺激带来的影响。顺应是儿童原有图式为适应环境而改变发展的过程。顺应与同化相同，都是儿童适应环境的机能。同化和顺应也存在差异，同化是不改变原有图式的认知结构，是对新刺激输入的过滤，其过程是量的变化；而顺应是改变原有图式，是其过程质的改变。

4. 平衡

个体通过同化和顺应达到机体与环境的平衡，当已有图式不能解决个体所面临的问题时，就产生了不平衡的状态，此时就需要改变行为重建平衡。在儿童的认知结构中，在接受新事物及接触新环境时，通过同化丰富自身原有图式，使认知结构与外界环境达到初步平衡。如果原有图式同化失败，儿童就要进行顺应这个步骤，通过改变原有图式，建立新的图式去适应新的刺激和环境，从而重建自身认知与环境的平衡。

在儿童的学习及体验中，知识和信息的传递是对儿童认知结构的同化和顺应的过程，使儿童接受新的认知信息，通过增加或梳理自身认知来协调自身与环境平衡，从而使自身认知得到发展，实现一种从低级向高级的不断发展的认知过程。

（二）儿童认知的发展阶段

让·皮亚杰将儿童的认知发展分为4个阶段，包括感知运动阶段（0～2岁）、前运算阶段（3～7岁）、具体运算阶段（8～11岁）、形式运算阶段（12～16岁）。儿童认知发展各阶段对比见表3-2。

表3-2　儿童认知发展各阶段对比

年龄	认知发展阶段	特点
0～2岁	感知运动阶段	低级的行为图式；将感觉、动作、知觉作为主要认知方法，使三者相互协调从而认识世界

续表

年龄	认知发展阶段	特点
3 ～ 7 岁	前运算阶段	能够根据表象、思维和语言认识世界；通过行为释放信号性功能去认识世界；思维具有不可逆性；没有守恒概念；一切以自我为中心
8 ～ 11 岁	具体运算阶段	产生可逆性动作和思维；可以进行简单的抽象思维；形成守恒概念；产生情感活动
12 ～ 16 岁	形式运算阶段	思维具有可逆性、补偿性、灵活性；能够理解符号意义、隐喻、直喻；能够通过逻辑推理的方法解决问题并发展自我认知

1. 感知运动阶段

0 ～ 2 岁儿童处于感知运动阶段，属于婴儿期儿童。感知运动阶段儿童的智力处于初步发展时期，主要通过动作和感知来认识世界，如手的抓取、嘴的吸吮等都是该阶段儿童探索世界的主要活动。感知运动阶段儿童通过动作的反复练习，在原有的低级图式中进行同化，达到识别物体的目的；之后，通过不断地循环练习，形成动作习惯；最后，形成较为完整的智慧动作。感知运动阶段儿童其实是通过感知动作来区分自己与物体的，并据此了解身边事物，属于本能反应。

2. 前运算阶段

3 ～ 7 岁儿童处于前运算阶段，属于学龄前儿童。随着年龄的增长，前运算阶段儿童表现出了思维和语言功能，可以根据语言认识世界并通过语言描述自己的认识，且可以和他人沟通。前运算阶段儿童还会通过象征性游戏、模仿等行为方式传递信号，这属于信号性功能，是表象性智慧发展的标志。前运算阶段儿童的思维具有不可逆性，不能进行抽象的思维运算，如儿童知道自己有个姐姐，但是不能推理出自己的姐姐有个弟弟（或妹妹）。前运算阶段儿童以自我为中心，认为世界是因为自己而存在的。

3. 具体运算阶段

8 ～ 11 岁儿童处于具体运算阶段，属于学龄期儿童。具体运算阶段的标志性特征是"守恒"概念形成。儿童经过前两个阶段思维水平有所提升，可以进行具体运算，还可以进行简单的抽象思维并且思维与动作产生了可逆性。儿童的可逆性思维分为逆向性思维和互换性思维，儿童的逆向性思维是向前走 5 步再向后退 5 步可以回到起点；儿童的互换性思维是理解我有个姐姐，姐姐的弟弟（或妹妹）就是我的思维逻辑。儿童在此阶段逐渐摆脱以自我为中心的思想，其情感活动被逐渐放大。

4. 形式运算阶段

12 ～ 16 岁儿童处于形式运算阶段，其推理能力得到了发展，能够从多角度对抽象的性质进行思考；能把逻辑思维运用到具体运算中，并且可以随机应变；能够理解符号的意义、隐喻和直喻。形式运算阶段儿童的思维接近成年人，是儿童进阶到成年人的过渡阶段，此阶段儿童能够通过逻辑推理的方式来解决问题、回答问题。

让·皮亚杰的认知发展阶段理论认为儿童认知的各个阶段不是独立存在的，而是一个循序渐进的过程，且遵循一定的规律。前一阶段是后一阶段发展的前提条件，后一阶段是在前一阶段基础上的融合发展，每个阶段之间都是不可逾越的，阶段的顺序也是不可颠倒的。儿童认知结构的发展和认知发展的不同阶段——"图式""同化""顺应""平衡"和"感知运动阶段""前运算阶段""具体运算阶段""形式运算阶段"，构成了儿童的认知发展。了解儿童认知结构及儿童认知发展阶段，并将其运用到博物馆的设计当中，可以让儿童博物馆更贴合儿童的认知需求，使博物馆的使用价值最大化。

二、儿童博物馆的概念、特点、发展历程与现状

（一）儿童博物馆的概念与特点

1.儿童博物馆的概念

儿童博物馆的概念最早起源于美国。美国博物馆协会称儿童博物馆是鼓励儿童学习、激发儿童好奇心和创造力，以儿童为中心，将满足儿童需求和兴趣作为使命而提供展览活动的机构。美国儿童博物馆协会对儿童博物馆给出了定义：儿童博物馆是一个通过各类展览及活动激发儿童的好奇心、提升儿童探索与求知的热情，从而促进儿童身心健康发展的机构。

儿童博物馆与其他博物馆有相同之处，它们都是非营利性的永久机构，由专业人员负责馆内的设施操作及维护管理，并定期向公众开放。儿童博物馆也区别于传统博物馆，儿童博物馆与传统博物馆比较见表3-3。儿童博物馆受众主体为儿童，立足于儿童群体，注重儿童的心理及生理需求。儿童在博物馆空间中进行探索，与展品互动，通过观察、探索、体验来认知事物，在娱乐中学习，培养乐于动手、积极思考的习惯。

表 3-3 儿童博物馆与传统博物馆比较

类型	儿童博物馆	传统博物馆
服务人群	儿童	成人
职能	教育、娱乐	收藏、研究
展示形式	体验性、互动性强的展示手法	非触摸式展览或文字类陈述
参观模式	探索	浏览、观摩

儿童博物馆让儿童在放松的环境中了解并掌握各个学科的知识，而不是坐在教室里学习。儿童博物馆的出现虽然没有颠覆传统教育体系，但是革新了传统教育理念，给儿童构建了一个真正符合他们认知和探索需求的学习环境，便于提高儿童自身认知，发展儿童各方面能力。

2. 儿童博物馆的特点

其一，以儿童为中心。儿童博物馆强调以儿童为中心，尊重儿童的成长需求与兴趣需要。儿童博物馆根据儿童的行为、心理与认知模式，对博物馆展示空间的活动与展项等进行设计。

其二，强调趣味性学习与寓教于乐。儿童博物馆与其他博物馆相比更加注重儿童的兴趣，这一点也区别于学校一成不变的教育模式，儿童可以根据自己的兴趣爱好去选择性学习。儿童博物馆设置了游戏展项，可以吸引儿童、鼓励儿童通过自身参与和想象来创造与组织游戏，这可以增强儿童的学习热情与情感体验。

其三，注重互动性与探索性体验。儿童博物馆通过"可触摸""探索性"的空间属性，鼓励儿童触摸展品，与展品互动，通过"视""听""做"的方式，在实践中获取知识。这不仅锻炼了儿童的能力，而且促进其大脑更深层次地加工所获取的信息，使其认知记忆更深刻。儿童博物馆通过展示项目向儿童提出问题，让儿童通过自主性探索来发现并解决问题。在这样探索性的过程中，儿童不仅丰富了认知体验，而且获得了成就感。

（二）儿童博物馆的发展历程

1. 国外儿童博物馆的发展历程

最早的儿童博物馆出现在美国纽约，美国是世界上拥有儿童博物馆数量最多的国家，数量已经超过 300 座。美国的儿童博物馆是极具儿童文化特色和人文底蕴的，可为世界各地儿童博物馆的建立与发展提供经验。

试验阶段：19 世纪末至 20 世纪 20 年代。1899 年，布鲁克林儿童博物馆（图 3-2）的成功创办使得美国各地陆续建立了几家儿童博物馆，如建于 1913 年的波士顿儿童博物馆（图 3-3）、建于 1925 年的印第安纳波利斯儿童博物馆（图 3-4）等。这一期间建成的儿童博物馆空间较小且展品多为自然历史标本和复制品。

图 3-2　布鲁克林儿童博物馆

图 3-3　波士顿儿童博物馆

图 3-4　印第安纳波利斯儿童博物馆

　　探索阶段：20 世纪 30 年代至 60 年代。受经济大萧条的影响，美国新建的儿童博物馆数量不多。到 20 世纪 60 年代，儿童博物馆迎来了新的变革，参观者由被动参与的角色转变为主动性角色，展览形式从"展陈"发展为"多角度互动"。波士顿儿童博物馆曾开展主题为"猜猜里面是什么？"的展览，展品都是儿童想要了解的物品，如棒球、电影放映机、面包机等，这些展品都保留实物尺寸且被从中间剖开，这样儿童既能通过外观观察物品，又能了解其内在结构，甚至触摸它们（图 3-5）。儿童不是单纯地触摸展品，而是与展品互动，这成为这一阶段儿童博物馆的主要展览形式。

　　发展阶段：20 世纪 70 年代至 80 年代。在此期间，世界各地儿童博物馆新建 50 余家，不仅数量增加，而且更加重视建筑展示。此阶段儿童博物馆的形制基本确立，此后教育学、心理学和生理学理论和观点也被融入建筑设计中。

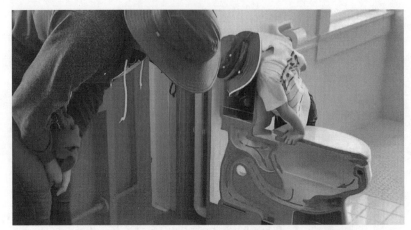

图 3-5　波士顿儿童博物馆 "猜猜里面是什么？" 展览

成熟阶段：20 世纪 90 年代至今。这一时期儿童博物馆的数量更多，展示内容和手法更成熟，也更加注重社会互动。

2. 国内儿童博物馆的发展历程

中国儿童博物馆起步较晚，经过不断的尝试，已经从无到有并形成了自己的特色。20 世纪 80 年代以来，我国博物馆相关工作人员在同国外博物馆交流的过程中，汲取相关经验，逐渐关注到儿童博物馆的发展，并尝试在国内建设儿童博物馆。

20 世纪 90 年代，我国博物馆逐渐注重参观者的需要，将重点从物转移到人。1996 年，中国最早的儿童博物馆——上海儿童博物馆（图 3-6）正式对外开放。该儿童博物馆展

图 3-6　上海儿童博物馆

区主要包括科学区、互动区、阅读区、主题区等。上海儿童博物馆是一个集知识性与娱乐性于一体的儿童博物馆。

　　进入 21 世纪，我国博物馆事业不断发展，儿童博物馆也有所发展。上海互动儿童探索馆和中国妇女儿童博物馆（图 3-7）是该时期的代表，前者为私有，后者为公有，都为我国儿童博物馆事业发展助力。上海互动儿童探索馆是我国首家儿童探索博物馆，将美国儿童早期教育理念引入中国，使儿童在博物馆空间中进行互动认知。中国妇女儿童博物馆是我国第一家以妇女儿童为主题的国家级博物馆，展馆包括妇女馆、儿童馆，其中儿童馆又分为古代儿童馆、近代儿童馆、当代儿童馆、儿童体验馆和儿童玩具馆。在此期间还有一些民办儿童博物馆和儿童机构相继诞生，虽然没有被归入儿童博物馆的行列，但是其运营模式与儿童博物馆有异曲同工之妙，如上海宝贝科学探索馆和位于北京的中国儿童中心老牛儿童探索馆。

图 3-7　中国妇女儿童博物馆

（三）儿童博物馆的现状

　　随着社会发展和科技进步，博物馆作为以学习、娱乐、教育为目的且对外开放的非营利教育场所，受到各界关注。博物馆空间设计不再简单地停留在展示功能层面，而是逐渐关注到受众群体的精神需求。在博物馆展示空间的发展上，出现从"物"到"人"的关注趋势，以及新技术融入展示互动的趋势，这是一种博物馆具身化的趋势。首先，空间的关注点从"物"转移到"人"。这一趋势主要表现在两个方面：一是以"人"为主体的转向和参观者从被动到主动的转变。博物馆力求在展示模式、展示内容和展示细节上得到突破，在向参观者传播展品信息的同时更加关注参观者在博物馆中的观展体验，将参观者在博物馆中的互动参与作为展览活动的重要环节，逐渐将参观者在博物馆中被动引导的角色转变为自主参与体验的主动角色，参观者可通过与展品互动获取认知。二是展示形式从单一到多元。在近些年的博物馆设计中，设计师逐渐摆脱文字浏览、展柜陈设等传统且单一的展示形式，尝试在博物馆中加入新兴技术，如 VR 技术。新技术的融入使得博物馆与参观者的关系发生了变化，其由单纯的认知关系升级为体验关系，可以使参观者主动且直接地认识博物馆中的物。这也间接反映了博物馆由"物"到"人"的具身化趋势。

面对博物馆展示空间的发展趋势，儿童博物馆空间同样面临挑战，更加注重儿童的主体参与感和技术创新带来的体验感。该趋势一方面和儿童博物馆以儿童为中心的特点相契合，另一方面和儿童博物馆寓教于乐的特点相匹配，使儿童能更好地在博物馆中进行互动探索，从而达到认知教育的目的。

我国儿童博物馆的设计理念较为传统，展示的手段也较单一，在展厅的布局和展项的设计上对儿童的需求考虑欠佳，所以很难调动儿童到儿童博物馆中探索知识的积极性。我国儿童博物馆数量较少，设计理念和教育理念都相对落后，主要因为博物馆领域及教育领域对儿童博物馆认识不足。我国学者宋向光先生曾表示：美国的儿童博物馆多是由儿童教育领域的专家和博物馆专业人士共同设计的，而我国目前的儿童博物馆则多是由博物馆专业人士单独策划设计，更多地从成人的视角出发，对儿童博物馆的设施和体验项目认知不足。从儿童发展的角度来看，确实有必要加强儿童博物馆的建设，并加强博物馆工作人员在相关知识上的培训，但文化观念、教育观念造成的受众需求差异才是大问题。我国儿童博物馆应关注儿童在博物馆中的探索需求，充分调动儿童在博物馆中学习的积极性，从而促进儿童的认知探索。发展儿童博物馆的空间探索性，对改善中国儿童博物馆发展现状有着积极的实践意义。

三、儿童认知与儿童博物馆的关系

儿童博物馆是为儿童身心健康发展提供服务的机构，其目的在于使儿童通过学习探索认识身边事物，进而认识世界。由此可以推断，儿童博物馆作为一个教育场所，也是儿童发展认知的途径之一。

（一）儿童认知对儿童博物馆空间设计的影响

儿童的认知发展会受到所处的空间环境的影响，同时空间环境也会促进儿童的认知发展，两者是相互联系、相互影响的。儿童博物馆的主体是儿童，儿童博物馆在展示内容和形式上都应满足儿童需求，使儿童获得良好的参观体验，所以儿童的认知结构和认知发展规律在一定程度上为儿童博物馆的展示设计提供依据。了解和掌握儿童的认知结构和认知发展规律，可以更好地将其融入和运用于儿童博物馆的设计，让儿童博物馆空间环境满足儿童认知的需求。

（二）儿童认知在儿童博物馆中的价值体现

儿童认知系统介绍了儿童的认知结构、发展阶段、特点等，对儿童博物馆而言，具有重要且积极的价值。首先，在生活水平日益提高的今天，家长更加注重儿童的教育与活动，希望孩子能够有多元化的教育活动空间。通过了解儿童认知系统，可以更准确地指出儿童博物馆的空间定位，为儿童提供一个符合他们认知需求的空间。其次，了解儿童认知系统可以促进儿童博物馆更好地进行空间的情感化设计，进而吸引儿童参观，实现对儿童的教育功能，提升儿童博物馆的社会价值，使其满足时代发展需求。

（三）儿童博物馆空间中儿童认知的形成

儿童博物馆与学校教学空间不同，它具有较为直观的展示形式，在空间形态上更为丰富多样。儿童可以通过各种感官对儿童博物馆空间各要素进行探索，进而对空间形成认知。儿童博物馆的展示形式、展示内容、空间布局等都会直接影响儿童获取的信息。儿童通过在儿童博物馆空间中进行的活动，获取环境带来的感知刺激，并逐渐形成对所在儿童博物馆空间的认知。（图 3-8）

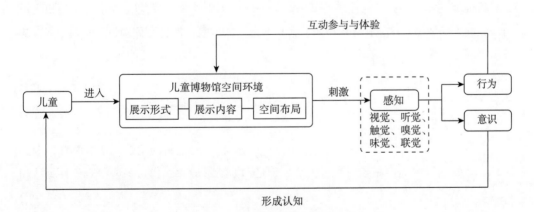

图 3-8　儿童博物馆空间中儿童认知的形成

第二节
具身认知理论与儿童博物馆空间探索性相互关系的探讨

一、具身认知理论概述

（一）具身认知理论

1. 具身认知的思想来源

中国传统哲学思想及西方古代思想都在一定程度上体现了身心观念。

在我国，春秋战国时期的众多经典著作都谈及身心关系。《墨经·经上》《老子》《庄子》《孟子》中都有对身心关系的描述，特别是《孟子》中的"故天将降大任于是人也，必先苦其心志，劳其筋骨，饿其体肤"，反映了身心的相互作用。由此看来，在中国传统哲学中，"身心合一"一直是身心关系的核心观念。

在西方，对身心关系认知的发展过程可以归纳为身心分离和以身体为中心两个阶段。柏拉图在《理想国》中提到，肉体是暂时的，而灵魂是永恒的。柏拉图将身体与灵魂分立，认为知识属于灵魂，身体是认知的阻碍。之后，笛卡尔提出"我思故我在"，宣称身体与灵魂是分离的，灵魂独立于身体外，身体在认知过程中的作用微乎其微。至此，身心分离的思想被发挥到极致，以笛卡尔身心二元论为理论核心的第一代认知科学诞生了。"离身心智""信息加工理论"是第一代认知科学的核心理论。"离身心智"将人脑的工作方式比喻成计算机的计算机制，将人的认知看作"信息加工—储存信息—回忆"的计算机运算过程，计算机的程序是事先编辑好的，当出现一些临时性问题时，计算机因没有经验而无法解决。这也就体现出第一代认知科学的局限，即过分依赖计算假设，将人脑完全等同于计算机，进而模糊了身心观念。在19世纪，身心二元论的西方哲学发生转变，身体变为研究的重点。经验主义哲学家约翰·洛克提出"知识来源于经验"，对身心二元论的观念产生怀疑，为日后具身认知理论的产生提供了思想基础。

2. 具身认知理论的产生

由于第一代认知科学存在身心分离的致命缺陷，人的主观能动性无法被解释，因此身体在认知过程中的作用被研究者关注。于是，渐渐形成第二代认知科学——具身认知理论。

埃德蒙德·胡塞尔提出了现象学理论，反对身心分离的观点。马丁·海德格尔在埃德蒙德·胡塞尔的基础上进一步发展现象学理论，赋予身体在思维中的重要地位，他认为人的心智与身体、活动、大脑息息相关，强调人通过与周围环境建立联系去认识世界。马丁·海德格尔在批判传统哲学的同时促进了具身认知理论的产生。继马丁·海德格尔后，莫里斯·梅洛－庞蒂在《知觉现象学》中提出"具身主体性"[1]的概念，并指出具身是身体与心智的有机结合，强调人与环境的互动关系，进一步奠定了身心统一的理论基础。20世纪末乔治·莱考夫和马克·约翰逊在莫里斯·梅格－庞蒂的观点之上，将人通过身体认知世界的思想进一步发展完善。至此，具身认知理论产生，并在各学科研究领域迅速发展。

具身认知理念起源于对身心关系的哲学思考，随着心理学理论的发展，具身认知得到了深化。威廉·詹姆斯提出情绪理论，认为知觉与运动相关联且涉及具身情绪，身体的变化间接影响情绪的变化。约翰·杜威的机能主义理论认为经验与理性不可分割，强调身体与经验的关系。让·皮亚杰的图式与机能主义理论、认识发生论及维果茨基的心理社会文化理论主张认知源于身体主体与环境的互动关系，詹姆斯·吉布森的5种知觉系统理论强调了人与环境交互中知觉的自然适应行为。以上思想理论促进了具身认知理论的发展。

3.传统认知主义与具身认知理论的差异

具身认知理论与传统认知主义不同，强调身体在认知中的作用，赋予身体在认知中的决定性意义，提高了身体及其活动在认知中的地位。传统认知主义与具身认知理论的差异见表3-4。

表3-4 传统认知主义与具身认知理论的差异

项目	传统认知主义	具身认知理论
理论依据	身心二元论	身体主体
身体在认知中的作用	感受器和效应器	中心枢纽
信息加工方式	人脑加工	身体加工
经验形成方式	复制	模拟

在理论依据方面，传统认知主义构建于身心二元论的基础上，认为身心分离；而具身认知理论将身体看作认知的主体。

在身体在认知中的作用方面，传统认知主义认为身体在认知的过程中以感受器和效应器的角色出现，是用来接受和传递信息的；而具身认知理论将身体看作认知过程中的中心枢纽，认知的形成来源于身体的体验及身体活动。

在信息加工方式方面，传统认知主义认为大脑通过"信息加工—符号储存—回忆再用"[2]这一过程来完成信息的加工，从而形成认知；而具身认知理论认为身体结构及身体活动在环境中的互动作用是认知形成的主要来源，信息加工是通过身体来完成的。

在经验形成方式方面，传统认知主义认为人的认知过程与计算机信息加工过程相似，人脑对信息进行复制，在此过程中没有新的图式产生；而具身认知理论认为人在认知过程中不

[1] 梅洛－庞蒂.知觉现象学[M].姜志辉，译.北京：商务印书馆，2001.
[2] 焦阳.具身认知在产品设计中的应用研究[D].镇江：江苏大学，2016.

是单纯地复制其信息，而是通过模拟的过程重新产生新的图式或者类似的信息。

我们从传统认知主义和具身认知理论的差异中可以发现，两者对人的认知过程的研究角度是不同的。从空间设计的角度来看，传统认知主义是从人脑信息加工的层面研究认知过程，这与传统博物馆空间中的浏览式、文字陈列式的单调的展览形式相契合，参观者通过信息的获取、复制，从间接经验中完成对博物馆空间的认知；而具身认知理论更加强调从身体与环境的互动中研究认知过程，这与博物馆展览形式的发展趋势及儿童博物馆的特点不谋而合，注重主体的身体体验，认为主体可以通过体验互动直接完成对博物馆空间信息的认知。

4.具身认知理论的主要观点

具身认知是一个新兴的研究领域，正处于发展阶段，在各领域中的影响越来越大，在认知科学及心理学等学科的研究中已经证实了具身认知的客观性。"具身认知不仅是一种哲学观念，而且成为明确的认知研究进路、纲领和范式。"[1] 因此，本书更倾向于将具身认知当作认知研究的范式来展开研究。

具身认知又称涉身认知[2]，认为身体在认知过程中具有重要作用，认知是通过身体的体验及身体的活动方式形成的，最初的心智和认知是基于身体主体的，心智始终是具身的心智，认知则始终与身体结构及身体活动方式有着内在关联。"认知是包括大脑在内的身体认知，身体的解剖学结构、身体的活动方式、身体的感觉和运动体验决定了我们怎样认识和看待世界，我们的认知是由身体及其活动方式塑造出来的，它不是一个运行在'身体硬件'之上并可以指挥身体的'心理程序软件'。"[3]

据上文对具身认知理论相关内容的概括，本书将具身认知理论的主要观点归纳为三点：第一，身体在认知的过程中发挥着主体性作用；第二，身体与环境的互动是认知的基础；第三，认知来源于身体在特定情境下的体验。

身体在认知过程中发挥着主体性作用，这体现了认知的具身性。认知来源于身体的体验结果，依赖于身体的生理属性、物理结构和活动方式，每个人身体生理属性的不同决定了每个人感知能力的不同，得到的认知结果也有所差异。身体不仅是认知的主体，也为认知过程提供认知内容。我们的身体及身体与环境的互动产生了最初的认知概念，如上下、前后、远近、冷热、干湿，这些都是以身体为中心产生的原始概念，身体对环境中冷热、干湿等的迥异体验也会使人产生不同认知。因此，认知与身体有关，身体在认知过程中发挥着不可替代的纽带作用。

身体与环境的互动是认知的基础，这体现了认知的互动性。具身认知理论认为认知、身体、环境是一个统一体，人的认知过程也是大脑、身体、环境的交互过程。认知产生于身体与周边环境的互动，互动促进了身体活动，而身体活动又是身体与环境共同作用的表

[1] 李恒威，盛晓明. 认知的具身化 [J]. 科学学研究，2006（02）：184–191.

[2] 孟伟. 如何理解涉身认知？ [J]. 自然辩证法研究，2007（12）：75–80.

[3] 叶浩生. 具身认知：认知心理学的新取向 [J]. 心理科学进展，2010，18（05）：705–710.

现形式，所以在认知过程中除了利用身体，还可以利用环境要素进行互动活动并形成认知。身体嵌入环境，身体和环境的相互影响是认知的基础。

认知来源于身体在特定情境下的体验，这体现了认知的情境性。认知源于身体及身体与环境的互动，而环境互动又产生于一定的情境中，具身认知中的身体离不开情境，一旦离开情境就不存在实践活动，也就没有身体与环境的交互，认知过程就不会产生，所以情境是认知和行为发生的根源，并反作用于认知和行为。因此，应将认知置于环境之中和情境的身体中，使认知的形成融于情境。

（二）具身认知理论与儿童认知的关系

1. 儿童认知具备具身性特征

首先，从儿童认知相关理论的角度来看。让·皮亚杰在儿童认知结构中提出"图式"这一核心概念，图式是个体对世界的理解、思考、感知方式。"儿童的认知图式的形成是感知运动系统作用于认识对象的结果，主客体之间以活动为中介。"[1] 儿童通过活动动作，以及同化和顺应的方式丰富图式，或通过新建图式与环境产生交互，从而使认知得到发展，这一点与具身认知理论中"身体与环境的互动是认知的基础"的观点吻合，体现了具身性是儿童认知结构的重要组成部分，进而说明了儿童认知的具身特点。让·皮亚杰儿童认知发展阶段论中蕴含认知的相互作用的理论，即认知是在主体与环境相互作用基础上的进化和历史建构，这一点同样与具身认知理论吻合，进一步印证了儿童认知的具身性特征。

其次，从儿童认知过程的角度来看。儿童的认知发生于身体与环境的互动之中，儿童接收环境中的感知刺激，并通过行为活动的方式反馈于环境，通过身体与环境的交互形成认知。在这一过程中，身体与环境之间不是单向的输出或者输入，而是一个完整且综合的认知过程。另外，儿童在认知场所中以自身为中心去感知周围的环境，虽然儿童的注意力有限，只能关注到部分的环境或环境中的部分内容而无法整体地思考，但是这并不意味着没有被关注到的环境或内容对儿童没有影响；相反，整体环境对儿童的刺激一直存在，环境间接地对儿童的认知产生影响。这些都说明了儿童认知过程中身体与环境在共同作用，儿童认知具备具身性特征。

2. 具身认知理论指导儿童的认知过程

具身认知理论强调了认知在身体结构、环境情境及相关活动的基础上形成，其揭示了知识的来源及认知的产生与发展过程，并为认知研究提供范式。这也说明具身认知理论为分析和研究儿童认知提供理论依据。具身认知理论因其独特优势成为当前国内外各学科领域研究的热点，对儿童认知发展的研究产生极大的影响。具身认知理论是指导儿童认识世界和了解世界的一种重要方式，将其作为儿童认知过程的范式，对儿童的认知发展研究具有指导作用。

[1] 胥兴春，李晴. 具身视角下儿童教育中身体的缺位与回归 [J]. 当代教育科学，2022（01）：13-22.

二、儿童博物馆的空间探索性

（一）儿童行为心理具有探索性

1. 心理特征的探索性表现

（1）不确定性心理

儿童处于成长中的初步发育阶段，由于其生理、心理认知发展不成熟及自身经验不足，因此对外界的认知停留在初步印象和简单概括的阶段。儿童可以很快地理解一个概念，但是需要成人加以引导和自身加强记忆，否则很快会被周边新鲜的事物吸引注意力。因为儿童无法独立思考并且无法很好地控制自己的情绪和行为，所以会做出成年人无法理解的行为。儿童若是被身边感兴趣的新事物吸引，则会改变原本的想法并改变行为，其心理特征具有不确定性。在儿童博物馆中，儿童被新奇的空间、展品吸引，会探索自己感兴趣的事物，但是儿童的注意力不集中，常常会被其他事物吸引，这种不确定性会使儿童在儿童博物馆空间中随意地探索。

（2）模仿心理

儿童在成长的过程中会受到外界事物的影响，如果外界事物对儿童起到引导和范式的作用，就会对儿童的认知及成长产生积极作用。儿童受外界环境影响的显著表现就是模仿。模仿是儿童探索的一种方式。例如，在生活中儿童会模仿成人的行为和语言，从而激发自身生理潜能，进而学习新技能、认识新事物，使自己快速成长。在儿童博物馆中，儿童对角色扮演等模仿类展示项目表现出强烈的参与欲望，儿童可以根据情境模仿生活中的各种角色，将自己融入故事，在满足自身情感需求的同时丰富认知。（图3-9）

（3）好奇心理

儿童情绪多样且专注力较弱，随着成长接触的外界事物越来越多，这有效激发了他们与生俱来的好奇心。儿童对生活中的一切事物都具有新鲜感和好奇心，在儿童博物馆中，儿童对于新奇的事物会不由自主地去摸、去看、去尝试，对于不理解的内容往往表现出"打破砂锅问到底"的求知欲望。好奇心是儿童求知和探索行为的驱动力，儿童如果不好奇就不会接触外界事物，不接触外界事物就无法了解事物的本质。（图3-10）

（4）游戏心理

儿童生来是好动的，是以游戏为生命的，游戏是儿童成长过程中必不可少的环节。游戏不仅能促进儿童学习，还是一种重要的认知方式。儿童通过游戏收获大部分直接经验和成长认知，在游戏中儿童主动探索自身认知以外的事物，进而锻炼并激发自身的智力、创造力、想象力、社交能力、合作能力等。儿童在儿童博物馆中会根据空间中的内容自发地组织游戏，游戏的对象通常是展项或同伴。儿童在游戏的过程中探索未知，通过自身参与游戏直接了解儿童博物馆中传达的信息。（图3-11）

图 3-9　儿童博物馆中参与角色扮演的儿童

图 3-10　儿童博物馆中好奇的儿童

图 3-11　儿童博物馆中游戏的儿童

2. 行为特征的探索性表现

（1）随意性行为

由于儿童受强烈好奇心的影响，因此他们思维活跃、行为多变，具有好动且随意的行为特点。儿童时常受到外界环境的影响，外部环境中有趣的声音或者事物都会引起他们的注意。但是儿童的注意力不集中，所以他们的行为活动具有随意性特点，没有规律可循。儿童在儿童博物馆空间中探索时，会被各种有趣的展览活动或者展览内容吸引，会在与一个展项互动时突然被另一个有趣的展项吸引，而去与另一个展项互动。这种随意性特点使儿童在博物馆空间中的探索行为更加自由、主动，认知更加丰富、多样。

（2）聚集性行为

儿童的行为受到意识的影响，渴望融入各群体中并和他人友好交往。儿童喜欢热闹及团队游戏，丹麦建筑师扬·盖尔认为，儿童更希望待在有大人的房间或者有同伴的房间，而不是独自待在一个只有玩具的房间。这也表明儿童本身具有群体性特点，因而他们的行为具有聚集性。在儿童博物馆空间中，当儿童发现其他同伴聚集在一起游戏时，会被他们吸引，并在从众心理的影响下参与到聚集性游戏当中，与同伴一起探索儿童博物馆空间。此外，儿童更喜欢和同龄或者同性别的伙伴聚集，因为他们的认知水平相当，行为方式、心理特征接近，容易产生共鸣，在观点上易达成一致。（图 3-12）

图 3-12　儿童博物馆中儿童的聚集性行为

（3）象征性游戏行为

儿童生来就有游戏心理，他们通过游戏探索认知，象征性游戏行为是儿童游戏心理的外化，这种象征性游戏可以是角色扮演游戏等。儿童在博物馆空间中通过游戏实现自我满足，同时完成探索认知的任务。

（4）探索性行为

儿童的探索性行为是儿童强烈好奇心的产物，好奇心使儿童对周围环境中的事物敏感，从而产生探索空间的欲望，引发探索性活动，在探索中获取新的知识，提升自身认知能力和丰富自身认知结构。在儿童博物馆中，儿童的探索性表现在空间中的游戏、与展品的互动等方面。儿童的探索性使其在儿童博物馆空间中以一种"冒险"的心理探索新天地。（图3-13）

图3-13　儿童博物馆中儿童的探索性行为

（二）儿童博物馆空间具有探索性

儿童博物馆作为教育场所，承载着供儿童学习、娱乐等功能。出于好奇心理、游戏心理，儿童在儿童博物馆空间中通过游戏、交往来探索未知事物，从而丰富认知。儿童博物馆空间综合了学习与娱乐功能，通过游戏活动激发儿童的探索性行为，帮助儿童通过探索周围环境来满足自身需求。上文阐述的以儿童为中心、强调趣味性学习与寓教于乐、注重互动性与探索性体验的儿童博物馆特点，在一定层面上说明了儿童博物馆空间具有探索性。对儿童博物馆空间的探索性分析见表3-5。

表 3-5　对儿童博物馆空间的探索性分析

角度	探索性体现
空间功能	学习与交流
展示形式	参与体验
展项内容	互动思考

1. 空间功能的探索性——学习与交流

儿童博物馆是一个通过各类展览及活动激发儿童的好奇心、提升儿童探索与求知热情，从而促进儿童身心健康发展的机构。它的本质是将空间设计与儿童教育结合，使儿童能在空间中学习与交流。学习与交流是儿童认识与探索世界的方式，因此儿童博物馆空间功能具有探索性。儿童博物馆是一个以儿童为主体的空间，其从儿童的视角出发，为儿童打造一个无拘无束、自由自在的空间环境，儿童可以全身心地投入探索学习。儿童通过自身探索、与同伴的交流学习知识、增长经验，从而促进认知发展。（图 3-14）

图 3-14　儿童博物馆空间功能的探索性

2. 展示形式的探索性——参与体验

儿童博物馆的展示形式与传统博物馆非触摸浏览式的展示形式大不相同，其更加注重儿童的参与性与体验感，这种展示形式对儿童来说具有一定的探索性。在儿童博物馆中，参与体验让儿童置身于空间，并在与空间的互动过程中获取直接经验，进而丰富体验感，激发求知欲望。例如，儿童博物馆中的角色体验类展项能够使儿童参与到展项的情境中，体验不一样的趣味人生。（图 3-15）

图 3-15　儿童博物馆展示形式的探索性

3. 展项内容的探索性——互动思考

儿童博物馆在教育的过程中注重儿童的独立探索和分析发现，强调对儿童在博物馆中的体验式教育。儿童博物馆中非常普遍地设置了"提出问题"的展项内容，在展示的过程中向儿童提出问题，而不是直接向儿童提供问题的答案，儿童想要获取答案必须与展项互动。这样"提出问题"的展项内容调动了儿童在互动中思考的积极性，是儿童博物馆空间探索性的体现。展项内容包括展项主题和展品主题。展项主题的探索性主要体现在主题式"舞台"，让儿童通过扮演各类角色来发现问题、思考问题。例如，芝加哥儿童博物馆中设置有"发明实验室"展项，儿童在其中换上医生的装扮模拟实验故事场景，探索医学、力学等方面的知识，还可以通过自己的想象进行发明创造（图3-16）。展品主题的探索性表现在儿童博物馆的互动中，儿童通过动手操作、互动实验的方式思考问题、获取认知。儿童博物馆的展项内容不是让儿童被动地接受知识，而是让其主动思考，在互动中探索认知。（图3-17）

图 3-16　芝加哥儿童博物馆"发明实验室"展项

图 3-17　儿童博物馆中展品主题的探索性表现

三、具身认知理论与儿童博物馆空间探索性的关系

（一）具身认知理论与儿童探索性的关系

1. 儿童心理促进身体认知

儿童的不确定性心理、模仿心理、好奇心理和游戏心理引发了儿童在环境中的一系列行为活动。具身认知理论认为认知与身体的位置或活动有关，身体在认知过程中发挥着不可替代的重要作用，儿童心理的探索性引发儿童行为，而儿童行为使儿童通过身体与环境产生联系与互动，并在互动中获取信息，丰富认知。这种互动在一定程度上触发感知系统，包括视觉、听觉、触觉等，而感知隶属身体系统。儿童心理促进儿童行为发生，儿童行为促使儿童与环境互动，互动促进身体认知，三者是相互依存的关系。例如，儿童在儿童博物馆空间中发现新鲜事物，会在好奇心理的驱使下摸一摸、看一看，这一过程就调动了触觉、视觉，儿童先通过身体感知获取环境中的信息，再通过大脑对信息进行整合同化，最终获得认知。儿童的模仿心理促使儿童在生活中模仿成人的语言和行为，形成新的经验和情感，这也是促进身体认知的一种表现。因此，儿童心理的探索性促进身体认知是具身认知理论与儿童探索性的关系的体现。

2. 儿童行为促进环境探索

儿童行为是儿童在好奇心的作用下、在新奇环境的刺激下作出的反应。儿童从环境中通过自身的行为汲取所需的知识，并在环境中发挥随意性、聚集性、探索性、游戏性等行为特征，与外界环境产生联系，并在此过程中完成自身与环境的互动。儿童在互动中按照自己的思维方式不断地探索并获取环境中的信息，丰富自身认知，提升自身各方面的能力。具身认知理论认为身体嵌入环境，身体和环境的相互影响是认知的基础，强调了环境与认知的不可分割性，而儿童与环境的互动基于行为活动，所以儿童的行为与环境探索息息相关，是两者互动的结果，环境对儿童行为一定程度上起着引导的作用，儿童行为也促进其与环境互动。例如，在儿童博物馆空间环境中，儿童通过与空间环境中的展品互动，调动自身的感知觉，在互动中将感知转化为行为和意识，在博物馆空间环境中互动体验并形成认知，完成在环境中的探索；儿童的游戏性行为同样促进了儿童对博物馆空间环境的探索，儿童在儿童博物馆中与同伴的聚集性游戏及基于展项的自发性游戏，所引发的社会交往及摆弄展品等表现，都是儿童通过行为与环境互动的结果，可以促进儿童探索和认知环境。根据上述分析，我们可以直观地发现，具身认知理论与儿童探索性的关系也体现在儿童行为的探索性促进环境探索方面。

（二）具身认知理论应用于儿童博物馆空间的必要性

博物馆是一个教育场所，参观者可从其中获取信息从而丰富认知。儿童是儿童博物馆的教育主体，儿童在儿童博物馆中得到的教育备受关注。儿童在儿童博物馆中如何进行认

知探索值得我们思考，而将具身认知理论与博物馆空间设计融合，将儿童参观者置于一个具身探索与发现的"学习过程"是一个不错的选择。

1. 具身认知理论在博物馆教育形式中的优势

通过对博物馆教育历史的追溯，我们可以发现 3 种主要的形式。这 3 种形式有各自的认知背景，并且在人类认知观的发展过程中可以找到它们各自的原型。

第一种形式最古老且最广泛，基于经验论，以直接传递知识为模型基础。这种形式在博物馆中表现为：博物馆中的各个要素与参观者之间是一种单纯的发送信息和接收信息的直线关系。博物馆中的要素主要包括展板、放在玻璃展柜中附有文字说明和图解的实物展品、场景及视听手段等。（图 3-18）

图 3-18　博物馆的传统展示形式

第二种形式形成于 20 世纪 50 年代，基于行为主义，以学习层面的"培训"为基础。它提倡以条件约束和激励强化的思想为后盾，使行为通过问题和练习表现出来；强调外部环境能对行为模式产生影响，行为模式在外部环境的影响下，或得到强化，或受到约束，或表现为积极，或表现为消极。这种形式在博物馆中主要表现为"按键式"展示模式，通过环境的强化引导参观者作出相应的行为模式，对参观者来说在某种程度上属于一种被动的认知学习，如圣迭戈音乐制作博物馆的"按键式"展示情境。（图 3-19）

第三种形式是最近兴起的一种形式，基于建构主义。这种形式考虑到参观者的需求及兴趣，方便参观者在博物馆中自由地学习和表达，提倡参观者在博物馆中进行展示、创造等自我探索，同时为参观者提供对自我探索进行检验的机会。这种形式被系统地运用于儿童博物馆中，向儿童提出问题，引导儿童通过自己的方式找出解决问题的方法并形成自我认知，如印第安纳波利斯儿童博物馆、布鲁克林儿童博物馆会通过组织课程活动引导儿童进行自我探索。（图 3-20）

图 3-19　圣迭戈音乐制作博物馆的"按键式"展示情境

图 3-20　布鲁克林儿童博物馆的课程活动

对比以上 3 种博物馆的教育形式及其认知背景，我们可以发现，前两种形式没有把儿童这一"学习主体"作为教育形式设置的主要参考条件，而是将其置于无关紧要的地位，没有充分考虑儿童的需求、兴趣、意愿及目的，而是强调一种被动式的认知学习。因此，采用这两种形式的博物馆的学习环境枯燥、学习过程乏味，无法激发儿童的学习积极性，无法使儿童进行较为复杂的认知活动。而第三种形式将"学习主体"作为教育形式设置的主要参考条件并放在重要位置，考虑到儿童的需求，为儿童提供自主学习的条件，较前两种形式而言更主动。因为这种形式基于"建构主义"，所以其表现为个体事先拥有的经验和知识是学习过程的决定性因素，知识是通过行为活动获取的，学习就是一种行为能力，而这种能力与个体已有的经验有着密切的联系。在博物馆发展中，以上 3 种形式都取得了前所未有的成功，博物馆如此，儿童博物馆亦如此，因为儿童博物馆属于博物馆范畴。我们还需要将具身认知理论作为一种范式引入儿童博物馆空间中吗？面对这个问题，我们需要思考具身认知与行为主义和建构主义的本质区别（图 3-21），了解具身认知理论对儿童博物馆空间的独特优势。

	行为主义	建构主义	具身认知
现实世界	·外化于认知主体 ·结构由实体、属性和关系决定 ·结构可以模型化	·由认知主体决定 ·依赖人的心理活动 ·符号程序构造现实 ·结构依赖于经验/解释	·我们和世界是相互指定的 ·现实依赖于决定意义的认知主体意识
心智	·符号处理器 ·大自然的镜子 ·操作符号的抽象机器	·符号生成器 ·大自然的观察者/翻译 ·构建现实的概念体系	·置于日常经验中 ·与自然界不可分离 ·头脑解释并影响自然界
认知	·机构主义解释 ·由外部现实支配并反映外部现实 ·精神独立于物质 ·行动是唯一的认知	·机构主义解释 ·认知是个人主观经验的组织的解释过程 ·精神独立于物质	·生物学解释 ·认知是一个复杂的过程，该过程生成心智和世界 ·心理和身体是分不开的合作演变
知识	·外部 ·是一个可获取的"东西" ·知识是智力的 ·不考虑情感	·内在的自我，内部嵌入 ·是一个"东西" ·由学习者建构 ·认知/意识的知识 ·知识是精神和物质的，但本质上是人类的 ·不考虑情感	·既不是内部，也不是外部的，视情况而定 ·不是一个"东西"，而是一种可能性 ·知识从我们不断发展的解释中涌现 ·包括认知和无意识的知识 ·知识是精神的和身体的，不限于人类 ·会意是知识，包括情感

图 3-21　行为主义、建构主义及具身认知比较

根据以上比较，我们可以发现具身认知的独特性。与行为主义不同，具身认知关注行为是因为行为与心理有着密切关联，而不是因为行为是唯一的认知；行为结果是在"系统—学习环境—合作"中不断演变的，无法预测和确定。建构主义和具身认知在平行层面有很多相似点，但是它们在本质上是不同的。建构主义主要强调以认知主体为中心的活动并通过特定的环境对认知主体的学习过程进行引导，是一种指定的构建，同时建构主义强调对个人经验的多元化解释。具身认知反对建构主义线性且单向的认知发展，它强调多元的环境构成，认为学习是多维度的，认知通过心理与身体的合作生成。在具身认知强调的这种多元的环境下，认知主体易产生"选择困难"，而这种未知、不确定的状态对认知主体来说是具有挑战性的，可以激发认知主体探索的积极性。可以看出，在具身认知视角下的博物馆的学习过程不会是单向的、枯燥乏味的，而是多元的、丰富的、复杂的、合作的。

2. 儿童博物馆空间践行具身认知理论的意义

在了解具身认知理论对儿童博物馆空间的独特优势后，我们需要明确儿童博物馆的学习特点、具身认知理论对儿童博物馆空间探索性的重要实践意义。若我们再次观察儿童博物馆的学习特点，会发现儿童博物馆是践行具身认知理论最合适的场所。传统的课堂教学及传统的博物馆往往通过先定的建构和线性形式来控制学习过程，忽略了儿童的意愿和体验，导致儿童只能通过别人的描述和总结来获取间接经验，并不能通过亲自探索获取直接经验，这种被动地学习过程往往不能调动儿童学习与认知的积极性，也导致

儿童不能对得到的知识进行深刻理解，从而不能真正地完成知识的建构。儿童博物馆空间作为儿童获得直接经验的场所，在认知与学习上有十分明显的优势。儿童博物馆的学习特点在于：第一，儿童博物馆的学习不同于学校正式教育体系下的学习，其学习是非强制性的也是非正式的，不强制儿童学习。儿童博物馆面向儿童开放，不同于学校教育中先定建构的学习，而是强调以儿童为主体，尊重儿童的兴趣和成长需求，遵循儿童的行为心理和认知模式，不要求也不引导儿童参观展馆，儿童在儿童博物馆中的认知学习完全取决于自己的兴趣和意愿，是一种自主选择的趣味性认知学习。儿童博物馆以儿童为主体和趣味性学习的特点，与具身认知理论中将认知主体放在主体地位的观念相契合。第二，儿童博物馆空间与儿童平时学习的二维书本不同，它是一个三维立体的学习空间，儿童博物馆需要调动儿童身体的活动，儿童身体的活动会与环境产生互动，这体现出儿童博物馆注重互动体验的特点，这一特点是对具身认知理论中"认知来源于身体与环境的互动"的完美诠释。第三，在儿童博物馆空间中的学习（包括阅读文字、听讲解、趣味游戏、展品互动、情境体验等）是综合性的学习活动，其中阅读文字和听讲解只是辅助的学习活动，趣味游戏、展品互动、情境体验才是主要的学习活动。通过上述对比和阐述我们可以发现，具身认知理论强调和倡导的学习过程不仅与儿童博物馆的学习特点在诸多方面相契合，而且有很多方面值得儿童博物馆借鉴，所以具身认知理论与儿童博物馆之间有对话的必要性。

在学校的正式教育中，儿童通过书本、教师总结、教学内容的先定建构获取知识，但他们必须学会在探索中学习。在具身认知理论的指导下，儿童博物馆为儿童认知学习提供场所。具身认知理论的学习范式与学校教育先定建构的学习范式不同，它强调了直接经验的重要性，且认为在认知过程中身体、环境、情境共同发生作用。这种具身学习是环境教育中不可缺少的一环，也符合儿童的学习模式。在具身认知理论范式的指导下，儿童在儿童博物馆空间中可以更好地通过身体、身体与环境的互动及情境体验去感知这个现实世界，并从中获取直接经验，经过接受、反应、判断、思考进行提炼、升华，对自己的原有图式进行同化、顺应、平衡，最后形成认知并丰富自己的原有图式。在具身认知理论的指导下，儿童博物馆将儿童置于一个用身体探索、与环境互动的学习过程，向儿童展示具有未知挑战和身体"任务"的博物馆空间，在这样近乎无意识的、探索的学习过程中，儿童可以在获取认知的同时发现一套属于自己的认知规律和行为习惯。这段经历将深刻地影响儿童日后的行为与心理，可以理解为具身认知理论对儿童博物馆空间的实践意义。

第三节
儿童博物馆空间探索性相关理论探索与设计实践

一、儿童博物馆空间探索性在具身认知理论下的体现

儿童博物馆空间探索性包含儿童行为心理的探索性和儿童博物馆空间的探索性。儿童心理促进身体认知，儿童行为促进环境探索，这与具身认知理论中强调的认知过程中身体的主体作用、身体与环境的互动是认知的基础的观点完美契合。儿童博物馆空间具有探索性，其展示内容、展示形式中的情境体验丰富了儿童在博物馆空间中的环境互动，这与具身认知理论中认知来源于身体在特定情境下的体验的观点吻合。以上分析表明，儿童博物馆空间探索性与具身认知理论的观点耦合，现将儿童博物馆空间探索性在具身认知理论下的体现归纳为 3 个方面：身体的认知探索、环境的认知探索和情境的认知探索。

（一）身体的认知探索

1. 儿童博物馆空间注重儿童的身体属性促进身体的认知探索

儿童博物馆以儿童为主体，处于空间中的儿童身体并不是简单的视域结构，而是带着某种特定任务在情景和背景视域中出现。具身认知理论强调身体在认知过程中的主体作用。儿童的身体决定其对博物馆教育空间及展品的理解，儿童博物馆空间在设计的过程中充分考虑到儿童身体的物理属性，在展示空间中注重儿童的心理和身体尺度，符合儿童的行为心理特点，从而使儿童的身体可以更好地融入整个空间，在满足物理需要的基础上完成儿童身体的认知探索。儿童博物馆与传统博物馆不同，其将陈列式展示模式转变为触摸体验式展示模式，符合从"物"到"人"的博物馆空间发展趋势，这一趋势也是儿童博物馆空间在具身认知理论指导下鼓励通过身体进行认知探索的体现。

2. 儿童博物馆空间调动儿童的身体感知促进身体的认知探索

具身认知理论认为身体不仅是认知的主体，而且为认知过程提供认知内容，这为博物馆空间实践提供了设计依据。认知来源于身体的体验结果，依赖身体的生理属性、物理结构和活动方式，每个人身体的生理属性和物理结构存在差异，这决定了每个人的感知能力不同，所得到的认知结果也存在差异。在上文对儿童博物馆空间的探索性的分析中，探讨出儿童行为心理和儿童博物馆空间均具有探索性。儿童通过行为活动在儿童博物馆空间中接受刺激并作出反应，而这一过程其实就是身体通过知觉系统感知空间内信息的过程。因

为每个儿童都是独一无二的个体，他们的身体属性、感知能力存在差异，所以即使都通过知觉系统获取认知，其认知结果也存在差异。儿童在与儿童博物馆空间中的展项、展品互动时调动了身体系统中的知觉，包括视觉、听觉、触觉等。儿童通过不同的知觉接受外界刺激并获取信息，且不同知觉之间相互作用、相互影响，促使儿童完成在儿童博物馆空间中的认知探索。根据上述分析和探讨可知，在儿童博物馆空间中儿童的身体具有三重含义：儿童身体是知觉的生命体、儿童身体是行为活动的生命体、儿童身体是认知的生命体。在儿童博物馆空间中的展示内容、展示形式、空间功能等探索性要素，给儿童身体带来刺激从而引发儿童在空间中的知觉感受和行为活动，儿童通过行为活动在空间中获得互动体验并对空间产生认知，由此儿童身体与儿童博物馆空间之间形成了感知层、行动层、体验层和认知层。

感知层：身体在儿童博物馆空间的刺激下产生对空间和展品的感受。

行动层：身体的知觉系统在儿童博物馆空间中的被动性职能的使用，引发了儿童在儿童博物馆空间中的行动。

体验层：身体对儿童博物馆空间的主动感知、运动使儿童生成对儿童博物馆空间中环境及展品的了解。

认知层：身体经验促使儿童对一定的事物产生认知，并在无意识中作用于儿童对空间及展品的理解。

身体决定了儿童对儿童博物馆空间的理解，身体在认知过程中的主体地位也是具身认知理论所持有的态度。儿童博物馆空间符合儿童的物理身体属性、行为心理模式，便于儿童融入空间进行认知探索。儿童博物馆在展示空间中通过环境刺激儿童身体作出行为反应，从而促使儿童调动自身的知觉系统来形成身体在空间中的认知。以上两点都是儿童博物馆空间中儿童身体的认知探索在具身认知理论下的体现，儿童博物馆作为教育场所，为儿童提供认知空间，为其身体提供认知场所，并通过各身体要素使儿童在该空间中获得认知。

（二）环境的认知探索

环境对博物馆空间来说是一个极为重要的组成部分，无论成人还是儿童，无论受到文化的影响还是受到社会背景的影响，个体只要进入博物馆空间，都会在不同程度上受到其环境的影响。博物馆空间的建筑、气氛、味道、声音都会给人带来不一样的"感觉"，这种感觉是空间环境对个体影响的表现。具身认知理论认为身体与环境的互动是认知的基础，环境是认知过程的一部分。环境不仅可以促进认知过程，还影响个体获取信息、交流、处理问题的方式。由此看来，环境与博物馆空间和具身认知理论之间都具有不可分割性。儿童博物馆作为一个教育场所为淡化儿童与展览间无形的界限提供场域，它的环境更加注重儿童身体的属性及儿童的感知、情绪、动机，使儿童舒适、自由地进行认知学习；其空间环境中的展示要素及内容丰富多变，便于每个儿童融入并沉浸其中，在互动体验的过程中获取认知。因此，具身认知理论对儿童博物馆空间的影响表现在环境的认知探索上，可以从儿童博物馆空间环境的舒适性和互动性促进环境探索两个方面进行剖析。

1. 儿童博物馆空间环境的舒适性促进环境的认知探索

具身认知理论强调身体在认知过程中的重要作用，同时强调了环境对认知的作用。因为在儿童博物馆空间中儿童是认知主体，所以儿童博物馆从儿童的视角出发，充分考虑儿童的物理身体属性、儿童的行为特点和心理特征，其空间环境中的空间动线、环境色彩、展示内容、活动主题等要素也都是以儿童为中心设计的，目的在于为儿童打造一个毫无拘束、自由自在、舒适的空间环境，促进儿童更好地融入环境并在环境中进行认知探索，这间接体现了具身认知理论中关于环境的观点。儿童在符合自身需求的儿童博物馆空间中通过模仿、聚集、游戏、探索等行为全身心地投入探索学习的活动当中，通过自身行为与儿童博物馆空间环境进行交流并获取认知。

2. 儿童博物馆空间环境的互动性促进环境的认知探索

具身认知理论认为认知产生于身体与周边环境的互动。儿童博物馆的最大特点就是其区别于传统博物馆的浏览式展示模式，这种展示模式提倡动手体验，进一步调动了儿童与儿童博物馆空间环境之间的互动。在儿童博物馆空间中，环境的互动性主要表现在儿童与展品的互动上，儿童博物馆中的互动性展品包括科学展区的可操作器械、手工活动区的工具、游戏体验区的模拟展品，以及新媒体互动装置等，儿童博物馆中展品内容的可触摸性和体验性让儿童充分参与和沉浸到博物馆展项之中，调动儿童发现新事物的积极性，在此过程中让儿童收获快乐并完成对环境的认知探索。

（三）情境的认知探索

在博物馆空间中，环境的舒适性和互动性拉近了参观者身体与整个博物馆空间的距离，也是避免参观者因为各种身心不适而逃离博物馆空间的基本要求。博物馆空间中情境的存在则是为了更好地消除参观者与博物馆之间的无形壁垒。在博物馆的情境中，参观者可以充分融入展览，被质问、被关联，这样可以充分激发参观者的好奇心、调动参观者参与展览的积极性，在情境中通过对展示内容的延伸、联想、隐喻来间接突出展示的主题，从而在丰富博物馆空间展示内容、环境情境的同时模糊参观者与博物馆空间之间的界限，使参观者全身心地投入环境乃至大情境中，为参观者在博物馆中获取认知提供便利条件。情境中的情感元素会引发参观者的共鸣。在博物馆空间中，情感元素包括展示的文字、空间中的色彩、展示环境的氛围等，这些不同的情感元素在情境中给参观者带来不一样的身心感受，参观者产生的情绪赋予展示的内容和信息新的意义，情绪促进参观者对信息的筛选及获取。由上述分析我们可以看出情境对博物馆空间的重要性，同理情境也是儿童博物馆空间中不可忽视的一部分。具身认知理论提出认知来源于身体在特定情境下的体验，儿童博物馆可以据此进行空间设计。儿童博物馆空间受具身认知理论影响表现为儿童博物馆空间的情境活动促进情境的认知探索和情感元素促进情境的认知探索两个层面。

1. 儿童博物馆空间中的情境活动促进情境的认知探索

具身认知理论认为认知源于身体及身体与环境的互动，而环境互动又产生于一定的情境之中，具身认知中的身体离不开情境。根据前文中对儿童博物馆空间探索性的分析可知，儿童博物馆空间中的展示形式和内容具有探索性，这种探索性体现在儿童的参与体验上。儿童博物馆空间与传统博物馆空间最大的不同就在于其设置了情境活动类展项，这类展项还原生活中的真实场景，儿童通过模仿、游戏、角色扮演等方式参与其中，在情境中产生与环境的互动体验。儿童博物馆空间的情境营造了独特的气氛和情绪化语境，儿童亲身参与到展项的情境中，获得独特的展览体验，并在情境互动中获取认知。

2. 儿童博物馆空间中的情感元素促进情境的认知探索

儿童博物馆空间中的各个情感元素相互作用、相互关联、相互叠加，它们共同构建了一个完整的情境。儿童博物馆中的光、声、色、图文、展品都属于空间中的情感元素。儿童博物馆空间中明朗的色彩给儿童带来最直接的感官刺激，满足儿童身心需求的颜色可以调动儿童在环境情境中探索的兴趣。儿童博物馆在图解与文字注解方面也区别于传统博物馆，它变枯燥的冗长的注解为轻松的趣味的卡通图案与简练文字，更符合儿童的认知特点，以满足儿童情感需求为前提，方便儿童在情境中潜移默化地进行新知的学习。儿童博物馆中的互动性展品，促使儿童动手体验并在游戏中进行探索。儿童在游戏中获取快乐情绪，在与展品的互动中产生情感共鸣并通过身体获取认知。众多空间中的情感元素叠加组合形成空间氛围，儿童博物馆中展示环境的氛围充分照顾到儿童的行为特征、心理特点、兴趣爱好及认知需求。儿童博物馆空间通过对情境中氛围的营造，使儿童产生喜悦、轻松、难过或紧张的情绪。情绪是儿童在情境中产生认知的前奏，儿童博物馆空间在满足儿童情感需要的同时使儿童通过环境互动产生认知，促进儿童在情境中进行认知探索。

二、国外儿童博物馆空间探索性在设计实践案例中的体现

（一）波士顿儿童博物馆

波士顿儿童博物馆建于 1913 年，在之后的百余年时间里，它因生动、自由、直观、寓教于乐的展示方式而深受儿童的欢迎。波士顿儿童博物馆虽然不是最早的儿童博物馆，也不是最大的儿童博物馆，但是它始终站在儿童博物馆发展与变革的前沿，其发展理念和发展方向基本代表了近些年儿童博物馆特别是大型综合性儿童博物馆的理念与发展方向。

波士顿儿童博物馆可以说是一座儿童教育体验中心——"沉浸式地玩耍+思维习惯引导及养成"。不同于传统的博物馆，波士顿儿童博物馆中的展览活动和内容以儿童为主体，具有很强的互动性，启发儿童在游戏中获取认知。波士顿儿童博物馆在诸多方面体现了具身认知理论。

波士顿儿童博物馆有4个楼层，其中包括各种功能分区（图3-22）。该博物馆的展示内容丰富，常设展览有21个，展示内容集中在科学、文化、健康、艺术等领域。各楼层的展品及活动适合不同年龄阶段的儿童，从初学走路的婴儿到十多岁的儿童及更大一些的孩子都能从中找到感兴趣的内容从而获取认知。在博物馆中，大多数展品是可触摸的，儿童可以攀爬楼塔；可以走上摆放着馅饼般大小的硬币和小船般大小的电话机的巨大桌子；可以登上一座三层的被剖开的楼房；可以脱鞋进入有厨房、庭院的日本住宅；可以在泡泡馆中制作和玩耍泡泡；可以走进医务室通过X射线观察折断的胫骨，或是观察牙医诊所里的每件医疗器械，或是尝试使用假肢、轮椅、盲人打字机；可以在超市里扮演收银员和顾客，或是在理发店扮演发型师；等等。

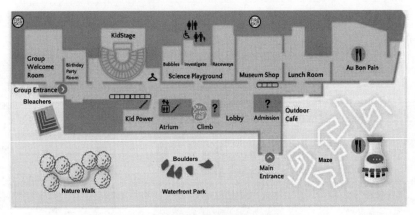

图3-22　波士顿儿童博物馆功能分区

1. 波士顿儿童博物馆空间探索性在身体体验中的体现

在波士顿儿童博物馆大厅，有一个三层楼高的攀爬式迷宫楼塔（图3-23），这个楼塔由防护网、管道和各种形态的爬行板搭接而成，其外表看起来乱糟糟的，攀爬板的设置没有任何规律可循，也没有固定的活动路线，儿童在其中的活动全靠自己的探索。在这个展项装置中，儿童根据自身兴趣、按照自己的意愿通过身体的运动去发现和探索，特别是初学走路的儿童可以在探索的过程中刺激身体的知觉。这个展项装置协助并鼓励儿童爬到楼塔顶部，儿童在楼塔顶部可以俯瞰波士顿城市的全景，既培养儿童坚持不懈的精神，又使儿童通过身体进行认知探索。

泡泡展区（图3-24）是该博物馆中永不过时的展区，对儿童极具吸引力。在这里，儿童可以穿上博物馆提供的防水服，利用各种工具，制造大小不同、形状各异、色彩缤纷的泡泡，还可以玩泡泡、破坏泡泡。儿童在动手的过程中与泡泡互动，在玩耍中了解泡泡是

图 3-23　攀爬式迷宫楼塔

如何形成的。波士顿儿童博物馆为了更好地引导儿童，还介绍了"思维习惯四步骤"：观察、思考、提问、实验（图 3-25）。泡泡展区的墙面上随处可见小贴士，上面有一系列问题引导儿童探索如"有没有看到不同形状、颜色、大小的泡泡？""想象一下泡泡什么时候会破？""怎样才能把泡泡放在手里呢？"等问题，使儿童通过自己思考做一些不同的尝试，探索一些新东西，培养儿童自我思考能力的同时丰富其认知。

图 3-24　泡泡展区

图 3-25　思维习惯四步骤

2. 波士顿儿童博物馆空间探索性在环境互动中的体现

博物馆内最壮观的展品是"爷爷奶奶的房子"——一个被剖开的三层楼房（图 3-26）。这间房子包括摆满古香古色摆件的起居室、厨房，一个暴露在外面的地窖，以及一个三角形的阁楼。因为三层房屋被剖开了，所以参观者可以从外部清楚地观察到房屋的内部结构。此外，儿童还可以通过地上的孔洞观察房屋地下的煤气管道和排水管道，从而了解这

图 3-26 "爷爷奶奶的房子"

些所谓的"城市血管"。这一展区展览了波士顿儿童博物馆的标志性展品，它以一种直观的方式向儿童展现了我们日常生活中的房屋的内部与外部结构。它并非一个单纯的展品道具，不仅仅只能观看，还能让儿童在其中行动穿梭从而发现隐藏在房屋地下的各种管道，以一种更立体的方式认识房屋。除此之外，儿童还可以使用家庭用具，或从皮箱里扒出早已过时的衣服和服饰，将自己打扮成想象中的情境人物。儿童在该展区通过行动探索及与房屋的互动，不仅能了解房屋的纵向结构，还能知道那些平日里家长费尽口舌也解释不清的问题，如"煤气从哪里来？""废水去了哪里？"等与生活相关的问题。

3. 波士顿儿童博物馆空间探索性在情境活动中的体现

波士顿儿童博物馆的另一特色展示是一座有着 150 年历史的日本手工艺人的住所和日式店铺（图 3-27）。这座建筑被拆解后，从日本运输到波士顿儿童博物馆，再由东京聘请来的专业人员复原组合而成。它坐落于一个极具日本风情的街道情境展区，街道沿边的房屋与其相呼应，在这里儿童可以进入日本屋中，触摸屋内丝绸质地的日本和服、跪坐在纯日式的榻榻米上，在情境中体验日本风情的文化生活。与其类似的还有一个介绍北美印第安人生活的展区，展区的一侧是一个可以容纳 8～10 名儿童的印第安人部落居住过的茅草屋，另一侧则是一间印第安人居住的现代板房，通过情境对比的方式展现印第安文化的发展与变化。该博物馆直接将原址建筑搬运过来，通过情境的展示，在保留原始建筑风貌的同时调动儿童与环境互动的积极性，使儿童了解情境中传达的信息，解决了以往人们很难向儿童解释其他民族或国家生活习俗与文化的问题。

波士顿儿童博物馆中还有一些其他展区也是在情境中探索的体现。例如，在"如果你身有残疾"展区，儿童可以体验残障人士的生活。儿童在这个展区中将自己想象成残障人

图 3-27　日式店铺

士，与展区中的展品设施互动，通过穿戴假肢或推动轮椅体验残障人士的运动状态。该展区设置的目的是在儿童幼小的心灵中培植起对残障人士的体谅和关心。该博物馆中还有模拟超市（图 3-28）、模拟医务室、模拟理发店（图 3-29）等展区，模拟生活中的不同场景，激发儿童在博物馆中参与互动的积极性，使其在角色扮演的过程中了解不同的职业，同时认知相关领域的生活常识。

图 3-28　模拟超市　　　　　　　　　　图 3-29　模拟理发店

在波士顿儿童博物馆中，展览内容和活动有一个共同特点：不需要工作人员的引导和讲解，儿童可以迅速地进入情境环境中并毫无障碍地玩耍起来，在玩耍过后还能获取认知。该博物馆秉持"做中学"的教育理念，它的多感官的、动手操作的、活跃的、以儿童为中心的环境，使儿童可以自由地探索、克服未知的恐惧并与他人一起玩耍。在玩耍的过程中，儿童的自我认知、社交能力都得到了提升。"做中学"的教育理念，强调儿童的自我学习和诠释，综合了多个学科的学习内容，使儿童得到全面发展；同时，强调环境在学习拓展中的重要性并充分体现具身认知理论的相关观点，在儿童认知与博物馆空间之间建立了良好的关系。

（二）康涅狄格州儿童博物馆

美国康涅狄格州儿童博物馆又名"想象"博物馆，成立于 2001 年，是一家非营利性机构，主要面向 2～10 岁的儿童。作为一个多元智能理论的实践基地，该博物馆注重儿童文化并鼓励动手和互动，将儿童博物馆空间的探索性表现得淋漓尽致。该博物馆包括"互动区""儿童工地""ESPN 我做主持人""想象空间""世界风情布偶""水世界""绿色房子""丛林探险"等主题，其中"儿童工地"和"ESPN 我做主持人"是最具特色的展览项目。

1. 康涅狄格州儿童博物馆空间探索性在身体体验中的体现

进入博物馆正门，人们就能看到一系列以声音、空气和运动等为主题的互动展项，互动区中的各个展项都鼓励儿童通过对自身身体的探索来获取认知（图 3-30）。其中，"重力井"展项是最受欢迎的，儿童可以将不同重量的小球放入螺旋滑道中，观察小球的运动轨迹，通过动手探索来学习重力和惯性的原理。在"音叉台"展项中，儿童可以借助相当数量的音叉配件，通过摆放、敲击来体验震动发声，从而学习共鸣这一物理现象。在"皮筋绘图"展项中，儿童可以在画板上用皮筋钉出自己想象中有趣的图案，年龄稍大的儿童可以借助馆内提供的图纸进行绘制。

图 3-30　康涅狄格州儿童博物馆互动区

2. 康涅狄格州儿童博物馆空间探索性在环境互动中的体现

康涅狄格州儿童博物馆除了注重儿童的自身探索，还鼓励儿童在环境中与展品互动。在"管道传音"展项中，儿童对准喇叭末端轻轻说话，另一个房间的儿童则可以通过管道听到声音，进而开始自发性的互动游戏。在此展项中，儿童在与空间环境中的展品及同伴的互动过程中了解声音传播的原理。另外，在"想象空间"展项中，有各种各样的可回收再利用的材料，儿童可以利用这些材料制作东西，在这个充满想象力的空间环境中开展主动性的探索活动。此外，该展区还有由博物馆工作人员及志愿者组织的教育活动和各种手工培训课程，包括手工编织、蜡烛制作、珠宝制作等，有助于儿童学习文化及艺术知识，提高儿童学习的兴趣及创造能力。

3. 康涅狄格州儿童博物馆空间探索性在情境活动中的体现

康涅狄格州儿童博物馆中有一些促进儿童探索认知的情境类展区，比较有代表性的是"儿童工地"与"ESPN 我做主持人"。该博物馆用围栏和链条围住"儿童工地"展区，并在场地中竖立起警示灯、街道警告牌，将该展区构建成一个城市街景的小情境，营造出浓厚的工地气氛（图 3-31）。儿童在进入展区后，可以穿上工人的服装，佩戴安全帽及护目镜，腰间别上各种模拟小工具，将自己打扮成小工人的模样，可以利用工作台上的各种建筑材料，包括垒高玩具、木块及其他工具，发挥自己的创造力，搭建出自己想象中的各种结构的建筑物。该博物馆通过模拟现实情境，让儿童化身为小工人，在切实体验到建筑工地安全事项的同时提高创造能力与社交能力。

图 3-31 "儿童工地"展区

"ESPN 我做主持人"（图 3-32）是该博物馆中最吸引儿童的展区，使用先进的绿色屏幕技术，儿童可以扮演自己喜欢的明星，儿童的家人和朋友可以在露天看台上欣赏其表演，而且可以在监视器中看到成品影像。在新增的声音播报展区中，儿童可以坐在演播桌前化身主持人，通过真正的新闻播报器和提词器播报新闻，还有机会将自己播报新闻的数字影像带回家。该展区与其他儿童博物馆展区不同的是，其与世界著名的电视媒体——ESPN 合作，使展项更有特点且更具吸引力，儿童变身为正牌 ESPN 主持人，在搭建的播音棚中通过情景角色扮演体验不一样的人生。它为儿童提供了展示自我的舞台，增强了儿童的自信心；为儿童提供表达自我的机会，提升儿童对自身见解的表达能力。

康涅狄格州儿童博物馆融入了科学、艺术、生活等领域的知识，儿童在该博物馆中不仅可以学习科学知识，还可以动手探索、亲身体验。该博物馆以贴近生活为宗旨，设立了

图 3-32 "ESPN 我做主持人"展区

很多与生活息息相关的展区，给予儿童不同的参观体验和认知收获，使儿童在玩耍的过程中进行认知探索，为其成长与学习打下基础。

三、国内儿童博物馆空间探索性在设计实践案例中的体现

根据前文对我国儿童博物馆发展历程的分析，中国妇女儿童博物馆是一所公立的非营利性的儿童博物馆，其中虽然有为儿童提供互动体验的展示空间，但是其展示形式主要还是传统的陈列式展示，故在下文的案例分析中不再赘述。北京中国儿童中心老牛儿童探索馆虽然与儿童博物馆的性质相同，但是属于民办营利性质的儿童博物馆，其教育模式借鉴了美国儿童博物馆，是美国儿童博物馆在中国的一种尝试。下文对北京中国儿童中心老牛儿童探索馆和上海儿童博物馆两个实践案例进行分析。

（一）北京中国儿童中心老牛儿童探索馆

北京中国儿童中心老牛儿童探索馆是中国首家"美式探索性儿童博物馆"，其展览具有创新性和互动性等特点，目的在于引导儿童自己动手积极探索不同的事物，对世界有更多的了解。该探索馆在融合国外儿童博物馆先进的教育模式的同时考虑了中国儿童教育的实际需求，按照主题分为城市广场、开心市集、繁忙小镇、阳光之谷、科学天地、恐龙领地、4D 体验厅 7 个展厅。其中，城市广场这个主题又分为 7 个展区，分别为宠物医院、娃娃家、火车快跑、小魔棒、学步宝贝、建筑工地和发现森林。开心市集主题分为 3 个展厅，分别为梦幻舞台、快乐厨吧、迷你超市。繁忙小镇主题分为 4 个展厅，分别为艺术工作坊、豆丁医院、奇妙赛车和加油站。阳光之谷和科学天地这两个主题中包括 5 个不同的展区，分别为缤纷水世界、冒险云梯、欢乐球、趣味飞翔及地心引

力和发射台。整个展区充满中国传统十二生肖元素，内容大多围绕科学、社会、健康、艺术等展开，且每个环节都充分考虑儿童行为及心理特点，围绕儿童的兴趣以儿童喜闻乐见的方式呈现出来。

1. 北京中国儿童中心老牛儿童探索馆空间探索性在身体体验中的体现

探索馆中的一些展项充分调动了儿童独立探索的积极性，并鼓励儿童自主发现从而丰富其认知。例如，在城市广场的"小魔棒"展区中，儿童可以用五颜六色的小棒棒拼出他们想象中的各种图形，这里没有固定的操作方式，儿童通过动手操作对数量、形状、空间进行认知（图3-33）。在"火车快跑"展区，儿童通过操作手中的火车模型学习火车动力原理，这既能激发儿童的想象力，又锻炼了儿童的手眼协调能力（图3-34）。繁忙小镇主

图 3-33 "小魔棒"展区

图 3-34 "火车快跑"展区

题中的"艺术工作坊"展厅包含不同的文化主题,儿童可以选择自己感兴趣的项目动手操作,制作自己喜欢的东西,从而提高自己的艺术欣赏能力、想象力、动手创造能力及社交能力。在"奇妙赛车"和"加油站"展区中,儿童通过动手探索,使身体多个部位协调运作,观察并接触汽车内部构造,了解赛车相关知识,进而增强动手能力和研究能力(图3-35)。除此之外,还有4D体验厅,可以播放适应儿童认知水平和儿童心理的电影或动画片,随着电影内容的变化,儿童通过听觉、视觉、嗅觉、触觉等感知了解自然中风雨雷电、地震海啸等现象,并从中收获乐趣。

图3-35 "加油站"展区

2. 北京中国儿童中心老牛儿童探索馆空间探索性在环境互动中的体现

该探索馆中的展项和空间环境是具备探索性的,其为儿童的探索行为提供了便利的场所。城市广场主题展厅中的"发现森林"展区通过各种各样的图形促使儿童探索周围的环境,激发其想象力和创造力(图3-36)。在阳光之谷主题展厅中的"冒险云梯"展区,提供一个供儿童攀爬的空间,云梯交错设置,儿童可在变化的木板间攀爬探索,在玩耍的过程中锻炼自身独立探索的能力,在接受直接经验的过程中培养抗挫折能力(图3-37)。在"欢乐球"展区,有一个直通屋顶的装置,儿童可以在同伴或者家长的协作下将海洋球运送到装置顶端,待顶端装满后,海洋球会倾泻而下。儿童在运输海洋球的过程中,锻炼了手臂力量,并且了解了杠杆、齿轮、重力等物理学原理;同时,在与同伴协作的过程中,也锻炼了语言表达、团队协作等社交能力(图3-38)。

3. 北京中国儿童中心老牛儿童探索馆空间探索性在情境活动中的体现

该探索馆设置了一些展区,可以让儿童扮演不同的角色,在情境中探索认知并体验真实生活。在城市广场展区,"宠物医院"展区深受儿童喜爱,儿童可以扮演宠物医生的角色,在给毛绒小动物看病、打针、吃药的过程中了解医生、护士的职责,了解

图 3-36 "发现森林"展区

图 3-37 "冒险云梯"展区

图 3-38 "欢乐球"展区

喂养小动物的知识，培养爱心和责任心（图3-39）。同样，在"娃娃家"展区中，儿童借助缩小的家庭设施进行角色扮演，在游戏过程中体会家庭情感，与伙伴一起互动交流培养合作精神，锻炼并提高社交能力与语言表达能力（图3-40）。在"建筑工地"展区中，有各种建筑，儿童可以模拟工地中的各种活动，进行探索体验，提升对空间的认知能力。

图3-39 "宠物医院"展区　　　　　　　图3-40 "娃娃家"展区

在开心市集展厅中的"梦幻舞台"展区，儿童可以根据所提供的不同场景，发挥想象进行才艺展示。"快乐厨吧"展区为儿童提供各式各样的餐厅、厨房用具模型，儿童在展区中可以扮演厨师、服务员、收银员或者顾客，在模拟情境的过程中认识各类厨具，在了解厨师这一工作的同时深化对节约粮食和健康生活的概念的理解，在锻炼语言表达能力和社交能力的同时提升对健康生活的认知水平（图3-41）。在"迷你超市"展区，儿童可以了解不同的食品名称、种类、商品及货币，并了解收银员、理货员的职责，提升商业意识、社会生活生存技能及语言表达能力。

在繁忙小镇展厅的"豆丁医院"展区，儿童可以扮演医生、护士角色，用听诊器听心跳，了解心脏工作原理，还可以通过指示灯学习人体的组成及人体各个器官的位置和形态（图3-42）。在"恐龙领地"展区，有各种各样的恐龙模型和丰富多彩的恐龙生活场景，儿童在其中可以自由探索与恐龙相关的活动，观察恐龙模型，了解恐龙的种类，也可以在模拟情境中化身考古学家挖掘恐龙化石。该展区有其他与恐龙相关的探索性活动，儿童可从中了解恐龙的外形和生活习惯等，提高观察能力，培养独立思考与探索认知的能力（图3-43）。

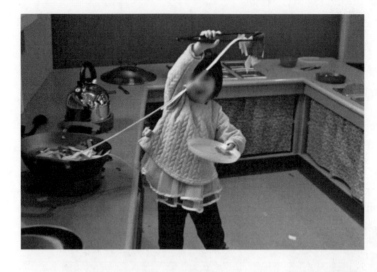

图 3-41 "快乐厨吧"展区

图 3-42 "豆丁医院"展区

图 3-43 "恐龙领地"展区

　　该探索馆内的所有展项都是针对学龄前儿童及小学中低年级儿童设置的，每一个展项都强调"在动手和玩耍中学习"的教育理念。该探索馆在进行展项设计时注重儿童在不同阶段的发展特点，满足各阶段儿童在建造、交流、探索等方面的需求。该探索馆为儿童提供了通过感官去学习和感受环境及事物的机会，使儿童可以大胆地接触和了解事物，从而促进其身心全面健康发展。

　　北京中国儿童中心老牛儿童探索馆虽然考虑到中国儿童教育的实际需求，但是其展示内容和展示形式大多是对美国儿童博物馆的照搬和照抄，对中国文化的展示较少。虽然该探索馆展区中有中国传统十二生肖元素，但是展示主题、展项、情境故事中都缺乏对中国文化的呈现。

（二）上海儿童博物馆

　　上海儿童博物馆于 1995 年 5 月竣工，1996 年举行开馆仪式，占地总面积 9000 余平方米、建筑面积约 50000 平方米。其室内展馆主要有三层，负一层为主题活动区（图 3-44）、一层（图 3-45）和二层（图 3-46）为常设展区，展区采用动静结合的展示手段，鼓励儿童与展项互动，适合 3～10 岁儿童参观。该博物馆主要开办教育活动和展览，常设展区中共有 8 个展厅，除序厅和全天周影院外有 6 个展示主题，分别为进入船舱、潜入深海、太空旅行、返回地球、旅行@家和草婴书屋。这些展示主题形成了一个完整的故事线，让儿童在游玩的过程中获取认知。

　　1. 上海儿童博物馆空间探索性在身体体验中的体现

　　上海儿童博物馆中色彩、空间流线的设计都注重儿童行为心理的需求，从平面分布图中可以看出每个主题展厅之间以水平的"并联式"为主要参观流线，每个主题的展项之间没有明显的分割线，这样便于儿童开展探索性行为。博物馆空间中的色彩以蓝、白、黑为主，象征着天空和海洋，能从感官上明确主题、吸引儿童。在序厅中，有一个名叫

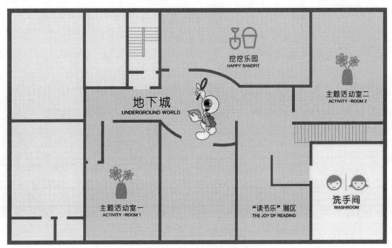

图 3-44　负一层主题活动区

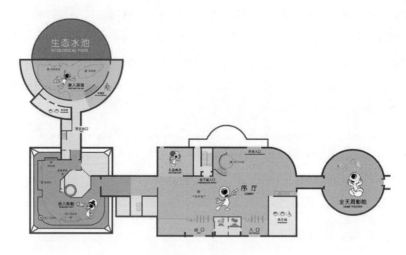

图 3-45　一层常设展区

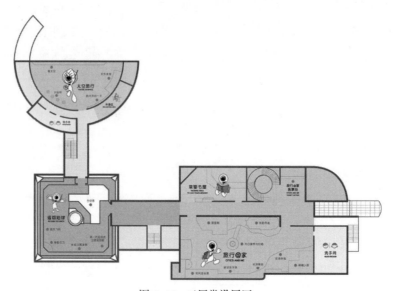

图 3-46　二层常设展区

"骨碌"的大眼睛外星人，它是上海儿童博物馆的吉祥物，也是整个展馆的导视系统，它通过一些符合儿童情感需求的颜色，从感官上促进儿童通过身体的感知更好地融入博物馆空间，以卡通人物讲故事的方式为儿童讲解，从而拉近博物馆空间与儿童的距离，调动儿童探索认知的热情（图 3-47）。该博物馆的主题活动也鼓励儿童通过实践探索认知。在主题活动区中，"挖挖乐园""主题活动教室""读书乐陈列室"等教育活动涉及内容广泛，包含天文、地理、自然、科学等，目的是让儿童在动手的过程中获取认知。例如，"挖挖乐园"的挖掘体验活动就需要儿童亲自动手挖掘。

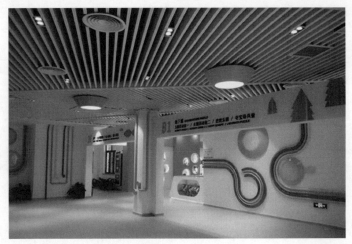

图 3-47　序厅

2. 上海儿童博物馆空间探索性在环境互动中的体现

上海儿童博物馆空间中的"太空旅行""旅行 @ 家"两个展区的空间环境能调动儿童探索认知的积极性。"太空旅行"展区为儿童展示太空舱模型，其主题展示空间的墙壁上运用新媒体技术展现太阳系里的行星，还通过电子屏幕播放人类探索宇宙的图文资料。整个展区从多媒体互动的角度出发，调动儿童的视觉认知，使展示空间与儿童之间产生互动性，促使儿童在与多媒体互动的过程中学习天文知识。该展区中还安装了航空器模拟操作台，儿童可以与操作台互动，体验宇航员在太空中的生活和工作。（图 3-48）

图 3-48　"太空旅行"展区

"旅行 @ 家"展区以上海友好城市为参观主题，除了展示上海市本土的石库门景区，还有来自德国的汉堡港、加拿大的枫糖小屋、日本的和风变装屋、埃及的金字塔、澳大利亚的岩画。该展区的环境设计在契合儿童身体属性的同时，营造出不同的空间主题。每个主题展项之间没有固定的参观路线，符合儿童行为心理需求，促进儿童在环境中互动，鼓励儿童体验不同的地域文化、参与各种小游戏、扮演各类社会角色，儿童在与环境互动的过程中了解多元文化、探索身边科学、萌生社区意识。（图3-49）

3. 上海儿童博物馆空间探索性在情境活动中的体现

上海儿童博物馆空间中的"进入船舱""潜入深海"展区，通过营造情境使儿童融入认知的环境。"进入船舱"主题展项以船与海为主题，整个展区的原型是一艘科考船，在空间中利用蓝色的灯光烘托气氛，墙面上利用多媒体技术展现大海的景象，并配合动画和声效打造船舱的情境，让儿童仿佛置身于大海。在该展区中，儿童可以化身科考船船长，体验开船、冲击海浪、停船等活动，在情境中学习航海的相关知识。（图3-50）

"潜入深海"展区将儿童带入海平面以下，展示空间的墙壁被塑造成礁石和珊瑚，搭配幽暗的灯光营造神秘感。该展区为了调动儿童的视觉和听觉，还播放教育科普视频，使儿童了解海底生物和潜水相关知识。在展区中，有一个潜水艇模型，儿童可以进入潜水艇模型中，通过触碰按键操纵潜水艇。（图3-51）

上海儿童博物馆是我国第一家面向儿童群体建立的博物馆，无论建筑外观的设计，还是室内空间的设计、展品的选择、展厅主题的设置，都是以儿童为中心的，充分考虑儿童对儿童博物馆的需求，为中国儿童博物馆的建设与发展奠定了基础。

由上述分析可以看出，我国儿童博物馆的发展起步较晚。上海儿童博物馆虽然建立时间较早，但当时我国儿童博物馆还

图3-49 "旅行@家"展区

图3-50 "进入船舱"展区

图3-51 "潜入深海"展区

处于探索阶段。从某种程度上说，上海儿童博物馆是我国传统博物馆模式下的产物，更像我国常见的科技馆，所以其与国外有着百年发展基础的儿童博物馆相比，无论在展示模式还是经营理念上都略微逊色。虽然上海儿童博物馆在展示的过程中同样强调动手，馆内的展品也鼓励儿童动一动、做一做，但是其忽略和混淆了"动手"与"互动"之间的区别。上海儿童博物馆强调"动手"只是允许儿童动手摆弄展品，这种简单的按键式"动手"不属于真正的互动参与，只有让儿童以某种方式参与到整个展示空间环境中并引发思考，才是真正的"互动"。所以，上海儿童博物馆空间的互动性有待加强，在注重互动的同时应关注、培养儿童的社会生活能力。

第四节
具身认知理论下儿童博物馆空间探索性的设计原则与策略

一、儿童博物馆空间探索性的设计原则

（一）认知群体的主体性原则

具身认知理论认为，身体在认知的过程中发挥着重要的作用。身体既是具体的身体，也是经验中的身体——身体不仅是生物学层面的身体，还是心理学和社会学层面的身体。心理科学研究结果表明，人的生理结构、神经结构、感知器官及运动系统运动方式的不同，会导致其认知方式和认知结果不同。儿童博物馆空间本质就是让儿童通过自己动手互动、探索认知得到直接经验，在这个过程中，认知就是一种具身认知活动的过程，儿童的身体及其身体结构中的感知经验在探索性儿童博物馆认知活动中有着不可代替的作用。

在儿童博物馆空间的设计中，要充分考虑儿童身体的生物学特点。如儿童的身高、视线高度都与成年人存在明显的差距，儿童在幼儿期到少年期的身高为75～165cm，视线高度为60～150cm。"儿童视觉发展研究表明，低龄儿童的视觉可视角度相较成人仍存在一定的收缩。"[1] 在儿童博物馆中，家长与儿童会参与互动，所以在展览的过程中要把握好两类人群的双重尺度。而在儿童身体行为特点与儿童心理发展特点的指导下，儿童博物馆空间设计需要充分把握儿童的活动特点，在展项中引导儿童奔跑、跳跃、攀爬，增强儿童在儿童博物馆空间中进行认知学习的热情，吸引儿童的注意力。

在儿童博物馆空间的设计中，不能忽略儿童身体认知的经验性。感知觉是儿童认知世

[1] 黄卿云，费移山，陈凤婷.在关怀中体验：论博物馆中的儿童空间设计 [J].东南文化，2016（A1）：54+55-60.

界的第一步，其可通过身体的知觉探索直接获取经验。儿童在认知过程中除了采用眼睛看、耳朵听、手触摸等方式，还可以用鼻子嗅、舌头尝。相关研究表明，当人阅读文字或图片时，可以记住其内容的 10%；当分别通过视觉和听觉采集信息时，可以分别记住其内容的 30% 和 20%；当同时通过视觉和听觉采集信息时，可以记住其内容的 50%；当调动五大知觉联觉时，可以记住其内容的 90%。因此，在儿童博物馆空间的设计中，可以根据儿童身体的感知觉在博物馆空间中的相互作用，结合视觉、听觉、触觉等选取儿童适应的、熟悉的元素，创造出能让儿童有深刻体验且充满趣味性的博物馆空间。

（二）环境体验的互动性原则

具身认知理论认为，主体认知是身体在与环境的互动中获取的经验，身体与环境耦合，通过互动的方式产生情感体验内化生成认知。在儿童博物馆空间中，儿童身体与环境的互动是认知探索的重要途径，儿童博物馆应充分发挥自身的优势，鼓励探索互动的发生。

儿童博物馆应重视儿童在空间环境中的参与互动，让儿童在趣味活动中进行认知学习。基于环境互动，以及儿童活泼好动的特点，儿童博物馆空间在满足儿童行为心理需求的同时可以设置一些可视性强、可触摸、可操作的展项，尽可能地调动儿童身体感知参与到空间环境体验当中，与展品、人、展项产生良好的互动，通过身体在环境中的体验增强儿童主动探索认知的积极性。在体验环境的过程中，儿童可能会出现蹦跳、拍打、品尝等活动行为，所以儿童博物馆应该在保证环境、展品、材料安全可靠的前提下丰富儿童环境互动体验的方式，打破传统展板式、陈列式展示方式，以及禁止触摸的静态展示模式，而采用积极主动的展示模式，鼓励儿童在展示环境中动手体验，为儿童提供愉快、自由的展示环境氛围。例如，在中国科学技术馆的"儿童科学乐园"中，展品"自来水的旅行"展示了城市的供水系统，儿童可以自由搭接水管，从而了解城市的供水、用水、排水系统。在儿童搭接水管后，系统会判断搭接得是否准确，不同的管道会闪烁不同的灯光，如蓝色代表纯净水，黄色代表污水，红色代表搭接错误，该展示区域还会展示儿童水管接通后的效果。

（三）展示营造的情境性原则

具身认知理论认为，认知的现实离不开情境性。身体处于一定的环境之中，情境为认知提供发生的条件、过程和结果，认知发展是在身体活动与周边环境的相互作用下产生的，所以认知不能脱离情境单独存在。儿童的认知过程需要身心与环境融为一体，基于具身认知经验与环境产生互动。美国实用主义哲学家约翰·杜威提出"做中学"理论，认为儿童的认知无法脱离实践活动。所以，儿童博物馆要向儿童展示各领域知识产生的过程和情境，将展示形式和儿童具身经验联系起来，尊重儿童的无意识学习行为。

儿童博物馆空间所具有的优势在于可以让儿童在特定的时间、空间中通过自身探索学习各个领域的知识。儿童博物馆可以根据所要传达的知识，创设儿童认知所需要的、儿童熟悉且感兴趣的故事性情境，将展品和空间及儿童主体融合，使儿童在特定的展示情境中通过感官、身体活动等具身的方式获取认知。儿童博物馆运用形象生动、极具生活色彩、直观性强的展览形式，将平日里难以用语言表达的、抽象的直接经验融入具体的情境，便于儿童对多领域知识进行理解和获取。

（四）环境空间的安全性原则

无论从认知主体、环境互动还是情境体验的角度出发，儿童博物馆的受众都是儿童群体，针对该群体的特征，博物馆的空间环境在设计的过程中应充分注重安全性。儿童心智尚未成熟，自我保护意识较弱，再加上其行为的随意性、探索性及心理的不确定性，儿童在活动过程中会忽略环境中的危险，导致身边出现安全隐患。因此，在儿童博物馆空间探索性的设计过程中，应充分考虑儿童在环境空间中的安全性，笔者将其概括为空间整体的安全性和环境细节的安全性两方面。

其一，空间整体的安全性。在对儿童博物馆空间进行探索性设计的过程中，应避免从成人的角度去设计，而应从儿童的角度考虑问题。因为儿童在儿童博物馆空间中通过各种活动获取认知，所以在进行博物馆空间整体设计时应考虑儿童的行为心理特征，同时注重儿童的身体属性、环境对儿童认知的影响。空间的整体设计包括空间形态、布局、流线等，只有满足以上要求，才能构建一个适合儿童的儿童博物馆空间，打造符合儿童需求的空间在一定程度上避免了危险的发生，使空间整体具备安全性。

其二，环境细节的安全性。除了空间整体的安全性，还应注意儿童博物馆空间环境中的细节元素的安全性，包括展品设施的安全性和环境要素的安全性。儿童天生具有强烈的好奇心，他们对儿童博物馆空间中的展品设施都会产生浓厚的兴趣，会动手触摸、摆弄，甚至会通过展品设施在环境空间中开展自发性的游戏活动。以上行为都会给儿童带来不可预知的危险，所以在展品的选择及展示空间的设计过程中都应注意材料的运用，避免使用金属等硬性材料，尽量使用软性材料；在环境要素的设计中，应尽量减少对尖角的使用，可多使用圆角造型，避免儿童在儿童博物馆空间活动过程中遇到刮碰等危险，保障儿童的安全。

二、儿童身体中认知探索的设计策略

（一）满足儿童身体尺度方便儿童探索

1. 生理尺度

生理尺度是心理尺度和行为活动的基础。在儿童博物馆空间中，儿童是受众主体，儿童的大部分认知是通过身体探索实践获得的，所以在儿童博物馆中应时刻把握好儿童身体的生理尺度需求。

首先，要满足儿童对空间尺度的要求。对处于成长阶段的儿童而言，他们的身体发育迅速，会随着年龄的增长逐渐变化，身体构件及其协调性会逐步提升，所以每个成长阶段的儿童对空间尺度的要求是不同的，且其心理需求及行为也会有不同的表现，这就要求儿童博物馆的空间尺度满足儿童身体成长的要求。而儿童较成人更依赖空间，且在空间感知的过程中常将空间中的要素与自身熟知的要素进行比较，如在环境空间中常将空间构件与自身作为感知空间尺度的参照物。因此，儿童博物馆的空间尺度设计应注意儿童身体与空间的比较关系，参考中国儿童生长发育平均指数及与成年人尺度差异的分析，为儿童提供符合需求的空间尺度，营造舒适的儿童博物馆空间环境，满足儿童需求的空间尺度体现在满足儿童身体尺度、视线范围及心理尺度上。儿童身体构件基本尺寸关系见图3-52。

其次，要符合儿童的身体尺度。儿童博物馆是儿童认知学习的教育场所，在儿童博物馆空间设计的过程中，除了要满足儿童对空间尺度的需求，还要对儿童身体的基本尺寸有所了解。各年龄阶段儿童的身高尺寸见图3-53。儿童的身体尺度会影响儿童博物馆空间设计的效果，也是为儿童营造舒适空间的重要参考因素。因此，在儿童博物馆空间中，空间尺寸及各类设施尺寸都要参考儿童的身体尺度，如空间分割、展柜尺寸、互动设施的尺寸等都要考虑儿童在人体工程学方面的要求，让整个儿童博物馆空间满足儿童的生理尺度要求和行为需求，尽可能减少儿童在儿童博物馆参观过程中的求助行为，为儿童群体在空间中活动提供可控的环境条件。符合儿童身体尺度的儿童博物馆空间各要素尺寸见表3-6。

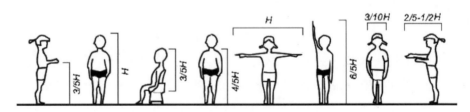

图 3-52　儿童身体构件基本尺寸关系

儿童年龄	男孩身高		女生身高	
	均值	标准差	均值	标准差
3	96.8	3.7	92.3	3.6
4	103.7	4.1	102.5	3.9
5	110.5	4.2	109.8	4.1
6	117.8	4.7	117.1	4.5
7	123.8	5.7	122.6	5.5
8	128.5	5.9	127.7	5.8
9	133.6	6.1	133.3	6.4
10	138.7	6.6	139.4	7.1
11	144.2	7.2	146.2	7.3
12	150	8.2	152	6.6
13	159	5.3	155.6	6
14	164.8	7.4	157.3	5.6
15	167.6	6.3	158.1	5.5

图 3-53　各年龄阶段儿童的身高尺寸（身高单位：cm）

表 3-6 符合儿童身体尺度的儿童博物馆空间各要素尺寸

规格	儿童尺度	空间亲昵尺度	展柜高度	可互动设施高度
尺度	0.9～1.65m	1m	0.6～1.5m	1m 以下

最后，要符合儿童的视线尺度。在儿童博物馆空间中，除了儿童身体尺度，儿童的视线尺度也是影响观展体验的重要因素，儿童的视线高度、视角范围会影响空间尺度。儿童视觉相关研究表明，6 岁儿童的水平与垂直视角覆盖范围是成人的 60%，待 12 岁之后才能达到成人的视角范围（图 3-54）。根据视距相关理论分析可得出结论：儿童在 4.5m 范围内可以看全的高度为 2.4m，在方圆 4.5m 范围的空间中，1.0～1.2m 的高度更易让儿童产生视觉兴奋点。因此，在儿童博物馆展板细节设计过程中，将主要内容设置在具有视觉兴奋点的高度范围内有利于信息的传达。在进行空间尺度及展示设施细节设计时，要深入了解儿童的视线及视角范围，针对他们的可视角度确定合适的尺度，做到灵活多变，满足不同年龄段儿童在儿童博物馆空间活动的需求。

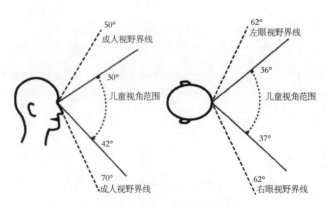

图 3-54 儿童的水平与垂直视角

2. 心理尺度

儿童对空间的认知接受程度取决于自身的认知水平及空间环境所提供的认知条件。儿童在空间环境中通过感知接收信息，然后通过自身经验对接收的信息进行整合加工，完成认知的同化，丰富原有认知。在此过程中，儿童的心理层面也有一定的活动变化。儿童博物馆空间的层高、进深、大小比例及空间形态都会对儿童的情绪产生影响。除此之外，儿童在儿童博物馆空间中的行为活动丰富且随机，这就要求儿童博物馆空间具有灵活性，儿童在儿童博物馆空间中的不同行为对应不同的心理尺度需求，儿童的心理尺度需求不同，儿童博物馆空间的尺度也应不同。儿童行为表现下的心理尺度需求见表 3-7。

表 3-7 儿童行为表现下的心理尺度需求

儿童行为	心理尺度需求
个体行为	儿童的占有欲导致他们惯于规划自己的私密空间，于是个体行为下儿童的个人空间的尺度较小且具有围合感，因为此特征的空间可以给儿童带来心理层面的安全感。若儿童的个人空间被外界影响，就会引发儿童强烈的情绪波动
集体行为	儿童具有好奇心且渴望交往，在空间中儿童的行为具有聚集性。儿童在聚集活动中进行交流与合作，空间要满足儿童的需求就需要具有灵活性和功能附和性
交往行为	儿童的聚集性活动会导致交往行为的发生，一般认为成人的亲昵距离是 3m，而儿童的亲昵距离是 1m。儿童交往行为的需求尺度区别于成人，如果超出这个尺度会导致儿童心理层面产生疏离感和陌生感

　　儿童在儿童博物馆空间中的不同行为产生不同的心理尺度需求，不同的心理尺度需求要求不同的空间尺度。根据对儿童在儿童博物馆中不同行为表现下心理尺度需求的分析，可以发现儿童受自我意识及自身情绪的影响，偏爱较小的空间，因为小空间符合儿童心理上的自我保护本能，小空间的隐秘性可以给儿童带来安全感，满足儿童的心理尺度有助于儿童在儿童博物馆空间中进行探索活动。因此，在儿童博物馆空间设计的过程中，可以通过分割、降低、抬高等手法对空间进行重组，打造母子空间，在大空间中围合出小空间或架空出小阁楼，并进行趣味性装饰，这样的空间是符合儿童心理尺度需求的（图 3-55），可以唤醒儿童的归属感，有助于儿童之间的交流合作，在一定程度上能够激发儿童探索儿童博物馆空间的欲望。

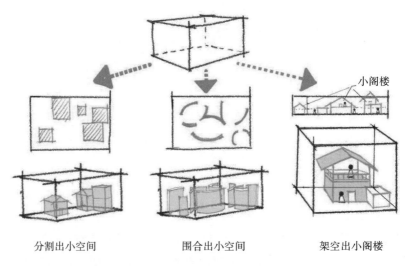

分割出小空间　　　　　　围合出小空间　　　　　　架空出小阁楼

图 3-55 符合儿童心理尺度的空间

（二）调动儿童身体知觉促进儿童认知

1.完善儿童博物馆空间中视觉信息的传达

视觉是人类接收信息最快、最直接的方式之一，在儿童博物馆空间中想要吸引儿童的注意力，就需要在空间设计的过程中对亮度、颜色、形状等视觉要素进行设计。不同的视觉要素会带来不一样的视觉体验（表 3-8），在儿童博物馆空间中，应促使空间环境和展品产生强烈的视觉效果，在视觉上引发儿童的思考和情感共鸣，同时传达展品相关信息。

表 3-8　视觉要素与视觉体验关联分析

视觉要素		视觉体验
亮度	明亮	活泼、快乐
	幽暗	压抑、安静
颜色	暖色	温暖、热情
	冷色	冷静、神秘
形状	点	重点突出
	线	引导性
	面	均匀平衡

首先，儿童博物馆空间通过设计亮度和颜色可以达到视觉信息传达的目的。明亮温暖的空间环境会带来轻松快乐的氛围，幽暗冷峻的空间环境会带来压抑的氛围，因此儿童博物馆空间环境设计应根据展示的主题，在视觉体验的基础上选择空间亮度，打造独特的视觉效果和空间氛围，为向儿童直接传达视觉信息提供便利条件。如在探险类主题中营造暗淡、冷色调的视觉环境，从视觉上为儿童带来神秘感，激发儿童在空间中探索认知的兴趣；在生活角色扮演类主题中营造明亮、暖色调的视觉环境，开放快乐的视觉体验更加贴合生活，也更能满足儿童的情感需求，可以在为儿童带来轻松的视觉体验的同时调动儿童的视觉认知。

其次，在儿童博物馆空间中合理运用点、线、面等视觉要素。在儿童博物馆空间的视觉信息传达中，空间形态起着十分重要的作用：其一，儿童博物馆空间中视觉要素"点"有强调展示中心的作用，能够使展示内容在均匀平衡的"面"中脱颖而出，所以在儿童博物馆中可以借用"点"要素的特点，为儿童博物馆空间营造视觉焦点，通过视觉焦点将重点展示内容第一时间传递给儿童；其二，视觉要素"线"在儿童博物馆空间中的运用会间接影响儿童的活动流线，对视觉信息的传达具有引导性，所以在儿童博物馆空间中，可以在地面铺装、棚顶灯带、界面形态等空间要素中融入"线"要素，使得儿童在儿童博物馆空间中活动时能接收到"线"要素的视觉影响，在自然引导的状态下探索认知。

最后，儿童博物馆空间设计还可以通过聚集性和独特性设计来增强视觉信息传达的效果。聚集性活动是儿童行为心理的一大特征，在空间设计的过程中可以抓住这一特点，当儿童在儿童博物馆空间中集中活动时，其视线会离开其他展品而聚集在某一展品上，这就是我们所说的核心展示。在进行儿童博物馆空间设计时要注重空间设计的独特性，独特性是信息传达最显著的特点，在儿童博物馆中要想让儿童感受到空间及展品的独特性，就需要使展示形式与空间融合、统一，如在儿童博物馆中采用展品互动展示形式、多媒体介入视觉信息传达等形式，实现儿童博物馆空间视觉信息的最大化传达。

2. 重视儿童博物馆空间中触觉信息的反馈

身体通过触觉系统与外界接触从而对事物产生感受和认知，触觉在人的体验中占据重要地位，触觉系统包括身体与身体间的接触，也包括身体与身体之外的事物的接触所形成的感受，如冷热感、疼痛感等。与视觉系统和听觉系统相比，触觉系统不仅可以作用于外界刺激物，还可以通过触觉体验感受和认知外界事物，在儿童博物馆中就体现为儿童通过触觉系统感受空间和空间内的展品及设施，从触觉体验中获取认知。由此可见，触觉系统可以激发儿童与儿童博物馆空间的互动，并且通过互动能够让儿童探索认知，是儿童在儿童博物馆空间中获取认知的途径之一。在儿童博物馆中儿童身体的触觉是其在博物馆空间的探索与认知过程中最基本的自我本能行为，在博物馆空间的信息传递中，触觉和其他4种知觉系统相互作用。

在分析儿童博物馆空间触觉信息反馈的过程中应充分认识到儿童认知能力的局限性，通过触觉去体验展品对儿童来说是最容易理解的方法。首先，儿童博物馆空间中触觉体验的营造不仅可以体现在空间界面和空间展品的设置上，还可以体现在空间环境的温度与湿度的控制上。因此，在儿童博物馆空间中要运用合适的材料来进行触觉信息传达，或在展品中适当融入触觉信息，如水幕、沙土等，使儿童在与展品的互动中调动触觉认知。除此之外，在儿童博物馆空间环境中，还可以通过人工调节丰富空间温度与湿度，间接完善儿童博物馆空间的触觉信息反馈。

其次，在现代化技术的影响下，儿童博物馆空间中不断融入新媒体技术，这在一定程度上丰富了触觉信息的范围，儿童的触摸信息不仅来源于空间中的材料，而且来源于互动触摸屏等，所以在儿童博物馆空间中可以增加多媒体技术的介入，借助多媒体技术调动儿童与展品的互动，从而促进儿童的触觉认知。

3. 拓展儿童博物馆空间中联觉的认知体验

儿童在儿童博物馆空间中受外界环境的刺激产生行为活动，形成对儿童博物馆空间展品的认知体验，而从接受刺激到认知的过程中，儿童的知觉系统中各感官的相互作用是无法分割的，联觉是一种知觉受刺激时，引发另一种知觉作出反应的心理现象。在儿童博物馆空间中，不能忽视联觉带来的认知体验，要充分拓展知觉系统间的合作。"联觉体验有强弱的区别，较强的联觉是一种知觉系统的高度刺激直接转换成另一种不同感受的知觉意象。"[1] 因

[1]　郭冬云.体验的有效性：身体理论视阈下的博物馆展陈空间设计研究 [D].上海：东华大学，2020.

此，在儿童博物馆空间拓展联觉认知体验的过程中要注意联觉的强弱，根据空间形式及主题内容的需要进行合理的把控，避免各知觉之间产生混乱。较强的联觉有助于调动知觉认知及身体体验。如在上海儿童博物馆的"潜入深海"展区中，幽暗的灯光、模拟海底的情境空间给儿童带来强烈的视觉体验；展项中播放着海底相关视频、音频，为儿童带来强烈的听觉体验；潜水艇模型可供儿童触摸，为儿童带来强烈的触觉体验。儿童的整个参观过程调动了视觉、听觉及触觉。在这样的环境空间中，儿童身体的知觉体验较丰富，儿童易理解展示内容并产生联想。

三、空间中认知探索的设计策略

（一）营造符合儿童行为心理的探索空间

1. 符合儿童行为需求的流线

空间中的流线是指参观者活动行为的移动路径，儿童博物馆空间中的框架流线是指儿童在博物馆空间中活动所形成的路线。儿童博物馆中的空间流线在一定程度上决定了儿童在儿童博物馆空间中的移动路径，也影响儿童对儿童博物馆空间的使用顺序，所以儿童博物馆空间的流线需要满足儿童的行为特征需求。合理的儿童博物馆空间流线应能对儿童的认知活动起到引导作用，促使儿童与儿童博物馆空间环境进行互动，满足儿童的探索需求，使儿童产生深刻的认知。博物馆中常见的空间流线类型分析见表 3-9，其类型多有优缺点。其中，放射式和大厅式的空间流线类型（图 3-56）较符合具身认知理论的要求和儿童行为心理特征，但是在设计的过程中也应该注意改进。

表 3-9　博物馆中常见的空间流线类型分析

类型	串联式	放射式	大厅式
优点	参观者按照设定的路线完成展馆的参观，该流线具有逻辑性和连贯性，适合叙事性展示空间	该流线由中央的枢纽空间来联系周边的子空间，参观者可以根据自己的喜好决定参观的顺序，具有选择性和灵活性	由一个大空间分隔出若干小空间，参观者自由选择在展馆中的参观路线，具有灵活性和功能复合性
缺点	灵活度低，参观者必须按照设定路径参观	各子空间之间的联系少	方向的不确定性易产生无序感

首先，儿童博物馆的空间流线应既合理又灵活多变。儿童的好奇心理、探索性行为、随意性行为及注意力不集中等心理行为特点都会影响儿童在儿童博物馆空间中的行为，所以在进行空间流线设计时应在满足儿童心理行为特点的同时对儿童博物馆空间的流线进行合理规划。如果没有规划好参观流线，儿童会感到拘束从而产生抵抗情绪。因此，在进行流线设计时应确保儿童参观流线的自由性和灵活性，这样可以使儿童根据自己的兴趣来选择参观的展项，在自由舒适的状态下获得认知体验。如在明尼苏达儿童博物馆的展示空间

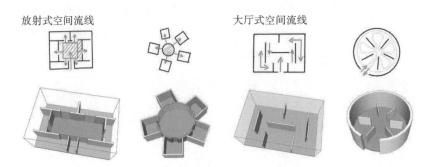

放射式空间流线　　　　　　　　大厅式空间流线

图 3-56　放射式和大厅式空间流线

中，各展项之间没有明确的界限，儿童可以根据自己的喜好在儿童博物馆空间中活动游戏，在不受拘束、自由的状态下与环境空间互动，从而获得认知体验（图 3-57）。

其次，儿童博物馆的空间流线要有节奏层次。儿童的注意力很难集中，因此在设计流线节点时应注意节奏层次。儿童的体力和认知能力有限，观展时间过长会使他们疲惫而产生厌烦心理，所以儿童博物馆空间可以通过设置展览节点或者变化主题来控制流线节奏，如设置休息区、活动区或者安排一些互动游戏，从而营造"起、承、转、合"的空间流线节奏，通过流线的设计调节儿童的身体状态，同时调动儿童的参观积极性，以增强儿童探索儿童博物馆空间的欲望（图 3-58）。如在上海儿童玻璃博物馆中，除了有供儿童欣赏、触摸的玻璃工艺品，还设立了创意工坊活动区，为参观学习的儿童提供活动放松的场所，使儿童在缓解疲劳的同时制作 DIY 玻璃物件，在实践中探索学习（图 3-59）。

图 3-57　明尼苏达儿童博物馆

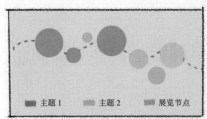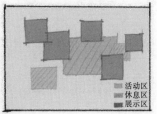

图 3-58　控制节奏的空间流线

图 3-59　上海儿童玻璃博物馆

最后，儿童博物馆的空间流线要有自然引导性。在儿童博物馆空间流线设计的过程中，可以利用空间中的各个要素来引导儿童的活动。其一，可以增加鲜明有趣的导视系统或借用多媒体技术活化导视系统对儿童在儿童博物馆空间中的参观流线进行引导。儿童的认知能力有限且具有一定特点，所以儿童博物馆中的导视系统应既有连续性又满足儿童的认知需求。如丹佛儿童博物馆考虑到儿童对文字的解读能力存在差异，在设计导视系统时将文字转化成有趣的装饰性图案，使导视标识对儿童而言具有可读性，便于儿童进行直观理解，不仅自然地引导了儿童，而且为儿童博物馆空间增添趣味性（图 3-60）。其二，可以通过儿童博物馆空间的形态来自然地引导儿童的行为路径，如可通过圆形空间加强儿童之间的交流，间接延长儿童的停留时间，狭长的空间会在视觉上带来流动感，间接加快儿童在该空间中的流动速度（图 3-61）。其三，可以通过设置视觉焦点来引导儿童，儿童在进入一个新空间后会下意识地扫视整个空间环境，获取对该空间的第一印象，在适应大环境后会观察空间中的细节，最后根据自己的兴趣选定目标进行研究。因此，在设计的过程中，可以在儿童博物馆空间中设置以儿童兴趣为导向的展品、互动设施或空间元素，使儿童博物馆空间形成视觉焦点，引发儿童的情感共鸣，从而引导儿童的行为路径。如 Muzeiko 儿童科学探索中心在展示空间中设置了不同的互动设施，成功吸引儿童的视觉注意力，有效引导儿童的流动，确保展示空间具有探索性，激发儿童发挥认知进行探索的行为活力（图 3-62）。

图 3-60　丹佛儿童博物馆导视系统

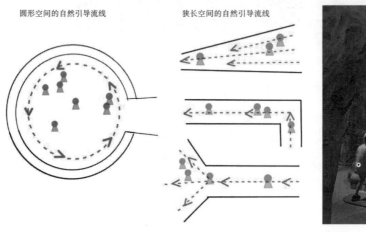

圆形空间的自然引导流线　　　狭长空间的自然引导流线

图 3-61　空间形态自然引导儿童行为路径

图 3-62　Muzeiko 儿童科学探索中心

2. 符合儿童心理需求的空间形态

儿童博物馆的空间形态是其内涵及功能的外在表现，对儿童的认知也有一定影响。儿童参观儿童博物馆时，常会受到空间环境的影响，空间环境中的形态、元素都会潜移默化地对儿童产生刺激和影响，从而使儿童获得不同的认知体验。因此，儿童博物馆空间在设计的过程中要满足儿童的心理需求，创造出丰富的空间形态并在空间中融入趣味性元素，为儿童打造充满趣味性的空间环境。

首先，在儿童博物馆空间中采用多种形式来表现空间形态。由于儿童行为具有随意性、不确定性等特点，因此应尽可能选择包容性好的空间形态，打破博物馆传统的空间形态，建立易被儿童接受的空间形态，在儿童与儿童博物馆空间之间建立联系，从而吸引儿童对儿童博物馆空间内容的关注和认知。儿童博物馆空间形态可以从3个方面来呈现：其一，打造实体化的空间形态。通过儿童博物馆空间中的展品或空间元素为儿童带来确切的感知，这就要求实体化的空间从儿童的感官出发，营造出多感官的体验空间，丰富儿童博物馆空间形态的同时让儿童通过自身的感知在儿童博物馆空间中进行体验学习；其二，营造意识化的空间形态。儿童博物馆除了可以表现为实体化的空间形态外，还可以表现为意识化的空间形态。儿童博物馆空间可通过融入语音讲解、音乐等进行内容传达，营造一种模糊的空间氛围，儿童会通过模糊感知的引导在脑海中建立儿童博物馆空间的意识化形态，这将提高儿童的想象力和创造力。其三，提供模拟感知的虚拟空间形态。在儿童博物馆中，还可以通过影像、多媒体技术等手段模拟感知，虽然儿童无法触及，但是可以通过自身的经验进行模拟感知，虚拟的展示空间培养儿童发散思维的能力，儿童可通过对虚拟空间的模拟感知，在主观上形成对儿童博物馆空间的认知与探索。

其次，在儿童博物馆空间中创造丰富的空间形态。儿童的发散思维和跳脱的性格决定了那些沉闷、规矩的空间形态无法满足他们的要求，所以在儿童博物馆空间中可以运用不规则的形态来引发儿童的好奇心，通过空间材料、空间颜色及不同的空间形态，如下沉式空间、嵌套母子空间、穿插空间、共享空间等（图3-63），来营造一个灵活的空间环境，给儿童带来视觉冲击，从而引发儿童探索儿童博物馆的兴趣。在儿童博物馆中最常见的空间形态是嵌套母子空间，如曼谷儿童探索博物馆中就有嵌套母子空间（图3-64），在大空间中通过展项的设立隔出小空间，营造一种封闭与开敞相结合的状态。除此之外，小空间更加贴合儿童的心理需求，会带来一种安全感和亲切感，为儿童在儿童博物馆空间中探索学习提供良好的空间环境。

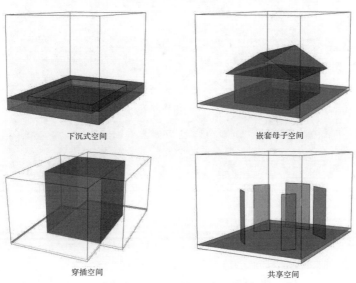

下沉式空间　　　　嵌套母子空间

穿插空间　　　　共享空间

图3-63　不同空间形态示意图

图 3-64 曼谷儿童探索博物馆

最后，在儿童博物馆空间形态中融入趣味性元素。儿童在儿童博物馆中通过各种感知了解儿童博物馆空间中的各要素，进而对空间形成认知。在儿童博物馆空间中融入趣味性元素，可使空间环境符合儿童的审美需求，让儿童更容易接受该儿童博物馆空间。可以在儿童博物馆不同的空间中融入儿童感兴趣的卡通人物形象，以吸引儿童的注意力，激发儿童在空间中探索的欲望。如在墨尔本博物馆儿童展中，空间形态融入了多种卡通形象（图 3-65），满足了儿童的审美需求，且激发了儿童在该空间环境中互动游戏的积极性，促进儿童进行认知探索。因此，在进行儿童博物馆空间形态设计时，要采用儿童感兴趣的符号、色彩、形态等空间元素，利用不同的表现手法组织构建出有趣的儿童博物馆空间形态，激发儿童的内在兴趣，培养儿童的创意思维，让儿童博物馆更具探索性。

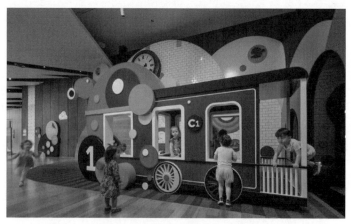

图 3-65 墨尔本博物馆儿童展

（二）增强空间展品互动性辅助儿童认知

1. 互动性展品辅助儿童互动认知

在传统意义上的展示模式中，展柜标签和实物的展示形式呆板、枯燥，无法调动儿童的兴趣，而儿童博物馆强调的是趣味性学习和寓教于乐，并注重互动性与探索性体验，所以在儿童博物馆空间中提供互动性展示是解决博物馆空间枯燥乏味的有效方法之一，互动性展示最显著的表现形式就是通过互动性展品使整个儿童博物馆空间产生人与物的互动、人与人的互动，让儿童在儿童博物馆中通过参与体验进行认知探索。

首先，从儿童行为与心理的角度出发，儿童的探索性行为及象征性游戏行为，儿童的好奇心理与游戏心理，都需要儿童博物馆空间设置互动性展示。儿童博物馆通过互动性展品、游戏空间等互动形式，让儿童通过自己的身体行为及心理行为获得互动体验。儿童在与展品互动时也会间接地与空间和人互动，互动性展品将儿童置于儿童博物馆空间乃至各个展项之中，带动儿童在儿童博物馆空间中进行认知探索。在儿童博物馆空间中设置互动性展品在一定程度上突破了乏味单一的展板、传统实物展柜等静态展示的局限性，大大提高了儿童博物馆空间的探索性、可参与性及娱乐性，为儿童在博物馆中探索学习提供轻松愉悦的氛围，有助于儿童认知的发展。

其次，互动性展品在辅助儿童认知的同时可以提高儿童博物馆空间的趣味性，在互动性展品设计的过程中需要从儿童的行为心理特征及兴趣点出发，针对儿童博物馆空间环境及展示主题设计不同的互动方式。儿童的探索性行为要求互动性展品调动儿童的动手能力，而这种动手不仅是触摸，还是一种互动，也是展品与儿童之间的一种交流，所以互动性展品的选择需要尽可能地调动儿童的知觉及内在思考。例如，斯普林菲尔德博物馆在展览中将画作与可粘贴的软质材料结合，让儿童参与到画作的创作中，将静态的展览转变为具有互动特点的个性化体验，儿童可以根据自己的想法随意改变软绵的位置，充分发挥自身的艺术天分（图3-66）；波士顿儿童博物馆的互动性展品让儿童在互动的过程中，学习相关的物理知识，进而产生思考、获取认知（图3-67）；休斯敦儿童博物馆的"儿童都市"展区中的所有展品都属于互动性展品，展区通过模拟城市运行系统为儿童打造一个迷你城市，儿童可以在"儿童都市"中赚钱消费，体验不同类别的工作与生活（图3-68）。展品以模拟生活中物品的形式参与儿童的互动体验，互动性展品并不是仅供触摸，而是参与到儿童与环境的互动当中，并且可以辅助儿童学习相关技能。

最后，儿童的好奇心理和游戏心理要求互动性展品具有趣味性和新颖感，并且要从儿童的兴趣点出发进行设计，所以互动性展品在保证互动的同时还要有新颖的展示形式，这样才能吸引儿童进行认知探索。例如，在印第安纳波利斯儿童博物馆中，展区"塞提一世墓室"中的展品具有互动性，儿童在法老主题的环境空间中与展品进行互动，可以通过墙壁上的壁画、互动按钮了解墓室相关的内容，学习相关历史知识（图3-69）。该展区的互动性展品与空间环境相融，以模拟情境的新颖形式吸引儿童进行探索认知。又如，六月坡儿童主题博物馆中的互动性展品，以一种夸张的手法将童话世界里的形象放大，并将这些形象以一种新颖的形式融入环境空间，满足儿童互动体验的需求（图3-70）。

图 3-66　斯普林菲尔德博物馆中的互动性展品

图 3-67　波士顿儿童博物馆中的互动性展品

图 3-68　休斯敦儿童博物馆中的互动性展品

图 3-69　印第安纳波利斯儿童博物馆"塞提一世墓室"中的互动性展品

图 3-70　六月坡儿童主题博物馆中的互动性展品

2. 多媒体技术介入展品的参与互动

随着当代多媒体技术的不断发展，越来越多的多媒体技术被引入博物馆展示空间当中。多媒体技术具有互动性高、参与体验感强等优势，可以有效地传达展示空间中的信息，促进人与展品、人与空间、展品与空间的交流与互动，为博物馆空间提供创新性的技术体验，使整个空间更具沉浸性，增强参观者对一些抽象概念的理解能力，促使参观者在博物馆空间中轻松自主地通过互动体验的方式接收信息、获取认知。这些多媒体技术包括多媒体音频技术、影像技术、VR 技术、交互技术等（表 3–10）。多媒体技术的介入印证了博物馆空间具身化的发展趋势。

表 3–10　多媒体技术种类及表现形式

技术种类	表现形式
多媒体音频技术	通过声音、图片、视频等形式表现
影像技术	全息投影、幻影成像
VR 技术	营造虚拟空间
交互技术	通过触摸、互动游戏等形式表现

儿童博物馆空间是一个寓教于乐的场所，固定的实物展示、冰冷的展柜、烦琐的文字已经不能满足儿童参与互动的需求。多媒体技术介入儿童博物馆空间展示，满足了儿童的身心发展需求。儿童与生俱来的强烈好奇心与探索性精神，使得博物馆空间中展柜、展台的展示形式无法调动儿童认知探索的欲望，因此可以通过多媒体技术，使儿童博物馆空间展品具有趣味性，强化展示空间的互动体验，为儿童带来视听享受。在儿童博物馆中可以运用数字影院、人机互动等表现形式实现多媒体技术介入展品的参与互动，这样的儿童博物馆空间将不再单调乏味，且会深受儿童的喜爱。图 3–71 所示为美国拉克罗斯儿童博物馆的 "Eye Play" 交互式数字设备，在该展区儿童可以进入虚拟操场，与 VR 技术呈现的烟花进行互动，且互动不单单服务于一名儿童，多名儿童可以同时使用。儿童在与多媒体技术展品互动的同时也可以自行组织游戏，在认知的过程中获取快乐，也锻炼了社交能力。

图 3–71　美国拉克罗斯儿童博物馆的 "Eye Play" 交互式数字设备

多媒体技术能够有效、深入地向儿童传达信息。由于儿童处于成长阶段，心智还不成熟，面对单纯的图片或者文字解说，儿童无法理解抽象信息及信息的深层含义，因此，合理地介入多媒体技术可以使展示内容更加明朗，展示效果优于其他形式。多媒体技术通过影像、声音、光影特效、动画、互动等将展示内容整合，与静态的展示形式相比，能够使儿童在沉浸式互动体验中利用有限的精力完成认知探索。图 3-72 所示为英国尤里卡国立儿童博物馆的 Pedal Powered Volatile Light 踏板驱动的光波展示区，儿童可以通过踩自行车创造光迹和图案，而 Cycloid Drawing Machine 摆线绘图仪可以由儿童控制机械臂和旋转表面，以追踪发光的圆形涂鸦。将多媒体技术与儿童互动体验结合，可以帮助儿童认识数学中不同的图形及杠杆、滑轮、齿轮等的工作原理。

图 3-72　英国尤里卡国立儿童博物馆的
Pedal Powered Volatile Light 踏板驱动的光波展示区

四、展示情境中认知探索的设计策略

（一）构建满足儿童情感需求的展示空间

儿童的身心发展规律及儿童的认知发展水平都与成人存在差异，所以儿童对空间的需求也与成人不同。儿童博物馆空间探索性设计的主要目的就是为儿童提供活动场所，间接引导儿童在儿童博物馆中体验学习，从而激发其学习欲望，丰富其自身认知。面对博物馆的具身发展趋势，情感化设计在由"物"向"人"的转换趋势中再露锋芒。对儿童博物馆的空间设计而言，情感化设计依然重要，在儿童博物馆空间中运用满足儿童情感需求的情感元素，让儿童博物馆空间以一种情感特性表达的方式展现在儿童面前，促进儿童与儿童博物馆空间的情感交流，加强儿童对儿童博物馆空间的认知探索。在进行儿童博物馆空间的情感化设计时，空间中的各个设计要素都应满足儿童的行为心理及情感需求，在营造空间氛围的同时为儿童打造舒适的博物馆空间环境，使其具有情感性和体验性。空间中的情感要素包括空间色彩、空间材料、空间符号、空间造型及空间功能等，其中空间造型、空间功能等环境要素在上文已有阐述，故本节对空间色彩、空间材料及空间符号这3个情感要素进行阐述。儿童博物馆通过以下3个方面情感元素的设计引发儿童在儿童博物馆空间中学习交流的行为，促进儿童的情感交流，以这种物质情境的形式使儿童与儿童博物馆空间产生互动，满足儿童在情境中认知探索的需求。

1. 空间色彩

色彩是环境空间中的一种抽象感受形式，其带来的情感与环境空间密不可分，两者是相互依存的。在日常生活中，儿童对色彩是十分敏感的，儿童通过视觉神经将色彩信息传入大脑，产生联想和想象，以及情感变化，情感在一定程度上间接影响儿童在空间中的认知，所以色彩运用对儿童在儿童博物馆空间中的认知探索起着重要的作用。在儿童博物馆空间探索性的设计过程中，应正确处理儿童与色彩的关系，理性处理色彩变化。

首先，儿童博物馆空间中的色彩选择要根据该空间的整体环境、内容、主题，以及儿童的特点和兴趣等进行综合考虑，保证整个儿童博物馆空间色彩具有整体性且富有变化。如图3-73所示的曼哈顿儿童艺术博物馆通过"色彩之轮"将不同的项目和功能分区展现出来并融为一体，强烈的色彩运用产生浓烈的艺术氛围，极大地丰富了该博物馆的空间环境，为儿童提供了一个符合自身需求的展示空间，使儿童可以零距离学习艺术、感受艺术。

图3-73 曼哈顿儿童艺术博物馆

其次，要注重儿童博物馆空间中色彩的节奏变化，既要考虑不同色彩运用的比例及色彩在空间中的呼应关系，又要使色彩在统一的基础上富有细节变化，促使儿童在儿童博物馆空间中产生不同的联想和想象，促成儿童与空间的情感交流，调动儿童在儿童博物馆空间中探索认知的热情。在图 3-74 所示的北京中国儿童中心老牛儿童探索馆空间中，色彩搭配、色彩节奏运用恰当，使整个儿童博物馆空间充满视觉动感，可以充分调动儿童探索的欲望，促进儿童在儿童博物馆空间中进行认知探索。

图 3-74　北京中国儿童中心老牛儿童探索馆

最后，考虑空间色彩对儿童的情感影响。空间色彩设计要以儿童的行为心理特点及情感需求为依据，为儿童打造一个舒适且具有探索性的空间。从色彩学的角度讲，色彩的明度、色相和饱和度都会影响人的视觉感受和情感输出。儿童一般对鲜艳色彩较为敏感，对明度较低的色彩很难提起兴趣，但随着其年龄的增长，儿童变得更容易接受和谐、柔和的色彩。这里所说的是儿童的主观情感，即喜欢或不喜欢某种色彩（表 3-11）。若在儿童博物馆空间中大量使用高饱和度的色彩，会让儿童产生过度兴奋、精神紧张甚至焦虑的情感表现，这样会对儿童的身心发展产生不良影响，间接抑制儿童在儿童博物馆空间中的认知。

表 3-11　儿童关于色彩的主观情感特征

年龄段	主观情感特征
0～1 岁	眼睛暂未发展成熟，对色彩的辨识度较低，对鲜艳的色彩比较敏感，但不适于处于色彩过于浓烈的空间
2～3 岁	可以区分色彩，但是不能明确地辨认色彩，喜欢红、黄、蓝、绿等饱和度较高的色彩
4～6 岁	可以分辨简单的色彩，能够发现色彩之间的微弱变化，喜欢暖色调，如红、橙、黄、粉等
6 岁以后	男孩和女孩对色彩的主观情感产生差异，男孩喜欢蓝、绿等鲜明的色彩，女孩喜欢黄、粉、白等柔和的色彩

在儿童博物馆空间中运用不同的色彩会给儿童带来不一样的视觉感受，从而引发儿童不同的情绪，这里体现的是儿童的客观情感，即色彩本身给儿童带来的感受（图3-75）。相关实验表明，在暖色空间中，如波长较长的红色、橙色、黄色，它们较强的光色对人的眼睛影响较大，易产生膨胀感，更容易吸引儿童的目光，会让儿童产生兴奋感，可以有效刺激儿童思维，提高其敏感度和创造性，从而使儿童对周边事物产生好奇心和探索欲，有利于儿童在儿童博物馆空间中认知的发展；而在冷色空间中，如波长较短的蓝色、绿色、黑色，它们的光色较弱，易产生收缩感，会使儿童更加冷静、专注，促使儿童在空间中保持沉稳安静的心态，虽然可以提高儿童在空间中认知的专注度，但是若在儿童博物馆空间中过多使用会导致儿童产生压抑紧张的情绪，不利于儿童在儿童博物馆空间中的学习。因此，在儿童博物馆空间设计的过程中，要充分考虑儿童的心理特征、兴趣爱好及情感需求，并考虑不同色彩对儿童情绪的影响，通过空间色彩的科学搭配，发挥色彩在儿童博物馆空间中的积极作用，引导儿童在儿童博物馆空间中的情绪与行为，让儿童在儿童博物馆空间中的认知探索满足其情感化需求。

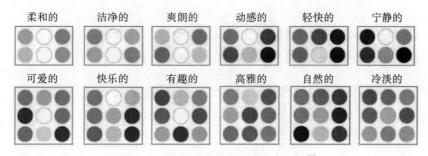

图3-75 儿童关于色彩的客观情感分析 [1]

2. 空间材料

材料是构成空间界面的基础，材料本身具有的质感、纹理、色彩等特质形成了空间中的特有的情境氛围。材料是空间设计表达的载体，不同的材料可以表达不同的设计理念。随着社会的发展，展示材料的种类不断丰富，为博物馆空间的营造创造了更多的可能性。儿童最直接的认知方式就是视觉观察和触觉感受。在儿童博物馆空间中，儿童通过视觉观察材料、通过触觉感受材料，从而与整个儿童博物馆空间进行互动交流，完成对空间的初步认知，并建立情感关系。所以，在儿童博物馆空间探索性设计的过程中，要充分考虑材料的选择与搭配，以满足儿童的情感需求。

首先，空间材料的选择要保证安全性。儿童天生具有强烈的好奇心，对儿童博物馆空间中的展品设施会产生强烈的兴趣。由于生性好动，儿童甚至会在环境空间中展开自发性的游戏活动，这一系列行为会给儿童带来不可预知的危险，所以儿童博物馆空间中材料的

[1] 吴雅贤. 博物馆儿童主题空间设计研究：以武汉"梦幻城堡"儿童主题空间设计为例 [D]. 武汉：华中科技大学，2019.

安全性应被优先考虑。在空间材料选用及设计的过程中应避免金属等硬性材料，且应对粗制材料进行打磨、抛光的处理，防止刮伤儿童；展品及设施应尽量选择天然、安全环保的材料，如木材、水等。如芝加哥科尔儿童博物馆在空间材料的选择上充分考虑到安全性，多采用软性和环保材料，并且空间中很少有尖角出现，保证儿童活动的安全性，儿童可以尽情地在情境中体验学习，这为儿童在儿童博物馆空间中认知探索提供了便利条件（图 3-76）。

图 3-76　芝加哥科尔儿童博物馆

其次，空间材料的搭配要和谐统一。空间材料将运用于整个空间当中，包括地面、墙面、棚顶、展品设施等，不同空间材料及材料不同的拼接方式都会使人在空间中产生不同的情感体验。相似材料或同种材料的使用可以保证儿童博物馆空间的整体性，不同但相似材料的组合使用，可以通过微妙的视觉、触觉变化激发儿童对相似事物的探索能力；不同的材料会带来不同的心理感受，不同材料组合运用在儿童博物馆中的同一空间时，可以激发儿童对不同事物的认知能力，促进儿童视觉与触觉认知的平衡发展。虽然材料的运用可以为空间情境的营造提供丰富的选择性，但是在儿童博物馆空间中空间材料的选择要注意整体性，避免空间中使用过多种类的材料，造成没有节奏感且杂乱无章的视觉效果，这样营造出来的儿童博物馆空间是无法吸引儿童的，儿童在其中会因眼花缭乱而产生厌烦情绪，这将不利于儿童在儿童博物馆中学习。儿童博物馆应该根据空间基调选择一种主要材料，再在空间细部搭配其他材料，赋予空间一些变化，形成富有层次和节奏的空间的同时保证儿童博物馆空间情境的和谐统一，吸引儿童进行探索学习。

最后，要充分考虑空间材料对儿童产生的情感影响。不同的材料会带来不同的心理感受，材料除了自身的使用功能，还可以为使用者提供独特的情感体验，每种材料都有对应的情感信息（表 3-12）。根据不同材料的情感特性，在儿童博物馆空间设计的过程中应注重材料的运用和搭配，激发儿童的心理感受和情感体验，使儿童博物馆空间具有探索性。

表 3-12 材料情感分析

材料	情感体验
皮革	柔软、感性、温柔、浪漫、手工、天然、真实
金属	人造、坚硬、理性、科技、未来感、冷漠、高傲、前卫
木材	自然、温馨、亲切、手工、感性、真实、人文
纸材	亲切、自然
塑料	人造、轻巧、细腻、艳丽
石材	古典、神秘、自然、亲和、人文、真实、天然
橡胶	人造、低俗、阴暗、束缚、笨重、呆板
玻璃	高雅、明亮、光滑、时髦、干净、整齐、自由、精致、活泼
陶瓷	高雅、明亮、精致
布料	柔软、舒适

儿童在日常生活中接触大自然的机会较少，对自然环境中事物的认知较低，但儿童对自然环境还是比较向往的。根据上文对各种材料带来的情感体验的分析，能看出若在儿童博物馆空间中将木材作为主材料，可以在空间中营造出亲切、温馨的氛围，增强儿童在儿童博物馆空间中的舒适感、安全感。例如，阿巴斯特儿童博物馆体验中心（图 3-77）的空间以自然原木为主要材料，搭配运用地毯、毛毡等软性材料，空间材料的连续性处理使该儿童博物馆空间形成了有机统一体，木材等软性材料为整个儿童博物馆空间营造出温馨、亲切的氛围，满足儿童亲近自然的情感需求，使儿童在儿童博物馆空间中舒适地学习。除此之外，应根据儿童博物馆空间中的展项主题和内容进行选择，如空间是科技主题就可以运用金属、玻璃等硬性材料，这些材料会给儿童带来冰冷感、未来感，使主题空间更有氛围感，增强儿童在儿童博物馆空间情境中的互动体验，从而促进其探索学习。又如，在DISCOVERY 儿童博物馆的科学主题展厅（图 3-78）中，采用玻璃和金属材料，营造神秘、科幻的情境氛围，调动儿童的好奇心，促使儿童在儿童博物馆空间中通过情境的情感表达来探索认知，提升儿童在儿童博物馆空间情境中的沉浸式体验。

图 3-77 阿巴斯特儿童博物馆体验中心

图 3-78　DISCOVERY 儿童博物馆的科学主题展厅

3. 空间符号

儿童对于图形符号的辨认远早于语言的使用，他们在还未理解语言和开发语言功能的时候就已经能够感受和认知图形符号了。因此，在儿童博物馆空间的信息传达中要考虑儿童的认知能力，尽可能地设置一些便于儿童理解的空间符号，从而辅助儿童认知博物馆信息，同时也可以加强儿童间的意识交流并满足儿童的情感需求，进而为儿童提供更好的空间体验。

首先，儿童博物馆空间的空间符号要进行具象与抽象的转化。具象图形符号更加接近现实，能给儿童带来直观、真实的视觉感受，也更容易理解；抽象图形符号则由具象图形符号经过拆分、转化而成，这些拆分、转化后的抽象符号包括点线面、圆形、矩形、三角形等，具有一定的象征意义。在设计的过程中，具象和抽象转化是常用的表现手法，二者相互依存。在儿童博物馆空间设计的过程中，空间的具象符号要根据儿童心理认知需求进行抽象的转化处理，经过加工后的空间抽象符号不仅可以锻炼儿童的想象力和联想能力，还可以凭借其直观性吸引儿童接受博物馆信息，满足儿童的认知需求。如仁川儿童科学博物馆（图 3-79）以海绵为主题概念，其空间将海绵符号抽象化，先将空间符号中的圆形抽象为海绵表面凹凸不平的孔洞，再搭配儿童喜欢的缤纷色彩，为儿童营造出一个充满活力和趣味的学习空间，满足儿童的情感及认知需求。

图 3-79　仁川儿童科学博物馆

其次，儿童博物馆空间符号要进行简化和夸张。通过儿童绘画作品（图 3-80），我们可以发现儿童理解与感受事物的特点，在绘画中儿童喜欢运用夸张或简化抽象的方法来进行表达。就简化符号这一特征而言，儿童博物馆空间应该更多地使用简化符号进行信息传达，且要在整体内容不受影响的情况下对符号元素进行简化，使之线条流畅、构图简单，避免呆板、复杂。简化符号还应与儿童生活经验相关联，建立与儿童生活的联系，在保证信息传达的基础上培养儿童的发散思维和观察能力，在空间环境中潜移默化地影响儿童的学习行为，进而增加原有图式，丰富儿童的认知。图 3-81 所示为布鲁克林儿童博物馆水中游戏展区，由于该展区的展示主题与水元素有关，因此在进行空间符号设计时将波浪、水珠及水轮的形态简化，并进行重复运用，搭配儿童喜欢的颜色，丰富视觉体验的同时提高了儿童在该空间中游戏、学习的热情。就夸张符号这一特点而言，儿童博物馆空间设计需要运用夸张的艺术手法对空间符号进行处理，可以根据主题对符号元素进行等比例的放大或缩小，或根据着重表达的内容意义进行突出表现，二者都是通过物象各方面属性和空间对比关系来形成视觉张力，进而在原有图形符号的基础上衍生出新的空间符号。对空间符号简化和夸张的过程也是对儿童情感间接满足的过程，都要以儿童的认知水平为基础，进行创意表达。

图 3-80　儿童绘画作品

图 3-81　布鲁克林儿童博物馆水中游戏展区

最后，儿童博物馆各主题空间的空间符号要符合儿童的情感需求。圆形、三角形、矩形所表达的情感大有不同（表3-13）。根据对不同图形符号情感表达的分析，在运用儿童博物馆空间符号时可以将其与儿童博物馆的空间主题结合，如在趣味性主题展区运用具有情感活力的圆形符号；在科学主题展区或学习空间中运用线性或矩形符号，如上海儿童博物馆的墙面上运用了线性符号，这些符号由芯片电路简化抽象而成，直观地突出主题和定位（图3-82）；在探险主题或律动主题的展示空间中则可以运用三角形空间符号，如在上海儿童玻璃博物馆中的一个音乐主题展区就运用了三角形空间符号，这些符号既抽象了玻璃晶体的形态，又为该空间营造出律动感，吸引儿童在该空间进行探索（图3-83）。符号的运用也是具有多样性的，在运用空间符号时可以将多种图形符号进行集合整理，在儿童博物馆空间中运用多形态的空间符号，通过空间符号的设计增添趣味性，为儿童打造富有情感并可以寓教于乐的教育空间，使儿童在活动探索的过程中通过视觉图示建立心理图式并产生认知。

表 3-13　不同图形符号的情感表达

图形符号	特点	情感表达
圆形	圆形寓意无限、圆满、团结，圆形的图形符号包含各种形式，如实心圆、圆环、圆点等	温暖、活力
矩形	矩形平行边的构成使其具有稳定感和平等感，在设计中常通过阵列、叠加、旋转等手法对矩形符号进行构成	稳定、平静
三角形	正三角形具有稳定性，三角形也具有方向性和矛盾性，将三角形运用到图形符号的设计中会吸引人们注意	律动、警觉

图 3-82　上海儿童博物馆空间符号

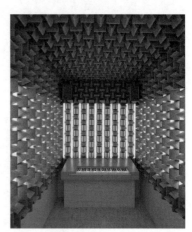

图 3-83　上海儿童玻璃博物馆空间符号

（二）丰富空间叙事情境式推动儿童认知

宗白华先生曾在其著作《美学散步》中提出"意境"的概念：人触景生情产生联想与想象，内心与环境之间产生互动交流，进而在环境中感受到舒适和快乐。儿童处于身心发展阶段，对知识的理解能力有限。传统的展板、展台等博物馆展示形式相对枯燥，无法使儿童产生学习兴趣，也无法使其获取认知。而情境式展示可以通过设置生活化情境、故事化情境等方式为展品营造一个极具感染力的"意境"空间环境，情境是连接儿童身体与心理的纽带，动态、丰富的情境可在一定程度上将儿童的情感与环境连接，促使儿童在情感的引导下学习，激发儿童在空间中探索学习的积极性。因此，儿童博物馆空间应丰富情境式展示，通过生活化、故事化的情境设置，让展品与环境相互渗透，使儿童在情境中沉浸式体验学习，进而使儿童与环境交流，使其在获取认知的同时收获快乐。

1. 满足认知需求的生活化情境

儿童博物馆是一个为儿童提供教育的场所，目的是让儿童能够更好地进行认知探索，所以在儿童博物馆空间中，儿童学习的体验是不容忽视的一部分。儿童博物馆空间在营造情境时，运用空间的艺术语言营造氛围，引发儿童与环境互动，使儿童产生直接经验。因此，情境体验对儿童在儿童博物馆空间的探索认知具有重要意义，在儿童博物馆的情境式展示中要着重考虑儿童的认知需求，在设计过程中可以融入生活化情境使儿童在互动中获取直接经验。

其一，儿童博物馆空间中的情境式展示应贴合儿童的认知需求。一是要考虑儿童认知结构的需求。根据上文分析，儿童的认知结构是图式、同化、顺应、平衡的过程，这个过程需要儿童与外界的互动，所以这在一定程度上也要求了情境中儿童与环境的互动性。儿童博物馆空间的情境应能让儿童获取信息，然后同化到自身的原有图式中或改变原有图式进行顺应，从而丰富自身的认知。二是要满足不同年龄段儿童的认知发展需求。儿童根据年龄阶段可分为感知运动阶段、前运算阶段、具体运算阶段和形式运算阶段，儿童博物馆服务的群体是儿童，自然应该照顾到各年龄阶段儿童的需求。在儿童博物馆情境的设计中应考虑儿童认知发展的规律，如对感知运动阶段和前运算阶段的儿童多设置一些简单的情境，在情境中多设置一些激发儿童知觉的设计，如沙土、水、积木等，因为此阶段儿童的认知还处于低级行为图式阶段，主要靠知觉来进行认知；对于具体运算阶段的儿童，情境可丰富生动，具有互动性和探索性，因为该阶段儿童初步产生抽象思维、逆向思维和情感活动，更加渴望与环境互动来获取认知。

其二，情境设计应贴近生活场景。儿童的生活经验不足，且处于对世界的初探时期，儿童对生活中的种种没经历的事物充满好奇，也渴望认知，所以儿童博物馆空间情境式展示应营造生活化情境，通过生活化情境的设置满足儿童认知的需求，同时避免儿童对空间产生抵触情绪和陌生感，还可以让儿童在生活化情境的互动体验中学习到日常生活的经验和常识。儿童博物馆在生活化情境中还原生活中的情景，如工作生活（图3-84）、日常生活（图3-85）、学习生活或自然实景等，摆脱时间和地域的限制，将现实生活的场景营造成生活化情境，并将其作为互动性展品清楚地展现在儿童博物馆空间中，给儿童以身临其境的真实体验，促使儿童与环境情景互动，更好地发挥儿童博物馆空间的探索性。

图 3-84　大阪儿童博物馆中的生活化情境

图 3-85　布鲁克林儿童博物馆中的生活化情境

2. 传承本土文化的故事化情境

　　根据上文对中国儿童博物馆空间探索性不足的分析，可以发现中国儿童博物馆空间中的情境设置多是对美国儿童博物馆情境内容的模仿，缺少对本土文化的传承与独特体现。儿童博物馆空间可以通过直观的、形象的空间表现手法将展品与环境相融，打造故事化情境，进而激发儿童与展品互动的热情，使儿童通过感知空间情境获得深刻的学习体验，在此基础上增加一些与本土文化相关的内容，间接引导儿童在博物馆空间中认知学习，并传承本土文化。

　　首先，故事化情境的设置不一定是一个单独的空间场景，也可以是一个展品与周边环境形成的小场景，但都是围绕空间搭建场景，脱离不了环境。将情境营造得如同故事化电影，儿童在故事化情境中参观就如同欣赏一部电影。如六月坡儿童主题博物馆通过街景的布置、房屋的搭建、灯光的烘托，将整个展区营造成阿斯特丽德·林格伦的《长袜子皮皮》的童话情境（图 3-86），或是通过互动性展品与背景或周边环境形成富有情趣的童话小情境（图 3-87），使儿童进入故事化情境，通过自身与情境的互动，体验童话世界。这一设计在彰显瑞典本土童话文化的同时，还能使儿童深刻认知童话的内涵。

　　其次，故事化情境在设计的过程中要注意节奏的张弛有度。儿童正处于一个想象力丰

图 3-86　六月坡儿童主题博物馆

图 3-87　六月坡儿童主题博物馆中的童话小情境

富和探索欲望强烈的阶段。在儿童博物馆中，儿童处于在娱乐中学习的一个状态，儿童在快乐、轻松的环境中进行认知探索。儿童在儿童博物馆空间的故事化情境中"玩中学"的过程更像是观看一部精彩的电影，儿童在看电影时之所以放松、投入且观影后还能记忆深刻，是因为电影中明确的主题及跌宕起伏的故事情节将他们深深地带入了角色中。儿童博物馆空间的情境设置不仅应具有故事性，还应把握节奏，如果使儿童一直处于一个情境或者情绪之中，会导致其产生审美疲劳，不利于儿童保持认知的热情。因此，故事化情境不能滥用，应突出主次、合理控制节奏，从而使儿童产生高度的兴趣，便于儿童在儿童博物馆中探索认知。

最后，在儿童博物馆空间的故事化情境中引入本土文化。儿童博物馆除了在儿童教育方面具有显著功能，也受地域因素的影响而呈现不同的特征，所以儿童博物馆空间应突出地域特色，即注重对本土文化的传承。如日本横滨面包超人儿童博物馆以日本著名动画片《面包超人》为主题，空间环境充斥着面包超人的元素（图 3-88），同时还原了动画片中的一些场景作为情境（图 3-89），儿童可以在情境中互动游戏，并体会、学习面包超人的正义、善良等优良精神。与此同时，该博物馆借助面包超人主题传承日本特色本土文化。

图 3-88　日本横滨面包超人儿童博物馆

图 3-89　日本横滨面包超人儿童博物馆空间情境

　　图 3-90 所示的埃及儿童文明创意中心为前来参观的儿童提供了一次穿越埃及历史的独特冒险体验——从探索贵族坟墓到通过明星画廊的旅行，儿童能通过沉浸式的互动体验探索埃及的文明。如在"Where am I from？"展区中（图 3-91），儿童通过考古的方式，在故事化情境中了解和探索埃及的历史。儿童在这里除了可以探索金字塔、参观图坦卡蒙陵墓、观察木乃伊、体验现代挖掘技术，还可以在亚历山大水下探险区进行潜水训练。该创意中心将科学、技术、想象力、过去、现在、未来与古老的埃及文化巧妙地结合，用丰富精彩的、融入本土文化的故事化情境为儿童创造了一个美好的世界。

　　在中国，儿童博物馆空间的故事化情境中同样可以引入中国本土文化，如中国传统节日、中国历史文明故事、中华传统美德故事、十二生肖等，这些文化元素都可以融入情境。在儿童博物馆空间情境中加入十二生肖元素，或者以中华传统美德故事为主题，使儿童在情境中互动体验，可以让儿童博物馆空间在传递知识的同时传承中国本土文化。

图 3-90　埃及儿童文明创意中心

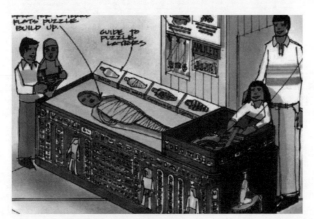

图 3-91　埃及儿童文明创意中心 "Where am I from？" 展区

第四章

『城市』大博物馆与工业遗址保护再生

第一节
"城市大博物馆"视角下的工业遗址保护与再生理论

一、博物馆的内涵与外延式发展

追本溯源到公元前 5 世纪,古希腊的缪斯(Muse)神庙已具有博物馆的初步形态,直至 17 世纪英国牛津大学阿什莫林博物馆的建立,使得"Museum"成为真正意义上的博物馆,形成了最早的博物馆系统。对博物馆最广为流传的解释来自 ICOM:博物馆是一个为社会及其发展服务的,向公众开放的非营利性常设机构,以教育、研究和欣赏为目的征集、保护、研究、传播并展出人类及人类环境的物质及非物质遗产。[1] 在 2018 年,ICOM 指出,对博物馆将以特点划分而不再以定义划分,且应体现在更具复杂性与多元化的实践中。这标志着城市资源的博物馆化,由此出现"泛博物馆"及"城市大博物馆"。

毫无疑问,收藏始终是博物馆最原始、最主要的功能,同时具有教育、研究、征集、保护、传播功能。人们对博物馆的传统认知是"一个建筑物的集合",他们走进博物馆,买票、寄存、入场、按照路线参观后离开博物馆,这好像就是参观一个博物馆的所有流程。而随着城市空间与人类行为活动的演进,文物与博物馆的关系从未停止过改变,博物馆的内涵也呈现外延式的发展,这为博物馆的适应性发展提供了更广阔的空间。

18 世纪 90 年代,阿图尔·哈契利乌斯提出了区别于传统的室内复原陈列、组合陈列的展览方式,将历史建筑转移到博物馆中,把无形的历史转变为有形的陈列室。在资本主义自由竞争的背景下,文化权、政治权、伦理学潜移默化影响着博物馆的意义、表达与思考,彼得·弗格在《新博物馆学》中指出新博物馆学的重点在于对文化遗产的整体性保护,不止遗产本身,还有与遗址有关的自然和文化保护,彼得·弗格以此实现了去传统博物馆"活化石"标签的转向 [2]。从这个转变中不难看出博物馆"收藏"本身的意义在不断转变:弱化文物的实际意义,强化更加抽象的文化象征意义,不变的是知识与人文。宫殿式的博

[1] 桑达尔,秦文.博物馆定义:国际博物馆协会的支柱 [J].国际博物馆,2021,69(C1):6-14.
[2] 弗格.新博物馆学 [M].王颖,译.北京:北京师范大学出版社,2021.

物馆开始向多种类型的建筑扩展，工业类建筑便是其中之一。那些陈旧的、衰败的，被人们废弃的工业遗存建筑被重新利用，消除了博物馆的神秘特征，在新博物馆学理论下，工业遗存建筑模糊了日常生活与博物馆的界限，也打破了文物与空间的从属关系。从古罗马庞贝古城到柏林新博物馆，古城墙在无形之中留下了城市的烙印，这种废墟特征蕴含着当下与历史的关联，成为人类文明的"藏品"。这不禁使人反思是否真的需要有存放物品的保护外壳才能称为博物馆，这也是姚安对"城市大博物馆"的解读——"没有围墙的博物馆"所探讨的问题。基于博物馆与城市人文、工业化、美学之间的独特联系，博物馆与其他领域复杂的关系开始形成，这是一个较为多样化的博物馆与外界的对话。"……要把博物馆建成具有批判性思维和多元化观点的地方"，这也是国际博物馆协会在 2019 年对博物馆含义作出的新的补充。

二、"城市大博物馆"的本质解读

从国内外研究来看，学界尚未对城市大博物馆这一概念作出准确的定义，但对这一概念可从城市与博物馆的同构性质上来解读。刘易斯·芒福德与阿尔多·罗西不约而同地将"城市"摆放在一个更为局部的"博物馆"角度，试图将二者的独立关系向更加系统的关联转变。用"大"形容博物馆，是将博物馆这一附属体解救于"博物馆"的渺小，用更为整体也更为平等的方式将博物馆与城市并置。可从以下几个性质理解"城市大博物馆"的内涵：城市性、博物馆性、可参观性与可读性。

（一）城市性

拉丁语中的城市"Urban"一词源于"Urb"，它具有城市扩张的动态特征，而由"Urban"一词发展而来的"City"讲述的则是人与城市趋向静态的关系。"城市"的含义处于时刻变化的状态之下，城市的动态特征、多元特征、纲领性特征体现出其性质，反映出政治、经济、社会、地理、自然等因素的影响。城市可被看作历史、文化、社会、场所、人类记忆等多重属性的集合。虽然建筑的产生标志着城市真正的诞生，但在建筑表象的背后，地理、交通、人口、活动、市集、环境、经济等才是人类文明空间深层次的结构。城市从更宏观与多元化的角度记录社会的更迭与文明的演变，从博物馆发展概况中也能够看出几分城市的更迭。有着"博物馆城市"之称的罗马城内有众多历史遗迹（图 4-1），在千年后造就了现在的罗马城市（图 4-2）。因此，城市作为一种特殊概念的"博物馆"，它不仅是人类生存的空间，或是具备使用功能的场所，还应被理解为人与地理环境、文化遗迹、文脉记忆、产业结构、生活习俗之间的一种特定的反映结果。但无论背景如何、历史环境如何、发展变化如何，人们都离不开"城市"这一场所，这是城市大博物馆概念所谈论的根本所在，也将城市大博物馆置于一个更加宏大的层面——城市。

图 4-1 罗马城内历史遗迹分布图

图 4-2 罗马城市

（二）博物馆性

"城市大博物馆"的博物馆性是对传统博物馆属性的发展，而对博物馆性的诠释也处于时刻变化的状态。要理解城市大博物馆的博物馆性，就要探究"博物馆性"含义的根源。

博物馆性的概念最早出现于 1970 年的《博物馆》，由博物馆学家 Z.Z. 斯特朗斯基提出，他认为并不能视已然存在的博物馆为唯一的研究对象，而应是博物馆物的系统化与哲学思辨的选择。因此，斯特朗斯基将博物馆研究对象定义为"博物馆性"，而不是"博物馆"，他将博物馆性看作广泛的文化价值的范畴，这是指由研究博物馆这一实物具有的物品性和形体结构（历史遗存物品）转向研究博物馆的效用性，即人类试图传承实物藏品对精神认识的使用价值。这种概念的转变象征着由价值类别转变为特定的价值取向本身。随着人们对博物馆认识的发展，新博物馆学、批判博物馆学等相继出现，如彼得·冯·门施所说，"博物馆"不局限于一座建筑，它可以在特定区域内的任何地方[1]。

前首都博物馆副馆长姚安认为，"博物馆"不是拘泥于一处建筑的，是可以没有围墙的。我们姑且认为这种概念的博物馆是无形的，它比常人理解的有形博物馆范围更广[2]。因博物馆概念的转变，"博物馆"不仅成为社会主流选择、收藏、整理与交流的集中地，更承载着时代多元文化的发生与城市历史的记忆。城市内涵与博物馆彼此浸润、相互作用，很大程度上决定了城市大博物馆的博物馆性。对城市大博物馆的博物馆性的思考与解读是将博物馆变得清晰与立体的过程。虽然如此，但目前对"城市大博物馆"博物馆性的定义至今仍处于不确定的状态，这也说明了博物馆自身的不确定性与发掘的潜能。

（三）可参观性

无论拥有德意志国家博物院的慕尼黑，还是拥有卫城博物馆的雅典，这些城市本身似乎都有着某种"可参观性"，吸引全世界的游客慕名前来。城市作为一个开放的空间，博物馆作为供公众参观的对象，"城市大博物馆"的"可参观性"得以构建。参观者与城市之间构成体验式互动关系，而被参观的博物馆则将参观者带入一种特定的语境环境，使得"可参观性"成为构建城市大博物馆的工具。[3]

工业遗存遗址、遗址公园、博览会、博物馆、艺术中心等实体建筑及其功能内涵，使参观者以文化认同感或前卫的理念被接纳于城市公共环境中，进行物质与精神的调动与传输。后工业时代产业转型遗存的大量的工业建筑群落与开放的废墟空间被赋予区别于传统博物馆的新功能，使这些"废墟"无论在功能还是形制上呈现不同寻常的美感。例如，1913 年被称为"国际现代艺术展览会"的威尼斯双年展军械库展览（图 4-3）第一次将展览移至"大"的工业遗址空间中，展示空间位于绿色城堡，打破"墙"的概念向公众开放，以原真的状态、完全开放的方式承担博物馆的角色。这不仅为工业遗址作为展示场地开辟了特殊意义，而且相比传统博物馆展览更具开创性。又如，美国洛厄尔国家历史公园将城市中不同的工业遗产串联起来形成区域范围内的工业遗址博物馆群（图 4-4），向公众展现美国纺织工业的发展历史，每年的文化活动与商业活动都吸引世界范围内的参观者来访。

从"可参观性"这一性质来看，博物馆为城市提供了可被参观的场所，使城市成为一座可以被"看"的大博物馆。这种特有的"可参观性"深深刻画了工业遗存空间乃至博物馆城市的性格与特质，并发掘了工业文明与废墟美学对游客的吸引力。

[1] 门施.博物馆学的研究对象 [J].宋向光，译.博物馆研究，2005（04）：19-26.

[2] 姚安.博物馆 12 讲 [M].北京：科学出版社，2011.

[3] 孔岑蔚.博物馆城市：基于文化遗产展示的城市研究新视角 [D].北京：中央美术学院，2020.

图 4-3　威尼斯双年展军械库展览

图 4-4　美国洛厄尔国家历史公园

（四）可读性

可读性的概念于 20 世纪 80 年代出现在中国新闻界，在内容与形式上的表现可以概括为通俗易懂、简洁客观，具有阅读与欣赏价值。埃罗·沙里宁认为，"城市是一本打开的书，从中可以看到它的抱负"[1]。凯文·林奇认为，"我们不能仅将城市看作'空间'这一原本的事物，它同时拥有可被阅读的特质，是一个可以被人们观看、阅读、感受的对象。"[2]将城市看作一座博物馆，城市空间中的建筑、公园、街道在聚光灯的照射下交织成复杂的结构，这些城市空间中的"展品"成为可被阅读的对象，人们通过阅读"展品"感受城市中的遗址文化、历史故事、民风民俗。城市中的建筑、公园、街道提供了城市中的物质存在，人们对城市的解读来自城市中的人物与事件。城市空间像是一个可以被编辑的文本，城市在被书写时已然脱离了空间本身，书写者通过故事内容构建城市空间与博物馆的关联性，以此打开一个更加宏大的视野——城市大博物馆。

[1]　沙里宁 . 城市：它的发展、衰败与未来 [M]. 顾启源，译 . 北京：中国建筑工业出版社，1986.
[2]　林奇 . 城市意象：最新校订版 [M].2 版 . 方益萍，何晓军，译 . 北京：华夏出版社，2017.

三、工业遗址保护与再生理论基础

（一）工业遗址的相关概念

目前，国际上对工业遗址的概念并未作出学术上的定义，但根据相关资料，可以将工业遗址视为人类活动遗迹，即人类工程或人类与自然联合构建的区域。工业遗址表现为不完整的残存物，并在人类学、历史学、城市学、美学等层面表现出突出价值。工业遗址具体可分为工业遗产和棕地两个部分。

1. 工业遗产

于 2003 年通过的《下塔吉尔宪章》明确定义了工业遗产的概念，将具有历史、社会、科学、建筑等价值的物质的工业遗存，以及与这些遗存有关的建筑群、机器、车间、工厂、矿山等场所和非物质的工业社会活动都归为工业遗产的范畴。

2. 棕地

美国国家环境保护局将棕地定义为没有得到充分利用的废弃的工业土地资源、商业用地，以及闲置的机器设备。英国则认为棕地是指正在开发或已经被开发的建筑，以及任何相关的被地面基础设施永久占据的土地。美国强调的是地块的闲置状态、性质及潜在的污染，而英国等欧洲国家更侧重曾经被开发的土地、建筑和设施，虽然各国对棕地的定义略有不同，但基本统一。

（二）工业遗址保护与再生导向

20 世纪 60 年代，工业遗址在经历过钢铁业、运输业、纺织业的衰败后，以英国为首的西方发达国家相继发起了工业遗产保护运动。1978 年，国际工业遗产保护委员会的成立标志着工业遗产保护的全球化。通过有计划地组织与开发，并对不同工业遗存建筑、设施、棕地、工程环境、残存物进行再设计，形成以博物馆、美术馆、遗址公园、商业综合体、餐厅、办公场所等多种导向开发的结果产出，如英国的铁桥峡谷、利物浦港、谢菲尔德车站，意大利的都灵遗址公园，德国的鲁尔工业区、哈根奥斯特豪斯博物馆等。由此可见，工业遗址的保护再生导向大致可分为以建筑利用为导向型、以景观环境为导向型、以文化创意为导向型和以博物馆式为导向型。

1. 以建筑利用为导向型

以建筑利用为导向的工业遗址保护可以说为建筑学领域提供了很多发展契机，不少建筑师出色的作品都诞生于工业建筑改造领域。这种保护再生方式一般是在保留原址、原建筑、原空间环境的基础上，对建筑外部与内部进行适当的修缮，重新定义功能属性，更新组织参观路线，使之符合展览的需要。如英国铁桥峡谷工业遗址以博物馆保护为导向在工业遗址区内建立了若干个博物馆，形成了工业遗址博物馆群落；中国上海当代艺术博物馆（图 4-5）由原来的上海江南造船厂旧厂房改造而成；由伦佐·皮亚诺改造的意大利菲亚特汽车公司厂房是一个集酒店、会议、展览为一体的商业综合体；英国泰晤士河边的发电厂摇身一变成了泰特现代美术馆。工业建筑作为城市中的存量主体，越来越成为工业遗址改造利用的重点，既是保存与展示工业遗址、传播工业遗址文化与发挥城市新功能的重要载体，也是保护工业遗址最直接有效的方式。

图 4-5　上海当代艺术博物馆

2. 以景观环境为导向型

以景观环境为导向的工业遗址保护再生对工业遗产保护事业、规划师、建筑师都是严峻的挑战，这不仅是对工业遗址的简单保护，更是寻求棕地的综合治理与生态修复。如意大利的都灵工业遗址公园从原来污染严重的橡胶厂恢复成由长廊、坡道、台阶和桥梁连接着 5 个不同区域、对水道进行综合治理的独特的水上公园（图 4-6）；德国的煤渣山经过

图 4-6　都灵工业遗址公园

环境治理与景观修复变成了郊野公园；美国的高线公园里生机盎然的景观绿化掩盖了被锈蚀的铁路，以原生态的状态呈现在人们面前。面对景观类型的工业遗址，一般应采取适当、适量的方式，对原有场地保持尽可能少的干预，并对植被、土壤、水源等破碎的生态进行可持续性的修复。

3. 以文化创意为导向型

工业文化创意空间的导向在工业遗址的保护与再生中有着不可忽视的价值，它以集合方式将城市历史、文化、艺术、生产生活等置于能够激发活跃的社群活动的城市公共空间中，是工业遗产、文化艺术产业的综合呈现。如沈阳红梅文创园（图4-7）经历多年的发展成为囊括体验馆、艺术中心、餐厅、文创商店的综合性城市公共空间，并成为设计师们的办公场所，以日常的姿态融入人们的生活。利用工业废料、工业用品的"类型学"艺术创作也出现在景观、广场、餐厅、住宅的装饰中，成为人们喜闻乐见的工业美学作品。但这种文化创意模式经历过发酵后，现已走向萧条，因此对工业遗址仍需采取针对性的规划。

图4-7　沈阳红梅文创园

4. 以博物馆式为导向型

博物馆式意味着大量工业遗址转为城市公共空间，这为工业遗址尊重城市建设的适应性发展提供良好的条件，反之也为城市的更新提供了更加多样化的开发导向。由多个工业城市组成的德国鲁尔工业区经历了逆工业化发展，将具有代表性的工业遗址作为博物馆框架，以"锚点"的形式串联成工业遗址网络。鲁尔工业区好比一个贯穿时间与空间的历史性"工业文化之路"平台，将工业遗产特征、自身条件、价值与城市环境紧密相连，考虑到城市群复兴中的经济、地域、人文、环境等诸多因素，形成记忆锚固与空间呼应的路径就是博物馆模式。主动、有计划、有目的地对不同工业遗址作充分挖掘与区分，也是为适应城市建设作出的立体式再生导向。

（三）工业遗址保护与再生价值

工业遗址作为价值载体本身，不仅体现在具有时代特征的物质肌理等内向型质量价值上，也表现在物质景观、地域环境作用下产生的外向型质量价值上，同时还应包含人物、历史、文化、艺术、经济、社会、教育在工业遗址发展历程中的价值显现。综合来说，工业遗址的价值集中表现在物质功能价值、社会功利价值和文化情感价值 3 个方面。

1. 物质功能价值

物质功能价值是工业遗址最基本属性的体现，也是使社会功利价值和文化情感价值得以实现的基础。工业设备、厂房机器、生产工具能够作为历史的物质承载反映工业遗址的历史面貌，且仍具有功能性。工业遗址可以受法律法规的保护作为历史保护区供人们参观，或被当作古董珍藏起来，也可用于专业领域的研究与学习。工业遗址中包含大量具有创造性、稀缺性的工艺产品，对如今工艺技术的发展具有重要的借鉴意义。工业遗址的多样性特点使其能够寻求不同方式延续其物质功能价值，这种最根本的价值被视为城市发展的永动机。

2. 社会功利价值

工业遗址的社会功利价值主要体现在纪念、教育、经济、旅游等方面。作为最直接、最庞大的百宝箱，工业遗址是构建知识的基础，这源于工业史料的作用。工业史料的原真性与可读性使人们可以从中获得稀缺性知识；工业史料凝聚的科学技术、自然地理、人文宗教、经济军事等便于人们感知现代城市发展的动向。归纳来说，工业遗址的社会功利价值体系是复杂多样的，具体分布也可能是不均衡的。

3. 文化情感价值

工业遗址的物质功能价值与社会功利价值衍生出来的文化情感价值能给人深厚的归属感，它较物质功能价值更重要也更加多样化。文化情感是对具有特定意义的场所的外向型精神的激发，区域、建筑、环境对生命意识的激发作用非常大，文化情感更决定了民族认同与文化自觉。马克思曾指出工业历史与工业印记就像强有力的、感性的心理学，它是工业力量的外化，激发人们对工业时代的向往。工业遗址的多导向开发能够为参观者提供真实的多感官体验，在特定空间中引发参观者对工业人物、工业技术、工业故事、工业社会的认同感。

本节明确了博物馆、城市大博物馆与工业遗址的相关概念，并对其进行本质解读，为接下来构建城市大博物馆与工业遗址的内在关联性提供理论基础；同时，从博物馆的起源与发展入手，提出了博物馆在功能、形制、实际意义、抽象意义与思维方面的内涵与外延式发展：一方面对博物馆这一概念作出明确解释，另一方面阐明博物馆内在可持续更新方面的潜质，进而对城市大博物馆这一概念作出解释，即分别从城市性、博物馆性、可参观性、可读性 4 个方面综合阐述这一概念的属性特征。此外，针对城市大博物馆的构成对象——工业遗址从工业遗址概念、工业遗址保护再生导向和工业遗址保护再生价值 3 个方面进行阐述。

第二节
"城市大博物馆"与工业遗址的关联性构建

一、从"城市"与"博物馆"到"城市大博物馆"

（一）"城市大博物馆"的转变逻辑

在由"城市"与"博物馆"到"城市大博物馆"的渐变式城市系统更新过程中，不同时期的文化遗产与工业遗存以各自的生成逻辑散落在城市的各个区域，通过"解构"与"共生"两种转变逻辑形成"城市大博物馆"由个体性到整体性、由封闭性到开放性的深化发展。"解构"与"共生"成为由"城市"与"博物馆"转变为"城市大博物馆"的两条逻辑线索。

1."城市"与"博物馆"的解构

马丁·海德格尔在《存在与时间》中表示，"解构"一词包含分解、批判、揭示的含义，"解构"反对惯性秩序与刻板印象，它不仅是历史传统、社会秩序、哲学确证，还是原有的理念及意识秩序。宏观上，城市记录着社会文明与历史；微观上，城市是人类生存的栖息地，是集合建筑、地理、人文等元素的复杂的结构，要解读这种复杂结构需要重新解构人们生活的城市空间。如果我们把由"城市"与"博物馆"到"城市大博物馆"看作城市与博物馆各自自构与被构的过程，也就不难看出解构对城市与博物馆的作用。在城市与博物馆的解构过程中，二者主动地或被动地寻求相互适应的生成空间，并逐渐形成较为均衡合理的状态，而这个主动与被动的微妙关系则是城市与博物馆各自自构与被构的解构逻辑。对城市与博物馆的解构而言，二者的构建逻辑可被理解为城市与博物馆拨开各自的表皮，重新审视埋藏在身下的神经脉络，这些神经冲动的交会点则构成新的神经元——城市大博物馆。可以说，城市与博物馆的解构是一种自构与被构交替复杂演变的过程，从一方面来说，博物馆的自构作为博物馆自身内涵与外延式发展的需要形成自身概念与形制的逻辑表达，而博物馆的被构作为城市发展规律与衍生方式潜移默化渗透并作用于城市特征、城市结构与城市系统中，在一定程度上取决于城市自构的决断；从另一方面来说，城市的自构以明确而又深刻的方式完成自身整体性、开放性、公共化的演进，同时城市的被构应顺应博物馆自构的发展规律。二者在自构与被构的解构逻辑中彼此选择、彼此适应，城市与博物馆的解构逻辑应运而生，成为连接二者的绳索。

2."城市"与"博物馆"的共生

城市大博物馆的另一种生成逻辑——共生，可被看作发生在解构状态之时或之后的进一步状态。"共生"在生物学中表示不同属性的生物相互依存、相互作用。从城市的角度来看,城市片区中不同时期、不同类型的博物馆以碎片化、单点式、中心式的"子体"角色存在于城市空间中,城市也因"母体"身份而成为博物馆之上的主导部分。这种从属关系似乎已成为一种根深蒂固的思想,抑制着城市与博物馆的共生叙事。我们需要建立城市与博物馆的共生,直至城市大博物馆出现为博物馆与城市提供"共生"的培养皿。用"大"形容博物馆,是将博物馆这一子体解救于"博物馆性"的渺小,用更为平等的方式将博物馆与城市并置。城市与博物馆的共生集中表现在整体性、开放性与互主体性上。整体性主要强调城市与博物馆非加和式的包容性发展,理论生物学家路德维希·冯·贝塔朗菲曾表示,系统的整体性不是简单地等同于质量、数量的整体,即整体不等于部分之和,而是要素、层次、结构、环境关系上更深层次、多维度的非加和式的整体性。城市与博物馆正是这种互为前提的整体性的产出;开放性体现在城市与博物馆的开放、共享,包括内向的功能与外向的形态;互主体性 [1] 一方面指城市与博物馆异质共存,另一方面指二者互为主体独立存在。

因此,"解构"与生俱来的打破、拆分、重组的批判性特征,与"共生"携带的整体性、公共性、开放性与互主体性形成从"城市"与"博物馆"到"城市大博物馆"的生成逻辑与思维转变。从"解构"与"共生"两种生成逻辑对"城市大博物馆"进行解读,实质上是对城市与博物馆的关系建立较为系统的认知,在诠释二者内在关系的同时对城市与博物馆相互之间的可建构性与非加和式整体性进行说明,这也是对从"城市"与"博物馆"到"城市大博物馆"这一过程生成逻辑的诠释。

(二)"城市大博物馆"的演化征象

从"城市"到"城市化",可以看到人口、地域、生产力与产业结构的演变过程,这些都可以看作社会组织关系的扩充现象;从"城市"到"光辉城市",是勒·柯布西耶对建筑与城市相互包容的理想追求,从建筑角度赋予城市规划、城市建筑以新的理想;从"城市"到"遗产城市",斯蒂凡诺·乔凡诺尼充分展现了城市整体性保护的理念,延展了历史、文化、科学、艺术在城市可持续发展中的重要价值。从"城市"一词来看,它是一个不断被赋予新的概念与性质的对象,也是一种处于动态变化的状态。城市可被看作概念意义上的博物馆,即"城市"与"博物馆"的另一种融合性与可创造性——城市大博物馆,这是一个反映人类文明发展过程、社会传播活动的纪念性空间。下文将从"大博物馆"资源、城市记忆与整体论的形式 3 个方面阐述从"城市"与"博物馆"到"城市大博物馆"的内在演化过程。

1. "大博物馆"资源

城市资源的内涵、特征、形制与价值在社会演变过程不断发生转变,"大博物馆"视

[1] 吴飞驰. 关于共生理念的思考 [J]. 哲学动态,2000(06):21-24.

角下的城市资源逐渐丰富但不限于博物馆、历史街区、工业遗址、非物质文化遗产与自然山水。回到最初的博物馆，古希腊时期的"馆"不同于现在的"馆"，"馆"最初的用途是物质囤积、保存与收藏，那时的研究所、动植物园、图书馆、竞技场也都归为博物馆一类。随着博物馆种类的细化，博物馆逐渐拥有教育、研究、文化传播与展示等职能，在资本主义自由竞争潜移默化的影响下，博物馆的表达与思考使得博物馆自身内涵得以转变，博物馆与城市之间也建立更为密切地联系，逐渐扮演起人类文明象征的角色。历史街区、工业遗址与非物质文化遗产可被看作具有独特城市风貌特征的历史建筑物、城市肌理、空间及与建筑相关的环境，是与自然、民俗、意识相关的多种要素的复合体。文本物件、历史街区、工业遗址与非物质文化遗产所承载的历史信息可谓人类文明与城市发展的特殊符号，在经历城市风雨后依然保有城市印记并屹立于城市空间中。1971年，弗朗索瓦·于贝尔与乔治·亨利·里维埃提出一种去建筑化的博物馆概念——生态博物馆，它以具有天然的连通性与保护性的方式展现自然山水风光，以去"围墙式"、去物质化外壳的新博物馆理念对自然文化资源与生态城市作出新的提出与展现，自然山水从纯自然空间向"活体博物馆"转变，其属性也从自然资源变为人类与自然联合构建的"活体博物馆"。"大博物馆"资源的不断丰富，实际上为"城市"到"城市大博物馆"的转变提供了物质资源，也成为博物馆之于城市的"物"的载体。

2. 城市记忆

城市记忆记录着一个城市更新的历程，起到从"城市""博物馆"到"城市大博物馆"的催化作用。记忆属于心理学范畴，通过图像性与象征性的延续形成参观者主观上对往昔与现今的联结，城市记忆承载着城市发展的故事也涵盖参观者对城市的认知。如图4-8所示的这些符号记忆、场景记忆、实践记忆展现出人们对拉斯维加斯的金钱、贪婪、幻象的持续认知。也许这些是不被大多数人待见的品性，但拉斯维加斯对"赌"的讽刺却展现出这座城市的真实与诚实[1]。

图4-8 象征性的广告牌与构筑物成为拉斯维加斯的符号记忆

[1] 文丘里，布朗，艾泽努尔. 向拉斯维加斯学习 [M]. 徐怡芳，王健，译. 南京：江苏凤凰科学技术出版社，2017.

城市通过图像性与象征性的记忆展现其个性与形象，通过抽象的符号、元素、信息与文字加深参观者的记忆。像德国鲁尔工业区以锚固记忆、融合记忆、呼应记忆的方式形成对工业记忆的保存与更新，区内城市间的工业遗存摆脱了孤立的形式，同时实现了德国城市与博物馆的平衡对接。记忆作为城市与博物馆演化的催化剂，促成区域、建筑、环境对生命意识的激发，城市记忆在形成城市与博物馆的拓展关系时，也直接或间接地形成参观者的行为方式与感知体验。

3. 整体论的形式

"大博物馆"资源构建城市框架，城市记忆延续城市内涵，那么以"整体论视角的形式"[1] 观测由"城市"与"博物馆"到"城市大博物馆"则是对这一演化现象的重新认知。从局部与整体的角度是以系统的设定去理解城市与博物馆各自与"城市大博物馆"整体的关系，可以弗利特乔夫·卡普拉提出的"从部分到整体转移"的物理学科学观来理解。"城市大博物馆"从微观上来说是实现对城市个体与博物馆个体各自概念的认知与满足，是在宏观层次上参与城市与博物馆的系统整合。可以说，城市与博物馆都是构成"城市大博物馆"的部分要素，城市与博物馆相互作用构成"城市大博物馆"这一整体[2]，以这种局部到整体的辩证视野看待"城市"与"博物馆"的演化过程，实际上是揭示城市秩序与博物馆相互转化与发展的规律。整体论的形式将看似整体的城市与看似局部的博物馆提供相互演化与构建的方向，城市这种较大系统的特性必须置于博物馆这一较小系统的属性之中才可找准区别于其他城市的个性，博物馆具有的明确指向性特征也要置于城市这座大熔炉中才能看清自身并发挥自身。"城市""博物馆"与"城市大博物馆"在一定条件下也可相互转化，互为局部或互为整体。无论如何，"城市""博物馆""城市大博物馆"三者都应是各自独立的系统，各自以一定的形式或观念在一定程度上显现并融合彼此的性质。城市可以具有博物馆的专门性与纪念性特质，博物馆也可以具有城市的日常性与开放性的特点。

二、"城市大博物馆"与工业遗址的内在关联性

"城市大博物馆"与"工业遗址"之间有什么样的内在联系？这个议题恐怕包含二者抽象的演变与漫长的博弈过程，看似简单，回答起来却并不简单。也可以试着采用其他提问方式：为什么一个工业遗址会以这样的规模、这样的形式坐落于这个地点？它是敞开的还是封闭的？它的出现为这片区域甚至这座城市制造了什么价值？它对当地居民的习惯或意识产生了什么影响？对外地游客产生了什么影响？每一个工业遗址都是城市中的珍品，也可看作城市结构中不可或缺的建筑体，甚至起到承载城市记忆与见证文明兴衰的作用。因此，我们可以把"城市大博物馆"与"工业遗址"的关系宏观理解为"城市—建筑"的

[1] 刘劲杨. 论整体、部分及其构成：整体论视角的形式分析 [J]. 中国人民大学学报，2021，35（04）：141-150.

[2] 孔岑蔚. 博物馆城市：基于文化遗产展示的城市研究新视角 [D]. 北京：中央美术学院，2020.

关系，也可将二者归于"博物馆—展品"的具象关系，或可看作抽象的"场所—记忆"的关系。本节通过对"博物馆—展品""城市—建筑""场所–记忆"三组象征关系的诠释（图4-9），回溯"城市大博物馆"与"工业遗址"的内在关联性，并探究城市大博物馆与工业遗址的关联性。

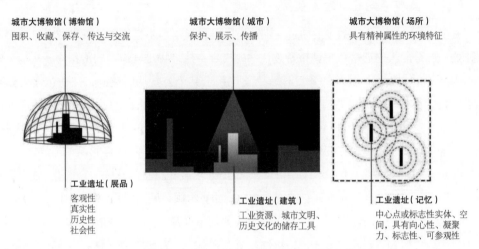

图4-9 "城市大博物馆"与"工业遗址"的三组象征关系

（一）"博物馆—展品"的关系

　　"城市大博物馆"与"工业遗址"之间具有抽象又连绵的关系，可以从"博物馆—展品"的关系出发，窥探"城市大博物馆"与"工业遗址"之间本质属性的关联。从博物馆学的角度来看，博物馆的本质是"物"的囤积、收藏、保存、传达与交流，"物"所承载的实物与资料则通过展品自身的陈述与博物馆形成不可分割的内在联系。"博物馆"可看作"圆"，"展品"好比是"圆心"，其他与"物"相关的功能属性与精神现象等则充当"内圆"或"外圆"，以这种象征方式更能理解彼得·冯·门施关于博物馆学的"以实物为核心的方法论"[1]。展品作为"物"的存在方式，是展现历史与文明的真实载体，是一种具有客观性、真实性、历史性与社会性的客观存在，这一客观存在成为"博物馆—展品"新的认知与意识现象的起点。无论古希腊雅典神庙的收藏室、古罗马城天然的珍宝馆，还是后来英国"Museum"特指的博物馆，"博物馆"与"展品"的关系绝对不是主次分明的从属关系，二者是有机的统一体。在经历对博物馆的重新认识与城市的发展演进后，"博物馆"与"展品"的客观要素、层次、展览内容、展览形式、功能与结构都发生了变化。以此反观"城市大博物馆"与"工业遗址"的关系，城市作为抽象意义上的博物馆成为"城市大博物馆"，展品则是粗犷且不加修饰的"工业遗址"。工业遗址以真实的存在充当城市

[1] 门施，祁德贵.论博物馆学的方法论 [J].中国博物馆，1994（04）：18-24.

大博物馆的"展品",它庞大的数量与外形、明确的指向性信息、集中稳定的实物与资料,以及文化性带来的心理认知现象使其成为城市大博物馆的"展品"的内核。工业遗址以自身的叙述方式形成与实物、资料的并置与过渡,顺理成章地充当这一特殊的"展品",不只是以实物为核心的客观存在,也表现在对"城市大博物馆"与"工业遗址"新的认识上。

(二)"城市—建筑"的关系

城市记录着城市文明的发展轨迹,而建筑的时代风格与特征等则被看作城市机制中最突出的一部分。人们通常认为城市是建筑物的集合,建筑物是城市中的囤积物。从勒·柯布西耶所说的"大写"建筑的角度理解:建筑属于某个公共场所空间,往往包含集体参与者的特定感知。只要花些时间思考这个建筑物的背景是什么样的,它为什么以这样的姿态出现在这里,就可深刻感知到建筑物与空间之间有着复杂的联系。"城市"可被理解为巨大的"容器",其本身就包含对历史建筑、文化遗产、工业遗存的保护与展示;"建筑"在起到城市文明演化的介质作用的同时也作为承载其自身内涵的"容器",城市与建筑之"容器"与"内容"的象征之辩因此而来。如曼哈顿东城的博物馆群(图4-10)将第五大道82号到102号街道串联在一起,将整片博物馆群置于曼哈顿城市巨大的"容器"中,美国自然历史博物馆、大都会艺术博物馆等填充在这一"容器"中,曼哈顿博物馆街的建筑形式与类型聚集并塑造着曼哈顿城市空间。从建筑角度来讲,博物馆群美化了曼哈顿的城市环境,还使得美国自然历史博物馆、大都会艺术博物馆等优秀的建筑具有地标性与纪念性意义;从城市层面来看,博物馆群承载曼哈顿城市历史文明内容,它们以有形的建筑媒介承载无形的城市意识与集体参与者的理想,以直观的方式叙述着曼哈顿的城市意象并构筑着城市功能。建筑的产生使得城市得以构建,建筑将城市作为展示、表达与交流的空间,城市将建筑作为对象进行保护与展示。无论背景如何、历史环境如何、城市发展变化如何,建筑都离不开城市这一场所,这是谈论"建筑",同时也是谈论"城市—建筑"的根本所在。

"城市大博物馆"与"工业遗址"看似两个独立的概念,其实同样可以从"城市—建筑"的角度揭示概念深处相互交织的实质。"城市大博物馆"作为巨大的"容器",其自身就包含对工业建筑、工业设备、工业文化的保护、展示与传播;"工业遗址"作为工业社会与城市历史文化的储存工具,不单是"物",同时也是城市演进的结果,"城市大博物馆"与"工业遗址"的"城市—建筑"的复杂关系以此揭开。工业遗址既是被保护与再造的对象,也是承载城市历史、文化传播、教育与知识交流的物质内容;城市这座大博物馆不仅为工业遗址保护、展示与表达提供无形的背景,也承担旧遗址的投影机与工业遗址文化的大容器功能,无论内在的物质文化质量还是外部的环境空间意象都得到了庞杂的交汇。因此,由"城市—建筑"形成的"容器—内容"的特殊象征成为揭示"城市大博物馆"与"工业遗址"关系最形象的方式,这将"城市大博物馆"与"工业遗址"置于一个更加宏大的层面,便于讨论二者之间的关系。

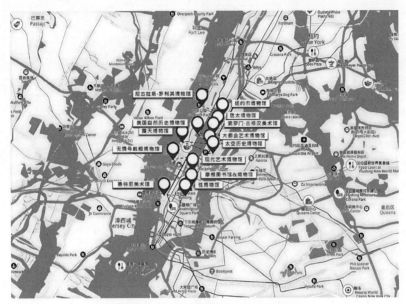

图4-10　曼哈顿东城的博物馆群

（三）"场所—记忆"的关系

"场所"与"记忆"一直以来都被视为相辅相成、不可分割的两个概念，它们彼此始终保持紧密的联系。"场所"是由"物"的集合形成的一种具有精神属性的环境特征，正如诺伯舒兹在《场所精神：迈向建筑现象学》一书中认为，场所既展现具体事物也涵盖抽象环境，它不是简单的空间、功能与结构的穿插；记忆表达主观意识与外在现实的动态关系，它记录着历史。在场所与记忆的结合中，会产生历史与场所质量、场所精神的适应、调节与更新，且会反映人类行为活动与经验。随着时间的推移，人们对外界信息的接收与认识不断更新，对记忆中事物的感知也随着外部环境的改变而变化。场所在空间中的多维发展不仅包括界限、路径、中心、实体等物质形态的场所，还包括故事、人物、事件等非物质形态的记忆场所。

正如阿尔多·罗西所言，"我们可以说，城市本身就是市民们的集体记忆，而且城市和记忆一样，与物体和场所相关联。城市本身就是集体记忆的场所。"[1] "记忆"可以是对城市、建筑、遗址产生的印象，将记忆具象化是将其与场所建立紧密关系的重要方式，可以看作构建"工业遗址"与"城市大博物馆"之间密切关系的抽象手段。工业遗址作为一座复杂而庞大的建筑集合体，承载着旧建筑、棕地、自然山水等物质形态的记忆，以及其他非物质形态的记忆。工业遗址既可被看作记忆的容器，也可以被看作场所空间。将工业记忆具象为标志性中心、构筑物、纪念性实体、体验性空间等场所，实际上是将"工业遗址"与"城市大博物馆"这两个不同的概念联系在一起，也是将"场所"与"记忆"这两

---

[1]　罗西.城市建筑学[M].黄士钧，译.北京：中国建筑工业出版社，2006.

种感知联系在一起的建筑类型学手法。场所记忆的营造有时需要一个中心点或一处标志性实体，与时间、空间及非物质性的铺垫一起来唤醒并构成参观者的感知。这种中心点具有强烈的向心性、凝聚力与可参观性，当参观者进入中心场所，一切与场所有关的历史、人物、故事、信仰等记忆便随着时间与空间被打开，记忆中的片段也围绕这片中心场所得以有效传递。如英国伦敦由河畔发电站（图4-11）改造而来的泰特现代美术馆（图4-12）位于泰晤士河畔，因巨大的烟囱外形成为伦敦的地标性艺术建筑。泰特现代美术馆新馆位于河畔南岸，正对圣保罗大教堂并与其水路相连。泰特现代美术馆以新的形态刷新着人们的认知，它不仅留存着发电站过去的工业记忆，而且成为具有记忆向心力的国际现代艺术朝圣地。在发电站的新老变化过程中，参观者不断感知着发电站的场所记忆，同时赋予发电站及泰晤士河畔新的场所记忆。记忆场所可以是一个中心点，可以是标志性构筑物，也可以是一处历史性的工业遗址。在历史与记忆逐渐消失的情况下，工业遗址可以营造一个留存并分享城市记忆的特殊空间，以此形成集合工业遗址空间的物质、形态、质感、色彩及集体参与者的特征环境——城市大博物馆。

图4-11　英国伦敦河畔发电站　　　　　图4-12　泰特现代美术馆

　　"工业遗址"与"城市大博物馆"在记忆与场所方面的融合，一方面延续时空脉络与场所感知，这是二者联系的本质；另一方面，与中心、界限、路径、实体等建立持续的互动关系，这赋予二者关联性新的意义。人与环境之间的动态关系使得场所与其周边区域有了本质区别。场所与记忆成为揭示"城市大博物馆"与"工业遗址"产生特殊空间、构成集体活动与共同记忆的本质。场所与记忆在延续着城市与工业遗址的记忆片段、环境结构与环境精神的同时，也在建构着"城市大博物馆"与"工业遗址"的内在关联性。

三、"城市大博物馆"与"工业遗址"的共同核心

　　从上文中"博物馆—展品""城市—建筑""场所-记忆"3种象征性表述可以看出，"城市大博物馆"与"工业遗址"在内涵与表征上的密切联系是建立二者内在关联性的基

础。若要构建"城市大博物馆"与"工业遗址"的同构关系（图4-13），需要回到二者的共同核心中。本节将同构要素分为社会历史性、物质性及文化意识性3个部分。

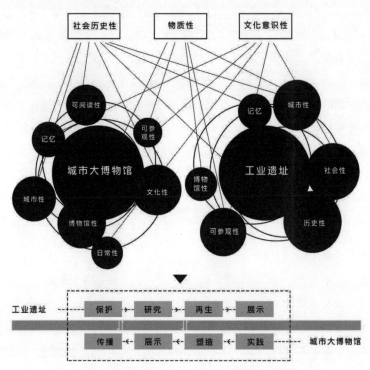

图4-13 "城市大博物馆"与"工业遗址"的同构关系

（一）在社会历史性上的同构

"城市大博物馆"与"工业遗址"在历史性上的同构表现在二者过去与未来的交集中。一方面，工业遗址作为城市遗迹的一部分始终存在于人类文明的历史中，它收藏、储存、保留着从古至今人类的工业生产劳作、工业社会结构与工业城市特征。工业遗址的外部特征随着时间的演变而留存，它不仅记录着城市过去的历史与文明，而且为未来的工业遗址留存着现在的记忆。因此，工业遗址所呈现的历史性属于城市这座大博物馆时间线中的片段。另一方面，城市作为活化的大博物馆，其本身就包含对工业遗址、文化遗迹的记载、保有与传播，城市先天具备的这种博物馆性更加深了其自身在社会历史中的永久性。但这种永久性的内涵并不是一成不变的，随着工业遗址及外界环境的变化与影响，其历史性中的横向层次在不断发展与更新，"城市大博物馆"的出现便丰富了工业遗址在历史性中的横向层次，这也是工业遗址随着时间不断变化的结果。可以说，"工业遗址"具有的城市性使得"城市大博物馆"产生，同时促进了"城市大博物馆"在历史上的横向发展；"城市大博物馆"的博物馆性在为城市提供持续发展可能的同时也与"工业遗址"构成历史共同性。二者在历史性上的微妙关系使工业遗址与城市大博物馆共同发展。

（二）在物质性上的同构

"城市大博物馆"与"工业遗址"在物质性上的同构主要体现在空间物质要素的交汇上。空间是无限的，但通过对内部空间与外部空间进行比较就可以清晰地看出"城市大博物馆"与"工业遗址"相似与交汇的地方。广义上讲，内部空间通常为实物性的具体对象，外部空间则为边界、场所、路径、中心等。旧建筑、工业车间工厂、旧设备等可被视为"工业遗址"的内部空间，这些内部空间较好地表达出工业遗址的肌理与结构。对构成工业遗址外部空间的中心构筑物、道路与边界来说，它们或围合或联结几个内部空间形成空间上的连续性与整体性，也通过外部空间划清工业遗址区域与其他场所的界限，外部空间的存在仿佛是对空间的连接与保护。从另一种意义上说，这些具体存在的工业产物与资料作为物质载体为"城市大博物馆"提供内在空间的补充，工业遗址的内部空间与外部空间的综合共同构成"城市大博物馆"概念空间的一部分，这种彼此交融整合的现象无疑是空间实物要素协同发展的结果。

（三）在文化意识性上的同构

社会集体、民族意识、城市精神在"工业遗址"与"城市大博物馆"的同构中尤为重要。工业遗址可谓天然的博物馆，从功能到形制，从内在实质到外在形态，一石一瓦都展现着城市的工业文明。工业遗址凭借自身优势保留完整而庞大的工业文化珍品与标本，持续填充着城市文化中的意识性内容。工业遗址作为城市文化的重要部分，保留着城市的诸多细节，其广泛的自身价值具有展示城市生活、工作劳动与集体活动的意义，它延续着城市的文化也持续创造着城市的文化。工业遗址能够推动城市发展并实现"城市大博物馆"的重要原因就是工业遗址将自身看作博物馆，也因它本身就是一座博物馆，为"城市大博物馆"的理念提供城市文化内核。刘易斯·芒福德认为城市之所以具有强烈的博物馆特征，是因为其具有文化性，文化性也是城市走向"城市大博物馆"的动力之一。从某种意义上说，这与工业遗址创造的工业文化、工业文明与城市文化的相似性不谋而合。"城市大博物馆"作为城市规划与城市文化发展的产物，不仅承载着城市的历史性特征，也为工业遗址非物质形态部分提供软性特征，且成为工业遗址的精神派生。

本节首先介绍由"城市"与"博物馆"到"城市大博物馆"的转变，明确这一过程的演化现象与生成逻辑。一方面，从城市与博物馆解构与共生的本质解读"城市大博物馆"的生成线索；另一方面，从"大博物馆"资源、城市记忆与整体论的形式3个方面分析从城市到"城市大博物馆"的衍生现象。继而形成"城市大博物馆"与"工业遗址"可建立内在联系的视角，并以3种象征方式展现二者可构建的可能，分别为"博物馆－展品""城市－建筑""场所－记忆"，在此基础之上建立"城市大博物馆"与"工业遗址"的内在关联性，二者紧密联系的表征反映出在社会历史性、物质性与文化意识性上的共同性：工业遗址是"城市大博物馆"理念得以形成与丰富的基础，并赋予"城市大博物馆"历史性特征，"城市大博物馆"凭借城市文化性与人文精神使得工业遗址持续与传播，是工业遗址具有城市文化特质的条件，二者的微妙关系形成"工业遗址"与"城市大博物馆"的共同核心。

第三节
具有"城市大博物馆"特征的工业遗址保护与再生案例分析

以城市大博物馆为视角的工业遗址保护与再生的研究，需要从宏观到微观对具有"城市大博物馆"特征的工业遗址进行分类与分析。工业遗址的不同特质决定工业遗址所呈现的"城市大博物馆"特征，通过分析它们的种种表现形式建立"城市大博物馆"理念下的工业遗址再生与表达方式。本节结合国内外案例，介绍宏观视角下的城市"博物馆模式"、中观视角下的区域性工业文化风貌区、微观视角下的工业遗存建筑"锚点"，以及工业景观公园 4 种城市大博物馆特征。这 4 种特征在不同视域下融合交织，形成具有城市大博物馆综合特征的工业遗址保护再生方式。

一、以城市"博物馆模式"为特征

（一）工业遗址的城市"博物馆模式"

博物馆是城市文化的聚集地与载体，城市中博物馆的数量与规模虽不能完全代表城市大博物馆的特征，却始终是城市大博物馆的历史性、文化性、艺术性、权威性等多元化内容高度集中的体现。城市"博物馆模式"[1] 是对工业城市最广泛的保护再生方式，是一种以博物馆（包括工业博物馆、活态博物馆、现代博物馆）为主体的综合保护再生模式。"博物馆模式"为不同特征的工业遗址提供了不同类型功能的博物馆化的保护方式，为具有代表性的工业城市锚固工业遗址之路提供宏观视角。不同功能类型的工业遗址博物馆模式见表 4-1。

---

[1] 李论，刘刊 . 德国鲁尔区工业遗产的"博物馆式更新"策略研究 [J]. 西部人居环境学刊，2017（04）：91-95.

表 4-1　不同功能类型的工业遗址博物馆模式

博物馆模式	自身特性	保护与展示功能性	传播价值
工业博物馆	小规模工业建筑含有丰富的设备、机器、工艺、技术、档案等工业历史资源	与工业相关的实物展示、工艺展示、场景还原等	教育价值 建筑价值 科技价值
活态博物馆	具备生产环节的企业类型的工厂、建筑	高强度保留并展示工业生产技术流程	建筑价值 科技价值 历史价值 环境价值
现代与艺术博物馆	地标性、小规模工业建筑	作为地标性建筑，提供多媒体展示和互动体验，联动多元化艺术活动	建筑价值 科技价值 艺术价值

1. 工业博物馆

工业博物馆是博物馆模式中最为普遍同时也是最早兴起的类型，收藏并展示近代以来废弃的工业建筑与工业文明遗存，属于主题性博物馆模式。由于工业遗址本身同属于工业生产设备、技术、工业资源的解释范畴，因此具有较高的工业史料价值、工业物质功能价值与工业技术科技价值。以工业博物馆为代表的博物馆模式适用于小规模工业遗址，其功能、特征与工业历史资源较为纯粹与单一，能够以最传统与纯粹的叙述方式对旧工业遗址地与工业物质实体进行保护与利用。具有代表性的工业博物馆有柏林的缪格尔湖水厂博物馆，巨大的抽水机形象被保留并展示于大厅中，对工业遗产设备的使用功能进行充分利用与展现，表现出抽水机较高的遗产价值。

2. 活态博物馆

活态博物馆可被看作工业遗产与环境空间相融合的博物馆模式，这种模式是在对工业遗址的整体性保护下产生的，既保存了工业遗址地，也保存了工业场所、劳作环境、机器设备及工业生产技术，其突出体现了对工业技术与科技价值的高效与高强度的保留。具有代表性的活态博物馆有德国科隆巧克力博物馆及中国青岛啤酒博物馆等。以活态博物馆为代表的博物馆模式适用于工厂、工业企业、手工业、轻工业等技术指向性工业遗址地，通过原遗址地上的陈列直接展示过去的工艺流程，对某一地区长期形成的工业痕迹进行完整的保护与再生。如德国措伦煤矿博物馆保留原工业厂区的建筑、景观、机器设备以展示煤炭生产工艺流程，参观者可穿上工作服在真实的环境中以工人的角色参与体验煤矿生产工作。

3. 现代与艺术博物馆

现代与艺术博物馆大多以保护再生的博物馆模式将工业遗址建筑实体保留下来，并通过空间功能置换或重组改造将其变为其他类型的博物馆。这种工业遗址博物馆再生模式有别于传统的以收藏与保护为主要功能的博物馆模式，这种博物馆模式在展示内容上与原遗址功能、特性没有直接联系，却与整个城市结构与区域历史发展有着密切联系，向公众提供更具现代美学价值的多元展示空间，向整个工业区注入城市文化与艺术氛围。最具代表性的是英国伦敦由河畔发电站（图4-14）改造而来的泰特现代美术馆（图4-15），该博物馆在建筑与内部空间构架上并未做较大改动且保留了建筑的钢柱特征，玻璃盒子的结构形成宽敞的空间并带来大面积采光，使得博物馆产生空旷又梦幻的空间气质，这一工业遗址保护再生的博物馆模式为河畔发电站披上艺术的光环，使其成为伦敦的新坐标。如包含5个馆舍的杭州工艺美术博物馆群由旧址、仓库、丝织厂、纱厂等综合改造形成，由于此类小型工业遗址的工业文化价值体现较弱，因此通过结合杭州当地手工业特色，采用博物馆功能转型模式，将其打造成展示制剪、制伞、制扇工艺的美术馆。现代与艺术博物馆的更新程度较工业博物馆与活态博物馆更弱，但更适用于将小型工业遗址建筑与构筑物再生为地标性工业遗址。

图4-14 英国伦敦河畔发电站内部　　图4-15 改造后的泰特现代美术馆内部

城市"博物馆模式"作为工业遗址最常用的保护再生方式，以及构建"城市大博物馆"的可持续路径，无论对保护与展现工业遗产历史科技价值，还是彰显城市大博物馆特征，都有多维度的推动作用。工业遗址的博物馆更新模式在一定程度上反映城市与工业遗址的重构关系，颠覆了人们对工业博物馆与城市的刻板印象，为锚固工业城市中的工业遗址提供了多种发展方向。

（二）以德国鲁尔区为例

1989年，德国对鲁尔区多个工业城市实行以城市为中心的发散性工业遗存改造与环境治理，使工业遗存逐步转型为新兴的工业区城市群。从德国鲁尔区博物馆与城市的关系来看，鲁尔区采用城市"博物馆模式"建立代表性的工业城市与工业遗址之间的

互构关系。[1]鲁尔区锚点的 25 个工业遗址由 16 个重要博物馆与 9 个其他工业展览组成
（表 4-2），以效果显著的工业遗址改造项目串联起杜伊斯堡、埃森、波鸿、多特蒙德等在
内的长达 400 千米的城市工业遗址线路（图 4-16）。鲁尔区聚集了众多博物馆，包括德国
矿业博物馆、关税同盟煤矿工业区、北杜伊斯堡景观公园、哈根露天博物馆等具有标志性
特征的工业遗址，它们活跃并交流于城市之间，通过物质实体、构筑物、活动、记忆在城
市中产生多元的工业文化形态与工业文化生活。

表 4-2　德国鲁尔区典型工业城市与锚点工业遗址

城市	锚点工业遗址	博物馆模式类型
杜伊斯堡	杜伊斯堡港	综合模式
	德国内河航运博物馆	工业博物馆模式
	北杜伊斯堡景观公园	景观公园模式
埃森	关税同盟煤矿工业区	综合模式
	胡戈尔别墅	工业博物馆模式
波鸿	波鸿世纪大厅	综合模式
	德国矿业博物馆	工业博物馆模式
	达尔豪森铁路博物馆	工业博物馆模式
多特蒙德	LWL 工业博物馆	工业博物馆模式
	汉莎炼焦厂	工业博物馆模式
	DSAS 职业世界展览	现代与艺术博物馆模式
雷克林豪森	雷克林豪森电力博物馆	工业博物馆模式
黑尔滕	埃瓦尔德煤矿	综合模式
马尔	马尔化工园	综合模式
瓦尔特罗普	亨利西堡船舶升降装置	工业博物馆模式
哈姆	马克西米利安公园	景观工业模式
乌纳	林登酿酒厂	现代与艺术博物馆模式
哈根	哈根露天博物馆	活态博物馆模式
	霍亨霍夫庄园	现代与艺术博物馆模式
维滕	夜莺煤矿和穆特恩山谷	综合模式
哈廷根	哈廷根亨利钢铁厂	工业博物馆模式
米尔海姆	宝瓶水博物馆	工业博物馆模式
奥博豪森	阿尔滕贝格锌厂	工业博物馆模式
	奥博豪森储气罐	现代与艺术博物馆模式
盖尔森基兴	诺德斯特恩公园	景观公园模式

[1]　张文卓，韩锋 . 工业遗产保护的博物馆模式：以德国鲁尔区为例 [J]. 上海城市规划，2018（01）：102-108.

图 4-16　鲁尔区工业遗址线路

埃森红点设计博物馆作为关税同盟煤矿工业区的核心，更加注重工业遗址"城市大博物馆"功能性与实物性的综合再生，以此形成关税同盟煤矿工业区的博物馆综合利用模式，将红点设计博物馆作为城市"博物馆模式"更新的核心。在红点设计博物馆的外部，可以看到构成工业区中心性与标志性的Ⅻ号矿井（图 4-17），煤矿绞车井架、炼焦厂、传送带、厂房、生产设备等工业建筑碎片被有选择地留存下来并重新布局，同时增添富有现代构成感的硬质铺装，形成新旧融合的空间效果。该博物馆与建筑外部环境共同使红点设计博物馆以城市"展品"的形式存在，其工业文化资源博物馆化的形成重新定义了红点设计博物馆的"实物性"特征。

图 4-17　埃森红点设计博物馆（左）与Ⅻ号矿井（右）

在埃森红点设计博物馆建筑内部空间，4000 多平方米的展厅设立于"U"形锅炉房内，保留原有纯粹的通高空间结构并以纯净的白色走廊形成夹层空间，为室内提供最大限度的展示陈列空间。该博物馆不仅展出世界范围内的现代工业设计作品，而且创立以功能、美学、使用、责任为核心理念的设计大赛展览（图 4-18）。工业文化的植入结合现代艺术，为当今前沿的工业设计与工业产品创建交流与活动的空间，协调区域未来发展与整体城市

图 4-18　埃森红点设计博物馆展览

结构，为工业遗址的功能性再生与城市更新持续提供动力，这也是该博物馆区别于其他机构型博物馆并被称为"废墟"上的光芒的关键所在。

　　埃森红点设计博物馆以"博物馆物"的真实存在充当关税同盟煤矿工业区的"展品"。它以工业文化、工业设计与自身文化的叙述方式形成与事物、实物、资料的并置与过渡，其庞大的体积与工业外形、明确集中的工业设计资料与展示功能，以及工业文化性带来的心理认知现象使其具有工业遗址博物馆化的特征与要素。该博物馆不只是以工业实物为核心的客观存在，更为"工业遗址"向"城市大博物馆"的转变提供新的动能。

　　哈根露天博物馆是鲁尔区博物馆的活化更新模式的代表，它完整展示出哈根城郊村庄的博物馆城市形态（图 4-19）。每间精致的小屋都是独立的展厅，参观者可以看到工人在哈根露天博物馆小屋里做工，甚至可以亲身体验哈根工业机器的工作过程。蜿蜒的小溪、木制小屋、工业作坊构成展示的要素，参观者仿佛走进 20 世纪 20 年代的德国，行走在活化的哈根露天博物馆中就像回归哈根自然、文化与历史中。贴近哈根工业时期的生活方式成为博物馆活化更新模式的价值体现，也构成工业遗址与城市生活间的连接。

图 4-19　哈根露天博物馆展现出哈根城郊村庄的博物馆城市形态

从城市大博物馆角度来看，鲁尔区的城市"博物馆模式"在将工业遗址封存为博物馆的同时，也承担着工业遗址与城市间的连接作用。鲁尔区的"博物馆模式"试图将德国的诸多城市作为城市工业文明的集中地，是博物馆的高度聚集，也是城市工业文化的汇合与交织。以工业遗址的"博物馆模式"构建"城市大博物馆"是实现工业遗址保护再生整体性、全局性的途径，也是对博物馆城市工业遗址保护再生适应性的肯定。这对于代表性工业城市的工业文明与历史的高度汇集有着重要作用，为构建德国宏观视角下的"城市大博物馆"提供了可能性。

二、以区域性工业文化风貌"区"与"群"为特征

（一）区域性工业文化风貌区与博物馆群

构建工业遗址"城市大博物馆"不仅意味着要在宏观上建设以城市为中心向外围发展的"博物馆模式"工业遗址线路，还要注重中观层面——区域性工业文化风貌区的构建。区域性工业文化风貌区对工业遗址"城市大博物馆"保护再生有着内聚作用与递进价值，是构建工业遗址"城市大博物馆"由宏观到微观的过渡内容。工业遗址的区域性工业文化风貌区能够较为整体地、区块化地、规模化地体现某一时期、某一城市典型的工业文化表征与空间特征，它包含工业历史建筑、工业历史构筑物、工业历史街区，以及具有工业文明特征的人文景观、功能活动、社会服务等方面。具体来说，这是对工业遗址与城市环境、工业历史、社会功能、文化旅游的统筹规划与发展，是一种对区域性的工业遗存进行全域开发的模式。区域性工业文化风貌区的特征主要体现在以下两个方面。

从"域"的角度来说，工业遗址区域性工业文化风貌区强调其区域性。根据德国地理学家 A. 赫特纳的观点，一座城市的区域性程度越高，表明该地区经济相互依存，交流能力、内聚力、行为能力就越高，而随着区域性的日益增强，区域将成为拥有自己权利的行为主体。[1] 对工业遗址文化风貌的"区域性"而言，主要体现在城市典型的工业风貌区与工业遗址群体上。不同的工业遗存受生产行业、劳作方式、社会活动、场地等的影响，在空间结构、尺度、规模、功能上会有细微差别，并由此形成不同形态的工业遗址特征。深入挖掘城市中具有代表性与特征性的工业历史文化资源，进行区块化与规模化的保护再利用，以展现整座城市的工业风貌。因此，工业遗址区域性工业文化风貌的展现限于"区"与"群"的范围，是将区域性的工业遗址看作城市典型工业历史风貌的集合地，是对工业遗址"城市大博物馆"内聚力的展现。

从"泛"的角度来说，工业遗址区域性工业文化风貌强调广泛与多元。工业遗址区域

[1] 邓玲，杜黎明.主体功能区建设的区域协调功能研究 [J].经济学家，2006（04）：60-64.

性工业文化风貌不仅体现在将散落在城市中的工业遗址有计划地规划在一起，更是体现在将工业遗址与其他文化资源联合，形成内容与形式上的多元化。散落在城市中的工业遗址与城市历史文化、教育旅游、社区服务、创意活动、自然环境等都有一定的性能、功能、职能、效能上的联系，以此形成区域间各种资源的多维联动。受后工业考古热潮与博览会的影响，曾经以劳作生产为主要功能的工厂车间的保护、展示、教育、传播与娱乐功能得以开发；曾经的通勤工人骑着自行车从这片区域穿过大街小巷到达另一片区域，途经住宅、公园、市集、工厂，如今的街道已成为集中展现工业文化风貌与记忆的风景线。任何工业遗址建筑或者构筑物都不是孤立存在的，具有代表性的工业建筑、景观、街道、一花一草都成为构成博物馆城市的信息要素，有物质的也有非物质的，有实体的也有虚拟的，有静态的也有活态的。从这个角度来讲，工业建筑、功能空间、街道、风貌、记忆、活动及社会主体共同构成工业遗址区域性工业文化风貌的内容要素，工业遗存空间中多元化的资源成为工业遗产与博物馆现象的有益补充，推动形成完整的"城市大博物馆"形态。

（二）以沈阳铁西区工业遗址区为例

沈阳铁西区位于沈阳市主城区西南部，面积约 488 平方千米，作为沈阳市最密集的工业区聚集着沈阳大大小小的工业遗址群，是中国著名的老工业区。1949 年后，在"一五""二五"规划的支持下，铁西区累计拥有 1000 多家工厂企业，依靠化工、工程、制药、机床等制造产业成为全国工厂最密集的地区，是当之无愧的"东方鲁尔"。1986 年后，东北逐渐进入后工业化时期，沈阳铁西区被列入我国区域性改造计划之中，大面积的厂房面临搬迁、废弃。自此之后，在工业遗产保护条例的完善与工业遗址保护改造的带动下，铁西区实现了大量工业遗址的保留与转型。随着铁西区"东搬西建"进程的推进，形成了以廊道与铁路线为纽带的长达 70 千米的工业走廊。

过去，铁西区主要由两个分化明显的部分组成，即南部住宅区与北部工厂区（图 4-20）。铁西区南北功能空间的分化造就沈阳区域性空间格局的风貌特征：南部以苗圃、劳动公园、建设公园、兴华公园等为辐射节点形成工业景观公园，北部以卫工街一带的沈阳电机厂、红梅味精厂、沈阳人民机械厂、沈阳重型机械厂、沈阳市第二防爆电器厂等形成密集分布的工业遗存。

在"十四五"规划的指导下，沈阳塑造了"一核三轴"文化空间，沿文化轴线与文化路径建设区域性文化创意中心，并将沈阳铁西全域定义为"永恒运转的工业城市博物馆"。对铁西区工业遗址的区域性工业文化风貌发展是构建沈阳铁西区"城市大博物馆"的总体方针，这是一次沈阳铁西区"城市大博物馆"概念的尝试，也标志着城市大博物馆视角下的沈阳铁西工业文化风貌区的建立。在南宅北厂的区域空间形态基础上，将南部的绿地公园、景观公园向北延伸，使得北部片区拥有适宜居住与娱乐的空间；在南部片区的景观公园中融入具有工业风格的景观构筑物、景观雕塑、工业文化墙等元素，可

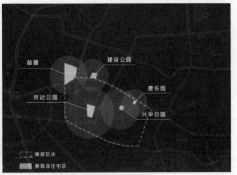

图 4-20　南部住宅区（左）与北部工厂区（右）

以凸显北部工业特色。铁西区"工业城市博物馆"沿建设大路将东西区域串联起来，形成工业景观公园、工业博物馆、文创园、产业园等众多景观节点。工业遗址保护与艺术文化、建筑保护、景观绿地、社区服务相结合，沈阳工业与市民生活融合共存，以无边界化 [1] 的方式将铁西区全域的工业博物馆、创意产业园、工业景观公园等联系起来，形成铁西区全域范围内的"工业城市博物馆"形态（图 4-21）。

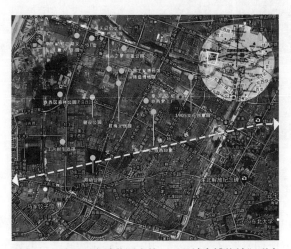

图 4-21　铁西区全域范围内的"工业城市博物馆"形态

沈阳铁西区全域范围内代表性工业遗址区的保护再利用成为展现沈阳城市工业文化风貌最真实的"馆藏品"（表 4-3）。西起奉天记忆文化创意产业园，东至 1905 文化创意园，以中国工业博物馆、沈阳铸造博物馆、红梅文创园、奉天工场文化创意产业园为代表的工业文化主题博物馆与创意园区被完整地保留下来并赋予新的功能。[2]

[1]　刘伯英 . 中国工业建筑遗产研究综述 [J]. 新建筑，2012（02）：4-9.
[2]　陈伯超，刘万迪，哈静 . 近现代工业遗产保护与活用：以沈阳铁西工业区改造为例 [J]. 新建筑，2016（03）：25-30.

表 4-3　沈阳铁西区城市工业文化风貌遗址博物馆群的保护利用

代表性工业遗址资源	保护利用形式		功能主题
铁西工人住宅楼群劳动公园		"铁西工人村建筑群 + 劳动公园" 工人住宅楼建筑群保护以实物、场景展示铁西工人生活 社区居民休闲中心	建筑保护 住宅生活 社区化
沈阳铸造厂		中国工业博物馆 工业历史资料展示 原真性展示铸造车间 铸造设备、机床、冶金材料等物品	历史资料 铸造机器 实物展示
沈阳红梅味精厂		沈阳红梅文创园 对工业建筑进行修复 对空间进行再规划 对功能进行再分配 融入文化创意、艺术活动、办公、餐饮等功能	建筑修复 文创体验 艺术展览 办公 餐饮服务 商业化
沈阳冶金机械修造厂		奉天工厂文化创意产业园 保留部分红砖建筑融入剧场、画展、餐饮、艺术展览、书店等功能	建筑保护 艺术展览 餐饮服务 商业化
沈阳重型机械厂		1905 文化创意园 餐饮 艺术展览 服务功能	艺术展览 社区化 餐饮服务 商业化

　　例如，沈阳铸造博物馆作为沈阳工业历史的资料库，内部展现沈阳工业历史信息、机器设备与工艺流程，外部成为描绘沈阳工业风貌的画布。原翻砂车间作为工业文明时期珍贵的遗物被整体保留下来，并通过翻新、功能转型、艺术融合等方式成为能够展现沈阳工业历史脉络与城市大博物馆形象的铸造博物馆。博物馆外部巨大的体量与质量具有极强的张力与震撼力，建筑顶部的长方形构造像是坚硬的铁块穿插在一起，形成沉重又硬朗的线条，尽显工业文化气息。室外展览区还通过一些钢锭模、扳手、铁钳、手印等元素诉说沈阳城市的工业历史。通过一些艺术手法加以装饰就能够使"废弃"与"衰败"的工业遗迹"光辉"起来，重新成为城市的纪念性标志。

　　沈阳红梅味精厂在 2019 年实现了由味精厂遗址到文化创意园的复兴转变，不仅保留了工业建筑、厂房、工业设备、构筑物，还形成了与文化、教育、艺术、产业等功能的联动。在功能上，如今发酵厂房变为发酵艺术中心；研究所改造成沈阳故宫文创体验馆；六联原料库更新为 LiveHouse 孵化基地；办公楼已变成设计公社；提纯车间更名为红梅书坊，充分利用地理区位优势完成了独具区域特色的综合改造升级。[1] 在形态上，对原有旧工业建筑构架与原始建筑质感进行选择性的保留，工字钢架、黑色管道、金属灯具、红砖等装饰性构件营造出陈旧感与沧桑感，并通过不同的红砖排列方式赋予建筑表面灵动的装饰感。发酵艺术中心与室外的发酵罐被保留下来，大体量的发酵罐成为对整个空间场景意象的支撑。这种带有符号特征的空间为空间艺术展览提供了现代展览模式，在工业历史与现代艺术的共同作用下，赋予工业遗址空间崭新的意义。在园区中融入景观要素，保留原始标志性构筑物的同时构建生活化的休闲装置，保留铁罐、管道、钢架等具有味精厂历史印记的元素，形成了具有味精厂特色的工业风貌。

工人村历史建筑群与劳动公园构成工人生活的展示区，过去熙熙攘攘的门庭街巷、工人住宅楼被现在僻静的建筑群保护区取代。工人村部分苏式红砖老建筑被原真性地保留下来，并增设了小广场、艺术雕塑、生活展馆等，展馆还原了沈阳20世纪五六十年代工人家庭生活的原貌，成为展现工人生活的活化标本。工人村历史建筑群毗邻劳动公园，二者共同塑造了以工人劳动模范为代表的景观公园，为现在的居民与参观者提供了放松休闲的环境。

1905文化创意园在保持原工业风貌的同时融入社区文化与艺术表达。以"社区博物馆"的方式展现铁西区工业历史风貌，传递城市文化内涵，使得工业历史风貌不仅存在于工业遗址区、博物馆与工业园区，也渗透于社区居民的生活中。原沈阳重型机械厂位于铁西区北一路兴华街居住区中，其独特的地理位置与功能定位使改造后的1905文化创意园更具可参观性与日常性。入口处的"1905"几个数字将人们带入工业时代的回忆；红砖质感的建筑外表与工业构件结合，从色彩、肌理、记忆等方面将奉天工业文化融入兴华街的社区空间。建筑内部不加修饰的裸露墙面与现代彩色海报、装置、涂鸦形成新旧融合的风景线，这极大地提升了园区的时代文化性。新功能的融入使得工厂更好地在社区中延续，并持续展现新旧时代融合的工业文化风貌。工业遗址的文化风貌从工业历史与旧建筑中来，并以新的形式、内容与意义重构于社区空间中成为新社区文化精神的中心。[2] 工业遗址与社区的联动将工业历史文化拓展到社区群体与社会需求的区域性"城市大博物馆"的构建中。

上述案例只是沈阳铁西区区域性工业文化风貌区的冰山一角，而铁西区的工业遗存仍有未开发的部分。展现工业历史风貌的铁西区为构建沈阳城市大博物馆提供具有差异性的内容，形成铁西工业风貌区与铁西工业遗址群。沈阳铁西区的区域性工业文化风貌特征已然成为构建沈阳博物馆城市的重要内容。

[1] 曹欣之.工业遗产文化创意空间再生 [J].文化产业，2022（04）：109-111.
[2] 黄磊，魏春雨，贺宏洲.文化可持续性社区视野下的都市工业遗产的特质重构：以西班牙里巴斯工厂更新为例 [J].装饰，2014（11）：114-115.

（三）以洛厄尔国家历史公园为例

洛厄尔国家历史公园前身是汇集了美国众多棉纺织工厂的巨大社区，位于美国工业革命的发源地洛厄尔。作为美国最早面向公众开放的工业遗址博物馆，洛厄尔国家历史公园保存着19世纪早期至20世纪50年代美国以纺织工业为代表的工业物质文明与工业精神文明，展现出厄洛尔的工业历史特色。洛厄尔国家历史公园虽以"历史公园"命名，但它有别于独立的工业遗址公园或并立的工业历史博物馆，是由分布于城市区域范围内的19处标志性工业遗址聚集形成的露天博物馆形式的大型遗址群，已然成为美国第一座区域性工业文化风貌露天博物馆群。（图4-22）

图4-22 洛厄尔国家历史公园空间形态（左图为19世纪形态，右图为20世纪形态）

如今，洛厄尔国家历史公园是美国在城市区域性视角下的工业遗址"城市大博物馆"保护与再生建设的综合实践，成为工业遗址与博物馆城市革新的重要借鉴。通过收集、整理、划定、保护、设计改造区域内的历史街区、工业遗址构筑物、工业文化住宅商铺、旅游线路等，综合构建具有社区场所感的大型露天工业博物馆群[1]（图4-23）。为

图4-23 洛厄尔工业历史街区、构筑物与
洛厄尔国家历史公园博物馆群

[1] 吕建昌.从绿野村庄到洛厄尔：美国的工业博物馆与工业遗产保护 [J].东南文化，2014（02）：117-122.

发展遗产旅游，公园内保存了大量的运河、铁路等，并把许多工业遗址改造成地标景点。公园涵盖居住、商业、零售、娱乐和休闲五大功能。洛厄尔国家历史公园通过扩展画廊、博物馆、剧院及其他一系列功能而成为区域性视角下工业遗址保护与再生实践的成功典范。

　　洛厄尔工业社区有的被全部拆除，有的被改造成工业遗址博物馆或公共设施以促进洛厄尔城市再生，有的仍保持原貌被完整地留存下来。以市场纺织厂、布特棉纺织厂、萨福克纺织厂、工人宿舍、柯克布特经理住宅等为代表的工业遗址博物馆群，均展现出不同主题的保护利用形式。（表 4-4）

表 4-4　洛厄尔国家历史公园工业遗址博物馆群的保护利用

代表工业遗址资源	保护利用形式	功能主题
市场纺织厂	"国家历史公园游客中心 + 市场米尔老年公寓" 以实物、多媒体展示洛厄尔工业历史文化 家庭与老年文化活动中心	纺织工业展览 住宅生活 城市化
布特棉纺织厂	布特棉纺织厂博物馆 活态化展示生产车间 纺织原理、技术、流程	科技展示 纺织生产 场景复原 互动体验
萨福克纺织厂	萨福克纺织厂 水轮机展览 修复建筑与运河动力设施展示水轮机工作场景 "电力步行"活动	机器展示 运河参观
工人宿舍	复原工人宿舍室内场景 室内改为常设展示空间 "劳动工人"展 "美国工人故事"展	建筑展示 生活场景 文化展览
柯克布特经理住宅	修复住宅外观并改造成宿舍楼 展示棉纺织业经理人的作用 现成为洛厄尔国家历史公园总部	管理展示 建筑展示

洛厄尔国家历史公园的展示核心是布特棉布厂博物馆，这里是最能够探索工人、工程师、发明家、投资者、美国工业革命与工业经济故事的地方。该博物馆的编织室通过动态与静态结合的方式展现美国的纺织工艺历史、纺织工具、纺织机械等，展现出洛厄尔棉纺织生产车间的工作环境、工人的劳作场景及美国纺织技术与纺织品。摩根文化中心、工人宿舍与圣安妮教堂用于展示普通劳动者的文化生活，真正关注到美国工业文明时期普通人的生活。为了再现 19 世纪中期洛厄尔蒸汽时代的城市风貌，洛厄尔国家历史公园通过有轨电车和运河两条线路将各个工业遗址连接起来，参观者跟随参观线路可漫游于城市空间，观看洛厄尔工业化的愿景展览（图 4-24）。参观者可通过夏季的"Paw tucket"电力步行活动（图 4-25）欣赏梅里马克河沿岸的风景，在这里还可以了解山羊是如何帮助过度生长的植被抵御入侵物种的（山羊救援）。"它不是单个的工业设备或纺织厂，也不是工人住宅，而是呈现完整的历史故事的场所。它把城市中不同的历史遗迹串联起来，以'历史

图 4-24 水上参观

图 4-25 "Paw tucket"电力步行活动

在那里发生'的各个现场，向公众提供一种强大的历史场所感。"[1] 这一展示形态为与工业主题相关联的工业生产、工人资本、工厂管理、工业贸易、工人文化、工人生活、工业生态创造出城市化与生活化的情境，使洛厄尔国家历史公园在区域上形成具有纺织工业特征的"泛博物馆"。

综上所述，工业遗址的保护与再生正在以区域性工业文化风貌的方式展现着城市工业文化的多样性与典型性，将工业遗址与艺术文化、建筑保护、景观绿地、社区服务融合起来。延续这个思路，可将工业遗址的区域性工业文化风貌作为构建工业遗址"城市大博物馆"的中观视角，也更为具体地为构建城市意义上的工业风貌区与博物馆遗址群提供参考。

三、以工业遗存建筑"锚点"为特征

（一）工业遗存建筑"锚点"

工业遗存建筑"锚点"可被看作"城市大博物馆"具体化的尝试，通过赋予工业遗存建筑具体的空间构成环节为建筑遗存增添更多博物馆化的复合型功能，以"锚点"工业遗存建筑构建工业遗址"城市大博物馆"在微观视角下的具体感知。具体来说，就是针对某一处工业遗址形成内容上与空间上的延展性与丰富度，在其空间规划上以"锚点"形成由点状更新到面状更新的再生路径，在其内容上结合文化、大事件、周边、活动促成工业遗址综合价值的提升。

在区域划分方面，保护区与开发区是工业建筑遗存自身保护与开发的核心环节，保护区是展现工业建筑博物馆属性的关键所在，开发区则是赋予工业建筑城市化与现代化特征的重要空间。一方面，从历史、文化、艺术、经济、技术等方面评估具有价值的建筑物、构筑物、设施及设备，形成工业建筑遗存的中心"锚点建筑"，并以点带面形成遗存空间的骨架；另一方面，开发区各部分形成各自优势并建立互补点与协作点，促成各区块空间的协同发展、差异发展与错位发展[2]。

在工业文化方面，文化作为工业遗址更新的助推剂，提供工业建筑空间更新的活力与再生力，它通过具体的物质实体或虚拟的视听体验使工业文化风貌得以具体展示与传播。工业遗址中的旧建筑、交通遗迹、工具设备、景观环境、工业废墟等都可被视为工业文化的物质性表达，是工业文化最真实、最原始的出发点。对当地居民而言，它们是通过物质实体构建的承载集体记忆的家园式场所；对参观者而言，它们是工业文明的发生场。例如，关税同盟煤矿工业区的旧工业厂房被剖开，露出锈迹斑斑的内部钢架结构，通过裸露的工业建筑构架为参观者描述与炼焦厂呼应的工业城市文化与记忆，在参观者脑海中留下

[1] TE Leary，EC Sholes. Authenticity of Place and Voice：Examples of Industrial Heritage Preservation and Interpretation in the U.S. and Europe[J]. The Public Historian，2000，22（03）：49-66.
[2] 薄宏涛. 存量时代下工业遗存更新策略研究：以北京首钢园区为例 [D]. 南京：东南大学，2019.

城市的烙印。工业文化以工业物质实体、工业产品、工业美学、工业记忆等方式激发工业遗址园区的文化活力与再生力。

在城市活动与大事件方面，城市活动与大事件的发生不局限于某个功能建筑或者为一次活动而临时规划的场地范围，因此成为追求具有历史认同感、文化稳定性、公众参与性与城市可持续性的场所。工业建筑空间逐渐成为小到艺术展览、节日庆典、娱乐教育，大到国际大事件的发生空间，并为这类事件活动提供了可持续性场所。例如，北亚当斯利用美国麻省当代艺术博物馆使得废弃的阿诺德纺织工厂在 30 年间一跃成为跨学科艺术文化综合体，并使阿诺德纺织工厂再现场所活力，同时也为北亚当斯完成自身城市转型与提升城市影响力再添思路。[1] 该博物馆内高处的空间成为展示艺术实验与创作表演的平台，博物馆外侧宽敞的草坪成为音乐节等演出活动的举办场地。至今，美国麻省当代艺术博物馆仍有 26 座建筑在改造扩建当中，这无疑是工业遗址融合城市活动与大事件最直接的表现。

从某种角度上说，以工业遗存建筑"锚点"为特征的工业遗址"城市大博物馆"的构建，不再局限于工业建筑自身的空间与功能范围，也不再受限于小型活动事件的要求，而更加彰显工业遗址与相关文化产业、地缘周边及城市大事件之间的联动与协作。

（二）以北京首钢工业遗址公园为例

北京首钢工业遗址公园继 2015 年以"增量"与"存量"为发展导向以来，在 2022 年以冬奥会的成功举办实现了工业遗址与国际大事件的完美结合。如今，北京首钢工业遗址公园在"十四五"期间正式提出建设北京"博物馆之城"的理念之下再度发挥其"城市大博物馆"的引领作用，以节点性微观视角实现工业遗存建筑保护与再生。该遗址公园统筹周边工业区形成与城市的紧密衔接，与石景山、炼铁厂、焦化厂等区域共同构建起北京首钢工业遗址公园的基本格局与展示核心。园区划分为 5 个区域，分别是博览文化展示区、产业拓展区、核心商务区、综合配套区与总部服务区，并以工业文化景观为轴线，以滨河为示范带使整个工业遗存空间成为推动城市空间更新与再生的代表性区域。该遗址公园的构建赋予首钢工业遗址城市化与博物馆化的特征，成为构建"城市大博物馆"的具体化尝试。

北京首钢工业遗址公园在"城市大博物馆"节点性视角下以"局部点状更新"串联起冬奥广场、首钢博物馆、冬训中心和 BIG AIR 竞赛片区 4 处建筑遗存空间，将 4 个特色单体作为园区内的"锚点建筑"。[2] 由点状更新到面状更新，以 4 个锚点为辐射中心激发整片园区的活力，形成北京首钢工业遗址公园的"城市大博物馆"形态（图 4-26）。

[1] 王璇．博物馆在区域文化产业发展中的作用研究：以美国麻州当代艺术博物馆为例 [D]. 北京：中央美术学院，2019.

[2] 洪小春，季翔，吴榕．基于城市更新的既有工业区地下空间开发功能适宜性评价：以北京首钢三高炉博物馆为例 [J]. 桂林理工大学学报，2022，42（04）：853-863.

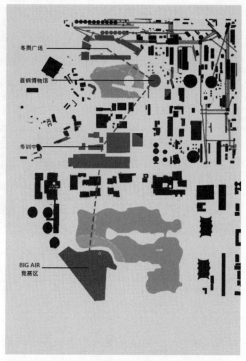

图 4-26 北京首钢工业遗址公园以"锚点建筑"
形成"城市大博物馆"形态

　　在地缘认知的基础上，北京首钢工业遗址公园在西北部石景山东麓处创办冬奥办公园区（图 4-27），使这片封闭区域融入园区并成为更新的中心点，以此带动区域范围内的整体更新。冬奥广场西侧与石景山相接，南侧与秀池相邻。在冬奥这一大事件的带动下，转运站、料仓、筒仓、主控室被再生为办公建筑（图 4-28），并联动休闲、展示等功能构建成具有城市博物馆特征的综合建筑群。该建筑群以冬奥广场为锚点，是北京首钢工业遗址公园的第一组工业建筑群。

图 4-27 冬奥办公园区平面图

图 4-28　改造后的办公建筑

　　首钢三号高炉作为北京首钢工业遗址公园的代表建筑，在尊重原本工业文化风貌与地标效应的巨构建筑外部的前提下，由废弃的高耸建筑转变为拥有多功能空间的首钢博物馆（图 4-29）。首钢三号高炉前地面空间的铁轨、罐车、烟囱成为焦化广场户外展览区的记忆雕塑，为参观者提供休憩、娱乐、表演的场所；高炉内部圆台形空间形态、裸露的钢结构创造出独特的场景氛围；地下空间进行功能扩展，将内部空间、地面空间、地块空间集约，与城市功能活动建立紧密联系，有停车空间、博物馆展览空间、餐饮空间等多功能立体空间，为参观者展现过去的工业历史记忆并将其扩展到城市活动与功能的联系上。首钢三号高炉承担多样化载体角色，包括以钢铁工业为核心的物质资料载体，以工业历史记忆为核心的文化载体，以城市文化活动为核心的体验载体。首钢三号高炉强烈地展示出对工业遗址博物馆内外空间的综合保护与利用，形成以首钢博物馆为锚点的第二组工业建筑群。

图 4-29　首钢三号高炉内外空间的综合保护与利用

　　第三组工业建筑群以冬训中心为锚点，由7个建筑单体组成，它们由精煤车间、运煤站、金工车间与水厂车间改造而来。结合建筑形态、内部构造与功能需求，精煤车间变为训练馆，运煤站变为冰球馆，金工车间变为配套商业用房，水厂车间变为网球馆。改造后的钢铁车间、厂房、建筑与训练生活形成联动，将工业遗存建筑变为可持续的功能性场所，将非物质性的城市活动与生活拓展到工业遗址的再生实践中。

　　第三组工业建筑群以BIG AIR竞赛片区为锚点。BIG AIR竞赛片区是冬奥会雪上竞赛项目的竞赛场地，这无疑是对工业遗址联动国际大事件最直接的表现（图4-30）。单板滑雪大跳台考虑到工业遗存在性能、功能、职能与效能上的价值，保留原工业构件与材质肌理；同时，在满足竞赛需求的基础上，形成与冷却塔、钢铁构件融合的工业遗址体验区，使得BIG AIR竞赛片区在巨大的工业体量中提供多元化的与城市、文化、记忆相关联的场景与体验。单板滑雪大跳台作为冬奥文旅线路的重要一站，正逐渐以文化展览的方式使冬奥场馆成为大众文化生活的一部分。

图4-30　BIG AIR竞赛片区

　　如上所述，北京首钢工业遗址公园不仅对自身工业资源进行保存与更新，而且对周边区域进行带动与合理规划，形成建筑组块间的差异性与协作性；同时，与城市历史文化、旅游服务、活动生活、自然环境联系起来，结合城市大事件联动多元文化资源与产业完成再生更新，使园区的工业博物馆属性与城市属性得以体现。北京首钢工业遗址公园的成功尝试可被看作构建北京"博物馆之城"的试点实践，工业遗存建筑再生的微观形态成为首钢工业遗址"城市大博物馆"保护与再生的具体内容。

四、以工业景观"公园"为特征

（一）工业景观"公园"

工业景观"公园"可被看作在"工业文化之路"基础上增添的"工业自然之路"。工业革命后，受工业生产的严重污染，一部分土壤、水源、植被被严重破坏的工业棕地呈现出景观碎片化与斑块化的面貌。脆弱的环境已承担不了功能性的负荷，便形成以工业景观公园为特征的工业遗址保护再生路径。因此，应站在"城市大博物馆"的视角对工业遗址景观做出特征分析，构建工业遗址、自然环境与城市整体三者之间的系统联系，进而强调工业遗址"城市大博物馆"自然生长的景观概念。这提供以工业自然为主导、以工业自然保护地的城市公园为主导、以工业自然与游憩利用并置为主导的工业景观"公园"发展方向，具有工业自然、工业生态、工业美学等多方面的价值。[1]

1. 对棕地场地的认识与再生

广义上的棕地可被理解为闲置与废弃的工业遗址场地，而对棕地场地的理解可以追溯到彼得·拉茨对后工业景观设计的研究，"场地"是彼得·拉茨的后工业景观语法结构中的重要概念[2]。棕地的闲置与城市工业化紧密相关，加强对棕地场地的认识，一方面是加强对工业遗址的了解，另一方面是对棕地保护、棕地美学、棕地生态学的重新梳理。棕地具有地理环境、体量、质量、形态、肌理、自然等物质要素，也有过往历史、空间、生产活动、记忆等非物质的精神要素，在一定时间内会形成工业景观自然生长的特征。棕地具有丰富的工业特征条件及可被重塑的景观环境条件，也具有为工业遗址提供工业景观、多样化物种、休憩游玩场所等丰富的价值。从这些方面来看，每个工业棕地都会形成独特的"场地"特征。

2. 与城市环境的对话

工业遗址绝不是孤立的存在，作为城市的一部分，工业遗址与城市环境的微妙关系使其形成与城市整体的关联性。托马斯·史密斯在《建筑形式的逻辑概念》一书中以建筑场地的用地逻辑解释建筑与地形的联系："建筑的质量不仅取决于其本身的设计质量，更取决于其反作用于建筑的对话强度。"[3] 城市大博物馆工业遗址保护再生不仅要加深对棕地的认知，还要关注工业遗址与周边建筑、自然环境、城市空间等宏观方面的对话。

工业遗址景观的碎片化分布造成拼贴式的环境特征，从城市开放空间的视域考虑工业遗址与城市环境的联系，形成工业景观与城市自然环境的整体协调。尤其是在"城市大博物馆"的视域利用工业遗址的自然景观特质建立工业遗址与自然、自然与城市的亲密关系，以兼顾生态平衡的过渡方式达成工业遗址与城市空间、城市环境之间的对话。对具有典型工业景观的工业遗址进行保护与再生是构建工业遗址"城市大博物馆"的过程，也为形成工业遗址"城市大博物馆"提供新的尝试方向。建立工业遗址、自然环境与城市整体三者之间的系统联系，为工业遗址提供了"工业自然""城市—工业林地""城市野境"的发展方向。部分学者认为具有这一特征的棕地再生是新型城市开放空间的重

[1] 郑晓笛，吴熙.棕地再生中的生态思辨 [J].中国园林，2020, 36（06）: 17–22.
[2] 韩震.彼得·拉茨后工业景观设计语法研究 [D].扬州：扬州大学，2016.
[3] 史密斯.建筑形式的逻辑概念 [M].肖毅强，译.北京：北京科学技术出版社，2018.

要组成部分[1]，以此强调工业遗址"城市大博物馆"在工业景观"公园"特征下对自然开放空间的感知。

（二）以北杜伊斯堡景观公园为例

具有"棕色土方"之称的北杜伊斯堡景观公园对工业遗址场地特质的塑造集中体现在对场地中"废墟"与"绿洲"关系的再生与展现上。[2]北杜伊斯堡景观公园通过自行车道串联起区域内的工业森林项目，形成区域性的具有游憩功能的特色景观网络，试图构建工业遗址棕地与城市的未来联系。因此，北杜伊斯堡景观公园无论在工业遗址、生态治理，还是在城市、建筑与人文发展层面，都具有整体价值。

其一，"棕色土方"土壤、水、植被系统的构建（图 4-31）。北杜伊斯堡景观公园原身为钢铁厂，位于埃姆舍河西部流域。埃姆舍河两岸密集分布着众多工厂，钢铁厂的工业污水汇入埃姆舍河，导致其生态系统遭受严重破坏。自我净化土壤、隔绝"棕色土方"与水系的接触、尊重植被的自由生长成为该区域场地形成自我演替与构建自然系统的方式。彼得·拉茨在设计过程中认为，土方的构成影响着场地空间地形的塑造，可利用土壤的消除或增添在场地内形成丰富的地形肌理与形态。将场地中原有的开放式水系统更新为开放式干净水渠，水渠的形态保持与工业铁路动线相同的直线特征，使工业性的直线水渠成为"棕色土方"的空间元素是保持铁轨园地形特色的重要手段。在水深不等的开放式干净水渠中植栽适应场所环境的植被，水体通过这些植被的自我沉降完成净化，这为"棕色土方"提供了动植物多样性。"棕色土方"以自身的土壤、水体与植被三大要素形成独特的"废墟"与"绿洲"的场地特征，对钢铁厂的棕地痕迹与场地自然生态进行重新梳理，从工业景观"公园"中找到工业与"城市大博物馆"生态可构建的景象。

图 4-31　北杜伊斯堡工业场地与城市人文的综合构建

[1]　乔根森，基南.城市荒野景观[M].邵钰涵，徐欣瑜，译.北京：中国建筑工业出版社，2020.
[2]　郑晓笛.基于"棕色土方"视角解读德国北杜伊斯堡景观公园[J].景观设计学，2015（06）：20-29.

其二，"棕色土方"与城市、人文的构建。北杜伊斯堡景观公园尝试建立场地与城市、人文的关系，这突出体现在这块棕色场地的公共性与可参观性上。公园的大部分区域全年开放，参观者可以随意进出，这块场地具备的工业与生态特征的"天然博物馆"属性激发了当地居民及世界范围内参观者的好奇心，也使得这块场地甚至这一地区具有强烈的纪念感与聚集感。北杜伊斯堡景观公园中有由工业构筑物改造而来的富有艺术性的"钢铁巨龙"、充满想象力的猛兽石雕、排列整齐的方形铸铁板等非功能性的美学装饰，还有由炼钢炉、炼铁厂改造而成的高炉园。此外，户外攀岩场地、游乐场地、金属广场等为北杜伊斯堡景观公园带来丰富的人文气息，创造出北杜伊斯堡景观公园独特的公共空间。整个"棕色土方"像是工业遗迹与自然景观的融合体，是残缺的、废弃的，也是精致的、生机勃勃的。北杜伊斯堡景观公园一方面赋予工业建筑景观新的功能与形态，将工业自然与休憩活动并置，另一方面散发"城市—工业自然"之美，具有生态博物馆的属性（图4-32）。

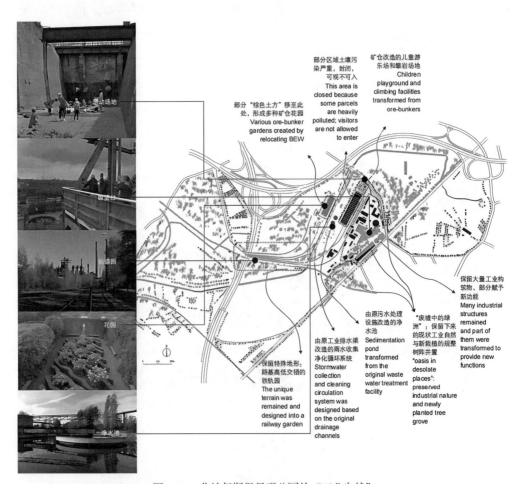

图4-32　北杜伊斯堡景观公园的"工业自然"

　　本节通过对城市大博物馆视角下的工业遗址保护与再生的特征的论述，明确了构成工业遗址城市大博物馆的具体内容与表征，并对不同特征的表达与体现及形成过程与结果进行论述。在具体案例的论述中，以国内外具有城市大博物馆特征的工业遗址为例，通过对这些工业遗址的背景信息、形成条件、转变方式的分析，探究其与城市属性、博物馆属性的联系，寻找这些工业遗址体现城市大博物馆特征的痕迹与规律。本节所选案例从不同角度、不同层级阐述城市大博物馆的理念，这不仅得益于城市演进过程中多样化的自然、历史、文化的形成，而且与社会主体主观的行为活动有着不可分割的关系。

　　工业遗址城市大博物馆的保护再生理念区别于传统工业遗址保护方式，使工业遗址形成具有博物馆属性、城市性、可参观性的整体再生环境。例如，城市大博物馆模式在将德国城市中的工业遗址博物馆化的同时，也将德国诸多城市间的工业遗址整合并联系起来，串联起一条工业文化之路，使得德国构建起宏观层面的"城市局部的工业博物馆"与"以工业博物馆为集合的城市"的城市大博物馆面貌。这是将工业遗址资源看作博物馆城市展品的适应性肯定，也是推进城市大博物馆具体实践的有益补充。又如，北杜伊斯堡景观公园通过工业自然、工业林地形成独特的工业生态博物馆，这引发了人们对未来实现工业遗址与城市价值共存的思考。再如，北京首钢工业遗址公园通过"锚点建筑"形成中观层面的城市大博物馆空间属性，使空间功能、工业历史记忆与城市活动综合展现于博物馆整体。本节对宏观视角下的城市"博物馆模式"、中观视角下的区域性工业文化风貌区与博物馆群、微观视角下的工业遗存建筑"锚点"及自然生长的工业景观公园等"城市大博物馆"在不同层面的特征进行论述，在工业遗址保护与再生建设之中寻求城市的创新，在博物馆性的城市设计机制下探索新的工业遗址保护与再生的可能。城市大博物馆中工业遗址发展形态不仅是工业遗址与一段城市时代的缩影，更是在工业遗产的物质存续与城市更新的当代需求间建立起动态平衡机制，形成兼具历史阐释力与未来指向性的新型文化价值生产体系。

　　在工业遗址与城市大博物馆概念演变及构建的过程中，一方面，城市需要以工业遗址保护再生思维面对城市演变现状；另一方面，城市需要通过工业遗址加强其博物馆属性。将工业遗址的物质资料、博物馆属性、城市特征、生态自然等综合呈现于城市这座大博物馆，使工业遗址空间成为工业物质囤积收藏与城市形象的展示区。从城市大博物馆视角能够对更多的工业遗址空间的保护再生作出相应的思考，也能对保护、再生、转化、演变、创新、发展之间的关系进行更清晰的认识与判断，促进探索可行的工业遗址向城市大博物馆的转化途径，促成工业遗址之于城市大博物馆的价值构建。因此，如何对待工业遗址与城市的关系，如何将工业遗址的博物馆特征有效呈现，如何求得工业遗址与城市大博物馆的价值共存，这些问题的解答决定了工业遗址持续塑造的可能。

第四节
工业遗址"城市大博物馆"保护与再生设计原则与策略

一、工业遗址"城市大博物馆"保护与再生设计原则

就工业遗址而言,将城市大博物馆的理念作为工业遗址保护与再生的概念框架,强调的是在当今的设计过程中,工业遗址除了从以建筑、场地、景观、雕塑、文化、公共艺术为主的局部要素入手,还需要与城市空间建立整体性关系。前文归纳了城市大博物馆视角下工业遗址保护与再生的特征,从宏观、中观、微观 3 个角度审视工业遗址重塑的可能性,从而分析工业遗址之于城市整体的价值。可以说,改造后的工业遗址不仅是城市生活框架的重要元素,而且是城市可持续发展的一个新维度,同时是工业城市寻求复兴的战略目标之一。[1] 虽不可否认工业遗址在功能结构、形态表征、城市肌理等方面有着自我组织的方式,但工业遗址的物质保护、文化展示、形象再生等方面却受城市主体主观能动性的影响,具有特有的认知与思考痕迹。所谓"罗马不是一天建成的",每一处工业遗址的形成、生长、建成、设计与演化都存在差异,而这个过程的矛盾性与复杂性则来自工业遗址设计者在未来对这片区域的重新定位,在于工业遗址设计者对城市大博物馆视角下的构建原则与构建策略的认知、判断与履行。城市大博物馆视角下的工业遗址保护与再生的原则与策略在"城市局部的博物馆"与"以工业遗址为集合的城市"的关系构建上起着重要作用。

(一)工业遗址博物馆化保护原则

工业遗址作为社会主体选择、收藏、整理与交流的对象,承载着自身及时代的物质档案、工业文明与历史记忆。对工业遗址进行博物馆化保护是基于对工业遗址博物馆性保护的考虑,是将工业遗址变得清晰与立体的过程。在工业遗址博物馆化保护的原则下,考虑到工业遗址所具有的博物馆内涵,对工业遗址进行选择与归档成为最基本的保护方式。面对工业遗址综合方面的变迁,工业遗址博物馆化的发展也离不开社会公众的交流,构建工业遗址与社会主体的公共关系成为工业遗址博物馆化的拓展保护原则。因此,应将博物馆思维作为工业遗址保护的出发点,将博物馆化基本保护与博物馆化拓展保护作为工业遗址博物馆化保护的基本原则。

---

[1] 李明威.工业遗产的文化改造对艺术博物馆空间的重塑 [J].美术,2020(12):116-121.

1. 博物馆化基本保护原则

博物馆化基本保护依赖于选择与归档，这也是科学博物馆学派领军人物兹比内克·斯坦斯基在他的博物馆化理论中提出的物体博物馆化的前两个要素。工业遗址的选择是鉴别工业遗址博物馆性潜力的过程，可以理解为从工业遗址原始痕迹中将工业建筑、工业景观、工业设备等物品移除，这取决于"物品"对其博物馆价值与意义的情感与认识。在识别工业遗址的博物馆属性后便将其与原始情境剥离，就是工业遗址的归档过程，这一过程可被看作将工业遗址插入工业遗产收藏、文化遗产保护或城市大博物馆的新理念角度的系统。这既是一个"去情境化"的过程，也是一个"去功能化"的过程，归档后的工业遗址不再是过去用于生产劳作的使用空间或具备生产功能的工具，而成为高于个人生存与社会功能的精神之物。因此，在工业遗址博物馆化基本保护的过程中，保护并对抗工业遗址的自然演变与衰退过程，对工业遗址特征、类型、形态作出选择与识别，客观地认知工业遗址的历史、文化、情感等综合价值，需要重新定义其基本属性并将其融入新理念与新角度。坚持博物馆化的基本保护原则是对工业遗址自身价值的综合保护。

2. 博物馆化拓展保护原则

博物馆化拓展保护可被理解为 Z.Z. 斯特朗基斯所说的博物馆化"沟通"。这种"沟通"是工业遗址在经历选择与归档后获得传播考古、民俗、文化、科学、社会等价值的过程。这是一种对工业遗址原始现实与博物馆学建立联系的方式。从某种意义上说，这一过程是在建立城市大博物馆视角下的工业遗址拓展保护。工业遗址博物馆化的拓展保护原则主要表现在两个方面：社会群体认知能力与公共利用的可能性。

社会群体不断地学习与生产，自然科学学科相继发展，人们将认知纳入各自专业的领域，也增进了对其他领域及外界环境的认识，在知识共同增进的状态下便产生了对物质的"博物馆化"的认知能力。随着对"博物馆化"认知的演进，人们分辨出更多能够"博物馆化"的"物"，[1] 如具有博物馆属性的工业遗址。从这方面来看，对工业遗址的保护体现在社会群体对"博物馆化"的认知过程中，坚持以"博物馆化"的认知原则对工业遗址进行保护是对工业遗址进行物质性保护的重要手段。

经历后工业化社会，原本大量的老旧工业建筑，如私人工厂、企业工厂等不再为个人所有，大面积废弃的工业遗迹成为社会共享的资源与空间。在工业遗址从私有变为公有的过程中，工业遗址的博物馆特征得以体现，博物馆化保护原则得以顺势拓展。这些无人问津的"藏品"变得不再神秘，而充满纪念性意味，成为人们与过去的事物对话的渠道。面对日益开放的工业遗迹，这些"藏品"公共利用的可能性变得多样与包容，这有助于一个更加平等开放的工业遗址的形成，而博物馆化本就开始于公共的社会。工业遗址变得公开可见，具有博物馆属性的遗址空间与城市主体形成联动，一些公共性的行动保护使工业遗

[1] 严建强. 从秘藏到共享：致力于构建平等关系的博物馆 [J]. 中国博物馆，2020（02）：3-10.

址创意多变、平等参与、普遍展示、面向大众，工业遗址像一个不停歇的实验室，持续创造着自己的"博物馆"。工业遗址博物馆化公共利用的可能性成为工业遗址保护的拓展动力，可以说博物馆化的拓展保护是对工业遗址拓展价值的综合保护。

（二）工业遗址空间存续性原则

"存续"描述的是保存与持续，可看作在稳定状态下加量的过程，体现了静止与运动状态之间的辩证关系，空间的存续，可以理解为空间的"存在"与"存在下去"之间的博弈。弗兰克·劳埃德·赖特曾在《有机建筑：民主的建筑》一书中提出，对建筑的保护不是历史与现代的简单混搭，也不是对现实的单纯添加，而更多地考虑历史建筑的适应性问题，思考如何通过将"历史"融入"现代"找到使建筑持续存在的方法，其出发点在于避免让历史成为城市发展的羁绊。

工业遗址作为历史建筑的一部分，工业遗址空间的存续性是一个需要谨慎思考与推敲的问题。从城市大博物馆视角来看工业遗址空间的保存与延续，工业遗址在发展过程中必须重视其与城市演变、城市生活环境之间的协调共生，其内涵涵盖工业遗址实体空间、工业遗址功能活动、工业遗址历史记忆、工业遗址生活经济等多方面的保护，而非采用暴力的拆除与重建，或者激进的保护与功能扩张等方式，只有洞察其中的不确定性与模糊性，才能把握"存在"与"存在下去"之间的平衡。

工业遗址与周边空间的融合是具有选择性的。正如阿尔多·罗西在《城市建筑学》中对于城市"集体记忆"的理解，"集体记忆"在建筑上体现为不同建筑表征所具有的"类似性"，这种性质包含着建筑空间中共有的原型，城市特征以此显现[1]。以沈阳红梅文创园临街界面为例，其改造面临着这样的问题：是将其原始历史风貌的界面直接向城市街道展露，还是利用建筑饰面将其包围起来，或依据"类似性"原则，融入周边环境元素，以寻求工业遗址与城市界面的连续性。沈阳红梅文创园临街界面轮廓平直，从临街立面的平仄格律中，仍能探寻到原始厂房空间构造的痕迹，通过插入红砖、幕墙玻璃、黑色金属结构线条等"类似性"元素，可使空间连续性基本达成。因此，对于在城市演进与自发条件下产生的具有城市大博物馆概念的工业遗址保护而言，工业遗址空间形成类似特征与适应特征的存续性原则，成为工业遗址延续与转变的普遍原则。

此外，从中西方工业遗址保护进程上来看，西方坚持了第二种存续性保护再生原则——新区与旧区分离。虽然这一原则不符合我国发展现状，但对于工业遗址空间未来的存续性保护与发展，仍具有参考意义。一些西方学者认为，将没有价值的旧区与新区分离，对旧区内部进行适应性再生，可使之成为高于其工业物质价值的精神圣地，彼得·拉茨的北杜伊斯堡景观公园便是这一原则的产物。他认为，除去工业废墟内的杂草并对其再做修饰其实是对它的一种破坏，而对自然、水体、植被进行自然优化才是对此类工业遗

[1] 常青.思考与探索：旧城改造中的历史空间存续方式 [J].建筑师，2014（04）：27-34.

址的尊重与保护。虽然通过工业遗址分离减少功能活动干预进而实现其内部存续的路径与我国工业遗址改造的原则相反，但这也为未来城市视角下工业遗址的存续性保护提供了借鉴。

（三）工业遗址城市化整体更新原则

从城市化整体更新角度理解，工业遗址是城市空间集合的一部分，它作为工业文明发生与发展的场所一直隐含在社会主体与城市空间之间，是城市化进程中的重要组成部分。但因工业遗址再生设计的专业独立性弊端，工业遗址的更新原则始终聚焦于建筑、景观、雕塑、设施等方面，而忽略了对工业遗址与城市空间的关联性与整体性的思考。从城市化整体更新角度对工业遗址作出要求，强调的是一种从宏观城市空间整体到微观工业遗址更新的整体性塑造，形成具有博物馆属性的城市大博物馆环境，进而把工业遗址视为一种理想化的博物馆物，将城市作为展示空间。因此，工业遗址城市化整体更新的原则问题，是对工业遗址持续展示与更新的宏观方面的探讨，是对工业遗址之于城市大博物馆的另一关键探讨。

工业遗址城市化整体更新原则要求城市展现工业遗址历史风貌与区域特征。凯文·林奇将城市形象分为5个要素：道路、边界、区域、节点、标志物[1]，各要素客观而又有组织地构成城市的基础。从这一角度来看，展现工业遗址历史风貌与区域特征，能使城市化进程下的工业遗址具有自然的差异性与辨识度。在坚持工业遗址历史风貌完整性与原真性的保护原则之下，应注重工业遗址与场所环境、区域特征、城市历史风貌的整合兼容原则。这涵盖具有纪念意义的工业历史建筑、工业历史街区，具有工业文明特征的人文景观等诸多存在于城市空间中的工业遗址实体空间，它们能够整体地、历史地、独特地体现某一时期某一区域的工业历史风貌与城市空间意象。

工业遗址城市化整体更新原则要求城市展现工业遗址的连续性与地标性的律动感。工业遗址在城市空间中的连续性体现在通过以点成线、以线成面的方式，将零散的工业遗址空间联系起来，可以是工业空间在城市空间界面的连续性，也可以是感知的连续性。同时，工业遗址的城市化展示需要城市空间中的地标性元素来支撑，并与连续性空间形成具有律动感的节奏关系。这种地标性元素具有强烈的向心性、凝聚力与可参观性，它可以是集合工业遗址空间的物质、形态、质感、色彩等环境特征的标志性中心、纪念性工业实体、代表性节点空间等。通过与道路、边界、区域、节点、标志物等建立持续的更新关系，工业遗址空间被赋予新的意义，其在城市空间中形成了具有工业特征的连续性与地标性的律动感。

工业遗址城市化整体更新原则要求城市展现工业遗址记忆与城市文化。工业遗址的记忆与痕迹存在于城市空间，赋予城市记忆数据库的属性。城市中记忆的载体，有的是令人

[1] 林奇. 城市意象：最新校订版 [M].2版. 方益萍，何晓军，译. 北京：华夏出版社，2017.

印象深刻的建筑，有的是特色景观。从工业遗址城市化动态保护与更新的视角看，工业遗址需要营造一个留存并分享城市记忆的博物馆城市空间，通过记忆与城市文化的传递，实现对工业遗址的保护、展示与更新。确立整体性的工业遗址保护原则，形成整体性的工业遗址发展设计，一方面是对工业遗址与城市文明的延续，另一方面是对构建城市大博物馆视角下的工业遗址城市化整体更新原则的思考。

（四）工业遗址环境保护可持续性原则

工业遗址是文化遗产乃至城市的重要组成部分，对工业遗址环境的保护与更新是对过去、现在与未来的链接。工业遗址公园是工业遗址环境保护和再利用的可行路径之一。西方许多国家从生态恢复的角度出发，结合生态环境脆弱的工业遗存特有的空间属性，营造出一种新的城市公共活动空间，包括"城市—工业自然""城市—工业林地""城市野境""露天博物馆"等。这些工业遗址保护案例在工业景观、生态治理与文化展示方面具有独特的价值，也为空间再生与城市再生提供了多样化的视野。[1] 对工业遗址环境保护途径的探索，应注重以下 3 个方面。

1. 工业景观

对工业景观进行保护是工业遗址环境保护最直接、最基本的要求。回溯德国鲁尔工业区的诺德斯特恩景观公园、北杜伊斯堡景观公园等，均综合考虑工业遗址建筑、构筑物、景观、交通与城市空间之间的整体关系。这些景观公园对工业地形、植被、工业遗存设施进行提炼，在保留场地资源的基础上，重新配置资源并赋予遗址区域新的功能，构成德国鲁尔工业区理想的工业景观空间。

2. 生态设计

生态设计更适用于对工业遗址棕地的保护。对棕地进行生态设计使得工业遗址形成特殊的生态价值、美学价值和游憩价值，应维持生态设计与工业自然、工业遗址游憩功能、城市之间的平衡。如北杜伊斯堡景观公园在恢复棕地与土壤、水源、植被的生态治理的同时，实现了工业自然与生态并置、游憩与生态并置、城市公园与生态并置，综合构建了城市空间中的生态博物馆。

3. 城市人文

工业遗址环境保护在城市人文方面关注对过去城市人文的再现、对现在城市人文的展现及对未来城市人文的呈现。如斯堪森露天博物馆通过生活场景的再现展现出该地过去工业城镇的生活，从而实现工业遗址景观与城市生活形态的完整重现，赋予工业遗址文化性与城市博物馆属性。北杜伊斯堡景观公园全年对外开放，它的开放性与公共性使得参观者能获得对过去工业环境的体验，在工业场地中创造融入城市肌理的新的城市环境。

---

[1] 郑晓笛，吴熙.棕地再生中的生态思辨 [J].中国园林，2020，36（06）：17-22.

二、工业遗址"城市大博物馆"保护与再生设计策略

工业遗址正逐渐被新的城市概念空间取代，它不应仅是人类为满足城市功能需求的设计，而应与城市生活、城市建设、城市演进联系并融为一体。在工业遗址的基础上对城市大博物馆进行梳理，就会发现工业遗址对城市整体的外在形象与内在功能的作用与意义，进而发掘城市中早已存在但却被淹没，且在当下城市演进中可被建构的城市大博物馆属性，从而对工业遗址形成有效的保护与再生发展，以对工业遗址的保护与再生设计承载城市大博物馆持续发展之道。本节从工业遗址城市"多中心锚点"宏观层面、区域性"工业文化风貌区"中观层面、"露天博物馆"微观层面展开对城市大博物馆视角下工业遗址保护再生的策略构建。这3个层面既有从宏观到局部的推进关系，又有相互补充的渗透关系，共同构成工业遗址的保护再生策略。

（一）以城市为主体的持续发展路径："多中心锚点"

城市大博物馆视角下的工业遗址"多中心锚点"的策略可被理解为，将城市中重要的工业遗址锚固起来形成由"单中心保护"变为"多中心再生"的模式，增强工业遗址间联系的同时带动周边区域发展，构建完整的城市参观路径，这是将工业遗址置于城市大博物馆的宏观层面。过去围绕单一工业遗址的独立保护使得工业遗址呈现出斑块化与碎片化的病态局面，在完整性与真实性保护的前提下应注重工业遗址之间及工业遗址与毗邻区域的联系，建立脱离工业遗址区域的城市整体视域下的空间共生。正如埃德蒙·N. 培根在《城市设计》中对巴黎城市的评价，"用延伸的方法发展：一条力线从城市发源地点延伸出去，建立一个贯穿毗邻地段的支配原则。巴黎城市力线的延伸有力地证明了这一点，这条力线延伸至巴黎周围的乡村，以这条力线为首又形成了一系列类似的延伸，最终形成设计系统网络并可以延伸至无穷"[1]。巴黎城"多中心锚点"的城市发展路径见图4-33。

德国鲁尔区采取"博物馆式"勾勒出一条"工业遗产线路"，沈阳铁西工业区通过"锚点建筑"构建起区域范围内的博物馆城市意象，洛厄尔国家历史公园营造了城市露天博物馆形态，这些都展现出"多中心锚点"持续共生的特征。工业遗址"多中心锚点"的保护再生方式跳出了工业遗址所在区域的束缚，也超越了工业遗址以自身为保护中心的限制，区域不再受限或被排除。以多个工业遗址整体保护更新为出发点形成多处工业遗址区域协同保护再生，结合城市大事件联动多元文化资源与产业形成工业遗址再生更新，使得工业遗址的价值得到提升。

在工业遗址"多中心锚点"的策略下，城市成为一个巨大的工业遗址博览会。城市中大多数建筑物布局严整、尺度均衡、形态统一、色彩基调一致，因此城市的整体空间形态

---

[1] 培根. 城市设计 [M]. 黄富厢，朱琪，译. 北京：中国建筑工业出版社，2003.

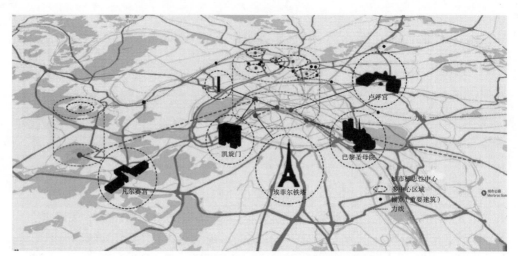

图 4-33　巴黎城"多中心锚点"的城市发展路径

在轮廓、天际线等方面协调并具有连续性，城市的整体性得以显现。除了地标性、功能性建筑与构筑物，以具有博物馆属性为代表的工业遗址在城市内部形成张力，并依据场地的情况以多种方式活跃、交流于城市空间。因此，为呈现城市大博物馆这一宏观形象，应有意地突出工业遗址由"单中心保护"变为"多中心再生"的地标性作用，以工业遗址为锚点建筑，使工业遗址在物质实体、事件、场所、记忆等方面沿城市力线无尽延伸。工业遗址"多中心锚点"为构建城市的博物馆及以工业遗址为中心的城市提供了可能性，这对一座城市的立体化形象展现有着重要的策略性研究价值。

（二）区域性工业遗址保护再生方式：工业文化风貌区

在"城市大博物馆"中观视角下，将工业文化风貌区作为区域性工业遗址区进行保护再生的方式是实现工业遗址"城市大博物馆"保护与展示的重要手段。将旧工业遗址有选择并有秩序地组织起来是对工业遗址进行完整保护与再生的核心手段，也是工业遗址"城市大博物馆"建立的核心方式。工业遗址形态各异，形成了各自的工业风貌特征，工业遗址形态在城市这一巨大空间的把持与控制下，形成具有博物馆城市特征的工业遗址典型风貌。为实现工业文化风貌区的保护与再生，应注意以下两点。

1. 平面化的布局形态

工业遗址的风貌生成受到历史、地域、气候、人类活动等多方面的影响，城市内的建筑密度、道路走向、区域分化等都受过去城市发展及已形成因素的限制，进而生成新的平面化的布局形式，这也构成了工业遗址风貌的整体框架。如何在已有形态的限制之下使工业遗址整体意象持续下去，是工业遗址区工业文化风貌保护与再生的关键。如沈阳铁西区在"鱼骨式"平面布局下形成众多以"工"字命名的南北走向街道，整体呈现"南宅北厂"的城市形态特征。20世纪后，沈阳铁西区为保持整体性与区域性的发展，以原有布局形态为基础，以无边界化的工业文化风貌区为导向将全域联动起来。铁西区工业遗址形象因此得以维持，完整地保存了沈阳工业城市的风貌，形成铁西区全域范围内的"城市大博物馆"形态。

2. 立体化的空间形态

立体化的空间形态主要体现在对旧址空间肌理与空间结构等的控制上，如旧址中的建筑遗迹、构筑物、交通道路、自然要素等。一方面，应考虑工业遗址轮廓与街道空间形态的协调，保留具有重要纪念意义的标志性工业遗址建筑，以及能够展现历史文化与艺术风格特征的工业遗址空间，使工业遗址的整体轮廓形成丰富的风貌特征；另一方面，应对街道空间的形状、对景、尺度进行有组织的保护与规划，增强工业遗址空间的序列变化与层次感[1]。例如，沈阳红梅文创园保留了原始仓库、老发酵厂房、提纯车间、原料库等标志性建筑，改造后的工业区临街界面轮廓平直，临街立面仍保留原始厂房的空间形态，红砖、幕墙玻璃、黑色金属结构线条等元素展现味精厂历史特征并增添艺术效果，使味精厂遗址形象得到了基本把控（图4-34）。

自然要素是立体化空间形态的重要组成部分，应考虑到植被、山体、水体等景观对工

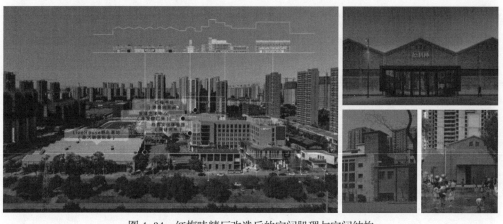

图4-34　红梅味精厂改造后的空间肌理与空间结构

业遗址的影响，将自然景观作为形成工业遗址立体化空间风貌的差异性要素。把立体化的空间形态作为工业遗址风貌生成的主控点，对区域性的整体保护与空间生成有着重要的意义，也是"城市大博物馆"视角下工业遗址区域性保护与再生的重要策略。

（三）工业建筑景观活化方式：露天博物馆

工业遗址公园、工业景观公园、工业博物馆群、工业遗址风貌区等常以露天博物馆的形态呈现，其在内容与形式上的真实性与开放性营造出动态化的工业遗址保护再生空间。露天博物馆不仅为建筑与景观的集中展现提供原真性的场所，还真切表达社会生活的状态，以一种浓缩式的方式展现工业遗址地区的建筑、景观、文化及社会生活的各个方面。

[1]　卞素萍. 巴黎城市空间形态解析 [J]. 南方建筑，2010（01）：74-76.

"相比之下，露天博物馆是一种具有更多人文因素、更富戏剧效果的类型。与遗址博物馆不同的是，分散在各地的历史遗存被转移并集中在某个地方，由此产生了一种摄影棚效应。它既能展示某一特定的历史时期或某一民族的生活，也能动态地反映历史的变迁。"[1] 因此，露天博物馆为工业遗址建筑群、工业景观、工业园区的保护与再生提供了全新的活化方式，创造了独特的群体性空间的可能，具有工业遗址"城市大博物馆"的重要适用性。营造工业遗址的露天博物馆模式，可从工业遗存物体的收集、景观自然的新生、生活状态的展现 3 个方面进行布局。

1. 工业遗存物体的收集

工业遗存物体的收集与保护是构成露天博物馆模式的重要手段。工业遗址物体的收集就像博物馆的收藏一样，法国巴黎卢浮宫收藏了无数艺术珍品，意大利罗马城市作为"活的博物馆"囊括了君士坦丁堡凯旋门、古罗马斗兽场遗址、恺撒广场等众多历史文化古迹。工业遗存物体常常有丰富的内容与形式，不仅是对工业遗址建筑、构筑物及与工业遗址有关的一切实物的收集，还将建筑外部的自然环境、过去生活与劳作的场景一同纳入保护范围，更多以工业景观公园与露天博物馆的方式呈现。如洛厄尔国家历史公园，它不是对某个工业建筑的改造，也不是对工人住宅的单独保存，而是把区域内不同的历史遗迹串联起来，形成能够供参观者游赏的露天博物馆群。这种区域性与群体性的构建方式使得工业遗存具有强烈的可参观性与城市性，它相比传统的保护方式更能将参观者带入社会情境与城市环境。

2. 景观自然的新生

景观自然的新生用于营造工业遗址露天博物馆的大环境，将建筑外部的自然环境一同纳入保护范围。景观自然的新生更加注重工业遗址场地环境的保护与修复，既能为附近居民提供活动场所，又能发挥自然生态效益。如北杜伊斯堡景观公园将工业遗址与景观自然融合，既具备人工属性，又具有荒野气息（图 4-35）。它一方面形成工业遗址自由生长与发展的露天空间，另一方面使工业遗址内部产生对自然因素的适应性再生，赋予工业遗址多样化新生的可能。虽然此方式在我国工业遗址的保护与再生中极少运用，但面对历史工业物质资源逐渐减少及生态环境日渐脆弱的现状，工业遗址景观自然的新生为城市视角下的工业遗址保护与再生提供了借鉴。

3. 生活状态的展现

露天博物馆是文化展示的载体，需要为工业遗址创造完整的叙事情境空间。露天博物馆无须考虑层高、立柱、墙体、展柜等博物馆相关要素，因此可以激活工业遗址去空间化的开放形态，为区域内真实生活状态的展现提供了条件。如斯堪森露天博物馆，不仅将乡土居所、作坊、自然环境及瑞典各个地方的建筑汇集并展示于区域中，还将舞蹈、音乐及纪念性的民风民俗活动一并纳入收藏的范围 [2]。

[1] 严建强 . 博物馆的理论与实践 [M]. 杭州：浙江教育出版社，1998.
[2] 蒋凡 . 露天博物馆的发展与现实意义研究 [D]. 杭州：浙江大学，2017.

图 4-35　北杜伊斯堡景观公园景观自然的新生

　　非物质工业文化的保护与展现是十分困难的，露天博物馆对生活状态的展现保留了工业遗址文化的原真性。例如，哈根露天博物馆的工作人员通过角色扮演的方式诠释当地的生活状态，参观者可以通过互动体验更加深入地探索工业文明的秘密（图 4-36）。工作人员与参观者的活动、交流与信息读取共同构成对工业生活的阐释，构成展示于"博物馆"中的"生活"。露天博物馆在开放的自然环境中以一种浓缩式的方式展现某一地区的文化及社会生活，通过迁移、再现或重组的方式对展示内容进行收藏、排列，其在内容与形式上的开放与自由营造出更加立体的展示环境。因此，露天博物馆是更具感染力的博物馆城市空间更新方式。

图 4-36　哈根露天博物馆工作人员正在做工（左）与参观者体验水力工作（右）

　　本节从城市大博物馆视角出发，强调把工业遗址看作城市大博物馆的组成部分，以此形成具体的工业遗址保护与再生的原则与策略。基于上一章对案例的分析与归纳，提出把工业遗址博物馆化作为工业遗址"城市大博物馆"尝试的基本原则，将工业遗址空间存续性作为普遍原则，将城市化整体更新作为根本原则，将工业遗址环境保护作为必要原则。在这四大原则之下，提出构建城市大博物馆视角下工业遗址保护与再生的设计策略。宏观上，利用城市"多中心锚点"的路径使城市间的各工业遗址形成由"单中心保护"变为

"多中心再生"的持续性共生方式；中观上，将工业文化风貌区作为区域性工业遗址保护与再生的方式；微观上，将工业遗存物体的收集、景观自然的新生与生活状态的展现作为构成露天博物馆的要素，以及工业建筑景观活化的方式。本节的设计原则与策略在构建工业遗址"城市大博物馆"方面有着鲜明的层级关系，既相互补充，又层层递进，共同为工业遗址"城市大博物馆"的保护与再生提供帮助。

下篇

"数字"与"叙事"博物馆实践模式

数字化技术在我国博物馆行业中的运用日益普遍，这不仅意味着我国博物馆建设迎来了新的机遇，也意味着迎来了新的挑战。各级各地博物馆积极使用大数据等数字化技术，使得原本沉闷且难以理解的展览方式向开放且充满活力的方向转变，逐渐成为新型文化和教育场所，也使博物馆学发展的重要性和影响力随着其跨知识程度的增大而增大。

2016 年年初，国务院发布的《关于进一步加强文物工作的指导意见》指出，应充分利用"互联网＋"、云计算、大数据、信息化等现代技术，促进文化遗产的传承与现代科技的结合与创新，更好地保持文物的原真性。2017 年，国家文物局发布的《国家文物事业发展"十三五"规划》提到了"互联网＋中华文明"三年行动计划，即有必要利用数字化技术的可转换、可复原、可重现、可共享等特点，进行遗址内场景及信息的复原与展示。近年来，VR 展示项目"数字圆明园"、沉浸式数字化体验项目"走进清明上河图"等博物馆数字化展示项目不断地出现在人们的视野中，是文物保护工作阶段性进步的无声汇报。

然而，数字化技术在博物馆学的应用还有很大提升空间。在应用的准确度上，用恰当手段结合艺术性叙事展示方式还原历史情景，让参观者获得沉浸式体验，既弥补传统展示方式的单一、枯燥、体验感不足等问题，又改善数字化技术在历史博物馆中显得突兀的问题；在应用的维度上，将数字化展示与传统展示结合，让展示形式的组合数量呈指数级增长，使参观者充分开拓思维，参与并创造历史与现实相结合的空间；在应用的深度和广度上，更好地实现考古遗址博物馆对数字化技术的运用，不仅是响应国家号召的新举措——将遗址中传达的珍贵信息与现代数字化技术的创新成果深度结合，而且是促进文物资源面向大众、历史信息开放共享的必经之路，是进一步实现中华民族文化自信的关键步骤。

考古遗址博物馆不仅仅是文化传播的重要载体，更是现代文化产业的重要组成部分。与传统博物馆相比，考古遗址博物馆将遗址和出土文物结合展示，最大程度地保留了历史文化信息的真实性和完整性，它还可以直观地向参观者展示考古学家对相应历史事件的新发现和新见解。随着科技的发展，数字化技术的应用范围拓展到空间展示设计领域，使得其与考古遗址博物馆所独有的艺术性叙事结合，为参观者带来前所未有的沉浸性体验。

本篇通过对"考古""遗址"概念，以及"考古遗址博物馆"特点的梳理，阐述了考古遗址博物馆独特的叙事性，并引入"艺术性叙事"的概念。在阐述相关定义后，解释博物馆展示设计中"艺术性叙事"与"沉浸式体验"的关系，汇总数字化技术的空间展示应用方式，并列举艺术性叙事与数字化展示结合的案例，分析各种组合形式带来的沉浸式体验效果。之后，以大云山汉王陵博物馆为例，对概念模型所能带来的沉浸式体验进行解释说明。最后，总结主要研究成果，并展望未来的发展方向。

第五章

博物馆空间的艺术性叙事与数字沉浸实践

第一节
考古遗址博物馆概念界定

一、"考古"与"遗址"的含义

（一）"考古"的含义

《中国大百科全书：考古学》认为，"考古学是根据古代人类通过各种活动遗留下来的实物以研究人类古代社会历史的一门科学"[1]，从中我们得出以下两点重要信息。

第一点，考古学是研究古代人类活动的学科，考古学具有一个以人类诞生以后为研究范畴的时间上限，而发掘史前生物化石等不属于考古范畴，因此考古博物馆与化石博物馆是并列关系；同样地，化石挖掘现场也被认为不属于遗址范畴，如南京古生物博物馆。

第二点，有时间上限就有时间下限，每个国家的考古学都有自己的时间下限。就中国考古学而言，清朝是否属于考古范畴有待商榷，中国的考古学时间下限定在 1644 年明朝灭亡这一标志性时间，因此本节将"考古"的时间下限定在明末。

（二）"遗址"的含义

广义上的"遗址"就是古代人类在物理空间中留下的各种活动痕迹。我国对遗址的分类，普遍按特性或功能划分，分为 5 种遗址类型：古墓葬与古墓葬群，古代产业遗址（如手工业作坊等），寺庙与宗教遗址，古代生活设施遗址（如水利、交通等设施），军事设施遗址。

从文化角度，联合国教科文组织提出《保护世界文化和自然遗产公约》，其中将"遗址"定义为在历史、美学、民族学等方面具有显著意义的地理区域，其意义包括人类工程学、自然和考古学；从学术角度，国际古迹遗址理事会将遗址定义为属于历史学、美学、社会学和人类学领域，包括各种地形景观、人造物，以及天然和人造的结合体[2]；从法律

[1] 中国大百科全书总编辑委员会《考古学》编辑委员会，中国大百科全书出版社编辑部. 中国大百科全书：考古学[M]. 北京：中国大百科全书出版社，1986.
[2] 联合国教科文组织世界遗产中心，国际古迹遗址理事会，国际文物保护与修复研究中心，等. 国际文化遗产保护文件选编[M]. 北京：文物出版社，2007.

角度，《关于在国家一级保护文化和自然遗产的建议》指出，遗址是由于其景色优美或在考古、历史、民族、人类学方面的重要性而具有特殊意义的地理区域，其形式是人类和自然的结合体 [1]。

一些学者认为，"遗址"是人类历史活动和成就的象征 [2]，而将"遗址"一词引入博物馆学后，遗址的意义得到了延伸 [3]，即"遗址"在博物馆学中产生了不同含义 [4]。张行认为，故宫博物院与秦始皇帝陵博物院分别属于不同种类的遗址博物馆；还有一类遗址博物馆属于纪念馆，如"9·11"国家纪念博物馆、侵华日军南京大屠杀遇难同胞纪念馆，甚至中国 62 座历史文化名城，都可以被称为 62 个不同的遗址博物馆 [5]。当代博物馆学与文化遗产研究领域的标志性学者桑德拉·M. 沙弗尼克也有相同的观点，他认为当今世界大多数博物馆都可以被当作不同种类的"遗址博物馆"，即"建在历史地点的博物馆" [6]，他所指的遗址并不仅仅是考古遗址，还包括博物馆所在地的整个历史的具象。综上所述，遗址博物馆是依托历史和革命遗址建成的，它的形式多种多样，包括革命遗址、文化遗址、古建筑、石窟、寺庙等。一些博物馆学家对中国的遗址博物馆进行了更为详细的分类，他们将现存的遗址博物馆大致分为 4 种：历史文化遗址博物馆、古墓陵寝、革命遗址和历史名人活动场所、自然科学博物馆 [7]。从以上遗址博物馆名称中，我们可以感受到"遗址"在遗址博物馆中是一个宽泛的概念。

本章的研究基础是"考古遗址博物馆"，所以应首先弄清楚考古学上"遗址"一词的意义。"遗址"是考古学中的一个专有名词，在许多文献和著作中都有记载，但是各时期、各地方学者的观点却不同，且易与"遗迹"混淆。特此说明，本章所指"遗址"包括"遗物"和"遗迹"。

一些国内学者认为"遗迹"包括"遗址"，如《中国大百科全书：考古学》对"遗迹"一词的界定是古代人类通过各种活动遗留下来的痕迹 [8]，包括遗址、墓葬、灰坑、岩画、窖藏、游牧部落的活动痕迹等 [9]。《中国文物考古辞典》中也能找到相似描述，其定义遗迹为古代人类活动遗留下来的、不可移动的各类痕迹或构筑物，是考古学研究的重要对象之一，如居住地、坟墓、宫殿、矿井、作坊、城堡、城市、地窖、灶坑等；遗址是古代人类

[1] 郑子良 . 法律语境中"文物"概念之辨析 [J]. 中国文物科学研究，2014（01）：30-34.

[2] 费尔登，朱可托 . 世界文化遗产地管理指南 [M]. 刘永孜，等译 . 上海：同济大学出版社，2008.

[3] 理智 . 遗址博物馆研究：兼述陕西遗址博物馆 [M]. 西安：陕西人民出版社，1995.

[4] 白岩 . 论我国遗址博物馆的存在价值及发展 [C]// 北京博物馆学会第三届学术会议，2001：146-152.

[5] 张行 . 遗址博物馆的发展与保护问题的探讨 [J]. 中国博物馆，1990（01）：59+64-67.

[6] Shafernich, Sandra Maria. On-site museums, open-air museums, museum villages and living history museums: Reconstructions and period rooms in the United States and the United Kingdom[J]. Museum Management and Curatorship, 1993, 12（01）：43-61.

[7] 王兆麟 . 发挥遗址博物馆的综合功能 [J]. 瞭望（海外版），1988（48）：33-36.

[8] 中国大百科全书总编辑委员会《考古学》编辑委员会，中国大百科全书出版社编辑部 . 中国大百科全书：考古学 [M]. 北京：中国大百科全书出版社，1986.

[9] 杜永梅 . 立足遗址，开展断代地方史研究：以大葆台西汉墓博物馆为例谈遗址博物馆科研发展方向 [J]. 秦始皇帝陵博物院，2012（00）：532-541.

曾生活或参与过战争的场所,如城邦、宫殿、洞穴、村落、作坊、矿山、道路、桥梁、战场等,在考古学上称为遗址[1]。上述定义说明了"遗迹"中包含的"遗址""灰坑""墓葬"等遗迹现象都是并列的,这和我们平常所知道的"遗址"的概念有很大不同。

而更多国内外学者认为"遗址"包括"遗迹",且明确提出"遗址是遗迹和遗物的载体"这一观点。张光直指出,遗址是遗物和遗迹连续出土的地理范围,多半是古代聚落的废墟;而遗迹是指遗物出土的现象,如窖穴、墓葬、基址等[2]。安德鲁·科林·伦福儒指出,考古遗址可以被视为一个人工遗迹、建筑和生态遗迹共存的场所。在此定义下,村庄和小镇都是遗迹,像美国俄亥俄州的蛇丘和英国的巨石阵一样[3]。《田野考古工作规程》中虽未对"遗址"一词有清晰的定义,但从其文字表述中可以推断出"遗址"的定义:遗址的文化积淀情况主要包括埋藏深度、堆积层厚度、暴露文物等,可以看出在考古发掘中,存在各种遗迹现象和各种形式特征的文物。

二、博物馆与考古遗址博物馆

(一)博物馆的概念与分类

1. 博物馆的概念

博物馆是"非营利的、面向公众的、服务于社会和社会发展的永久组织,其宗旨是保护、收集、研究、传播和展示人类和人类的自然和非物质文化遗产,旨在教育、研究和欣赏"[4],这一定义在 1946 年被 ICOM 首次提出,ICOM 分别在 1951 年、1962 年、1974 年、1989 年、2001 年、2004 年、2007 年和 2016 年对这一定义进行修订,2022 年开始使用最新版本[5]。

2. 博物馆的分类

博物馆的种类是由若干个博物馆根据某些共同的准则组成的[6],博物馆的收藏性、展示性和教育性是博物馆分类的一个重要基础。西方以博物馆的服务对象或资金来源为依据,将博物馆划分为历史、美术、科学、其他四大类。[7]

中国历史源远流长,对博物馆种类有更为细致的划分。目前,中国博物馆管理机构和专家借鉴了世界上常见的博物馆类别,将中国博物馆分为历史博物馆、艺术博物馆、自然

[1] 何贤武,王秋华.中国文物考古辞典 [M]. 沈阳:辽宁科学技术出版社,1993.
[2] 张光直.考古学专题六讲:增订本 [M]. 北京:生活·读书·新知三联书店,2013.
[3] 伦福儒,巴恩.考古学:理论,方法与实践 [M].6 版.陈淳,译.上海:上海古籍出版社,2015.
[4] 刘迪,苏勇.文学博物馆刍议 [J]. 博物院,2019(02):52-57.
[5] 迈赫斯.博物馆定义的目标和问题 [J]. 博物院,2017(06):6-11.
[6] 吴永琪,李淑萍,张文立.论遗址博物馆学 [J]. 文博,1996(01):86-98.
[7] 纪淑芳.教育视角下中国书法展陈设计研究:以上海博物馆中国历代书法馆为例 [D]. 北京:中央美术学院,2020.

科学博物馆、综合性博物馆四大类[1]；又参考中国的历史，将历史博物馆分为历史考古博物馆、民族民俗博物馆、革命史博物馆与纪念类博物馆四类。其中，历史考古博物馆包括古陵墓、历史遗迹、皇家庄园、通史博物馆、断代史博物馆、地方史博物馆、专史博物馆等，如秦始皇帝陵博物院；民族民俗博物馆是民族文化遗产的收藏、展示和研究中心，如西安关中民俗艺术博物院、宁海县十里红妆博物馆；革命史博物馆是纪念革命先烈、鼓舞后来者和记录重大历史事件的博物馆，同时也是英烈事迹的宣传地和发扬地，如八一南昌起义纪念馆；纪念类博物馆，除了具有公共关系和教育、科学研究和文物保护的一般博物馆特征，还具有供人们追忆缅怀的纪念色彩，不仅包括孔子博物馆、毛主席纪念堂等人物博物馆，而且包括辽沈战役纪念馆、"九·一八"历史博物馆等事件博物馆。

（二）考古遗址博物馆的概念与分类

1. 考古遗址博物馆的概念

对于考古遗址博物馆的定义，我国学者的共识为"在发掘、保护、研究和展示的基础上，建立在古代文化遗址的基础上的专业博物馆即为遗址博物馆"[2]；而考古遗址博物馆则是专门在古遗址上搭建的、主要展示考古工作的博物馆。相关研究人员称"遗址博物馆"为"现地博物馆"，并提出"现地所存者即为博物馆本身"的概念。在西方有"遗址博物馆"和"原址博物馆"之分，且遗址博物馆是原址博物馆的分支，前者是对"Site Museum"的直译，可划分为生态、民族学、历史事件、考古四类[3]，其中第四类"考古"就是西方研究人员所称的"遗址博物馆"，与中国和日本研究人员所称的古遗址博物馆大体意思相同。内夫拉·厄尔蒂尔克相对完善地定义了考古遗址：考古遗址博物馆是为社会和社会发展而设立的、永久的、非营利的组织，它对考古中发现的可移动的文化遗产或考古遗址进行研究，以保护、记录、解释和教育[4]。I.K.萨尔马提出"遗址博物馆"一词应该将该地的地理位置、考古内容及历史背景合为一体[5]。ICOM 将考古类别的原始博物馆统称为"Archaeological Site Museum"，这可以说是将这类博物馆正式命名为考古遗址博物馆。

综上，本章将研究对象限定在"考古遗址博物馆"，一是为了避免引起歧义，二是为了突出"考古遗址"。本章所研究和表述的"考古遗址博物馆"是关于自人类诞生至 1644 年明王朝覆灭的历史，以考古遗址为基础，面向社会公开的，长期从事教育、研究、收集、保护、研究和传播的非营利机构的一种。

---

[1] 张领军. 试论博物馆教育：以河北地区博物馆为例 [D]. 石家庄：河北师范大学，2015.

[2] 傅悦. 浅析遗址博物馆的建筑与陈列设计 [J]. 文物鉴定与鉴赏，2018（19）：138-139.

[3] 寇芳莹. 考古遗址博物馆人性化展陈设计研究 [D]. 北京：中国社会科学院研究生院，2014.

[4] Nevra Ertürk. A management model for archaeological site museums in Turkey[J]. Museum Management and Curatorship，2006，21（04）：336-348.

[5] I.K. Sarma. Archaeological Site Museums in India：The Backbone of Cultural Education[J]. Museum International，1998，50（02）：44-49.

2.考古遗址博物馆的分类

考古遗址博物馆是历史博物馆的分支，在考古遗址博物馆的发展过程中，每个博物馆收藏与展出的文物和研究方向有所区别。按照"属性决定类型"的原则，并结合我国文物博物馆的现状，将其分为以下四大类 [1]。

古代人类遗址博物馆：以考古发现的人类社会生活遗迹和生产性场所为基础建立的博物馆。它为调查研究古代人类的外貌特征、社会结构和进化过程提供了大量的实物资料，以柳州白莲洞洞穴科学博物馆、北京周口店北京人遗址博物馆、北京王府井古人类文化遗址博物馆为代表。

聚落遗址博物馆：在对人类住区和栖息地的古代文物进行逐步研究的基础上，通过比较居住区形式和文化特征的发展，为进一步确认不同时期遗存文物的年代关系而创建的博物馆。它以沈阳新乐遗址博物馆、余姚河姆渡遗址博物馆、西安半坡博物馆为代表。

陵墓遗址博物馆：搭建在古代皇家陵寝或诸侯陵墓中的考古遗址博物馆。它以洛阳古墓博物馆、西汉南越王博物馆、秦始皇帝陵博物院为代表。本章的实践对象大云山汉王陵博物馆就属于陵墓遗址博物馆。

石窟遗址博物馆：以石窟为基础的博物馆。它的展物以壁画和宗教文物为主，敦煌博物院是其典型代表。

三、考古遗址博物馆的定位、功能与特征

（一）考古遗址博物馆的定位

根据前文的概念界定，考古遗址博物馆是在遗址周围建造的一种保护性建筑，用以保护和陈列该遗址及其出土文物，其定位划分包括公共教育和考古研究。大多数考古遗址博物馆位于城市郊区或田野中，其建筑外观设计和内部空间布局以便于保护遗址和考古研究为前提，建筑形态会根据场地合理布置，内部配备严格的保护设施，且考古遗址博物馆内的文物与遗址大多具有历史研究价值，学术氛围较强。同时，由于考古遗址博物馆可以使参观者身临其境地了解历史事件，因此其兼具文化教育职能。

（二）考古遗址博物馆的功能

1.保护与收藏功能

考古遗址博物馆的基本功能就是对遗址和出土文物的保护与收藏，这也是建立考古遗址博物馆的重要原因。考古遗址博物馆的建立可以帮助发掘、保护已完成和尚未完成的遗址，并将其背后的历史传承下去。

---

[1] 张昱.我国考古遗址博物馆的发展历程 [J].才智，2016（15）：199-200.

2. 展示功能

考古遗址博物馆的首要功能是展示功能，这是文物和遗址服务于社会的一种功能，是考古遗址博物馆各项工作的物质基础。

3. 教育功能

作为博物馆体系的重要组成部分，考古遗址博物馆承担着传承中华优秀传统文化、弘扬民族精神的重大使命。考古遗址博物馆的教育功能区别于学校的教育功能，对受众的年龄、种族、文化水平没有要求。考古遗址博物馆在视、听、触等多方面借助高科技手段提高参观者兴趣，使参观者沉浸于展厅的展示内容中，最大化发挥博物馆的教育功能。

4. 学术研究功能

考古遗址博物馆中，出土文物和遗址现场代表着当时社会的经济文化水平，是研究历史的实物资料，具有很高的价值。因此，考古遗址博物馆具有学术研究功能。

5. 旅游功能

随着经济的发展，人们的生活水平不断提高，并且越来越喜欢利用业余时间来增长见识，这就使考古遗址博物馆产生了旅游功能。考古遗址博物馆展示本地区的历史和文化，吸引世界各地的游客前来参观。例如，中国的北京、希腊的雅典等城市，都是依靠自身众多历史遗迹吸引全球游客前来参观，从而带动当地经济发展。

（三）考古遗址博物馆的特征

考古遗址博物馆的静止性是考古遗址博物馆区别于历史博物馆的重要特征，静止性也是考古遗址博物馆的本质特征。

第一，就展示内容而言，考古遗址博物馆展出的文物具有时间性、专题性和单一性，展品与藏品大多数是遗址内出土的，基本上是不可替代的，具有强烈的排他性。而历史博物馆的展品与藏品并不具备以上特点，历史博物馆的展品与藏品年代跨度大、类型丰富，且并不具备不可替代性。

第二，就参观者而言，在考古遗址博物馆中，参观内容一般来说是遗址本身和遗址内出土的文物，参观者进馆之后大多直奔主题。而参观者进入其他类型的历史博物馆后一般会按照导视系统依次参观。

第三，就展品保护而言，相较历史博物馆，考古遗址博物馆不仅是展品的储存室，而且对遗址具有保护作用。因此，考古遗址博物馆本身就是人类文明遗迹，它不仅是一个收集者，而且是展品本身。

由于考古遗址博物馆具备以上特性，因此考古遗址博物馆的建筑外观、空间布局、展示方式要围绕静止性展品进行设计。与一般博物馆相比，考古遗址博物馆的主要展示内容是不变的。而这些不变的展示内容，一方面需要良好的故事进行串联，另一方面需要突出和深化所串联的故事。因此，艺术性叙事在考古遗址博物馆设计中具有重要意义。

四、考古遗址博物馆研究现状与发展历程

（一）国外研究现状

考古学博物馆是西方博物馆的一个重要分支，它的命名没有采用"遗址"这个词，意义也与考古遗址博物馆不一样。考古学博物馆是一种以考古发掘、研究、展示和传播为主题的博物馆，其展示内容可以是从一个地点挖出的物品，也可以是从多个地点挖出的物品。考古学博物馆可以建在考古遗址上，也可以与考古遗址的地理位置无关。简而言之，考古学博物馆的核心是"学者的考古发掘"，而不是"考古遗址本身"，因此不依赖于原始遗址。

遗址博物馆是一个新的研究领域，在 20 世纪 80 年代之前，世界上没有先例和规范性定义。西方关于遗址博物馆的词汇有"Archaeological Site Museum""Archaeology Museum""Site Museum""On-Site Museum"等，其中"Archaeological Site Museum"指"考古遗址博物馆"，没有特别的研究成果；"Site Museum"指"遗迹博物馆"，"遗迹"主要指具有历史意义的地区，涵盖了考古学和现存的历史建筑；"On-Site Museum"在亚洲一些国家和地区被译为"现地博物馆"，指遗址现场建立的博物馆。

虽然西方国家有着丰富的遗产保护经验，但对考古遗址的研究相对较少。欧美发达国家更喜欢把考古遗址博物馆建成大型遗址公园，而在有限的发展中国家的国外遗址博物馆理论研究中，学者海莱恩·I. 西尔弗曼编著的《拉丁美洲的考古遗址博物馆》收录了墨西哥、洪都拉斯、厄瓜多尔、秘鲁等 13 个优秀案例。与西方发展中国家相比，发达国家对考古遗址博物馆的研究更加深入，学者们对博物馆和参观者的关系给予了更多的关注，如希腊学者卡里皮奥·帕格里所著《考古遗址与博物馆》解释了遗址的概念和特点，并以希腊为代表，阐述了考古遗址的保护与发展策略。

（二）国内研究现状

在我国，"遗址博物馆"这一名称出现较早，但是相应的理论探索没有跟上实践研究的步伐。张文立在 1988 年发表的《关于遗址博物馆学研究的建议》中指出：对遗址博物馆的研究，既有理论上的指导作用，又有实际的应用价值；将遗址博物馆作为博物馆学的一个分支学科来进行研究，有文物保护方面不可或缺的实际意义[1]。随后，关于遗址博物馆的相关理论研究才发展起来。21 世纪初，我国提出了考古遗址公园的概念并推出大量遗址保护政策，遗址博物馆的发展进入了一个新的阶段。郝黎阐述了我国自 1958 年第一座遗址博物馆——西安半坡博物馆建成之后遗址博物馆数量不断增加的现象，仔细辨析了考古遗址博物馆与遗址博物馆之间的异同，得出考古遗址博物馆是前景广阔且具有重要的研究

---

[1]　张文立 . 关于遗址博物馆学研究的建议 [J]. 中国博物馆，1988（01）：9-10.

价值的博物馆的结论[1]；麻赛萍的《考古博物馆的新尝试：兼谈学科知识普及与学科博物馆的建立》和黄景略的《考古遗迹与博物馆》进一步区分考古遗址博物馆与遗址博物馆，探讨二者的不同[2]。单霁翔在其著作中总结了我国遗址博物馆的实践成就，并强调了考古遗址博物馆的价值[3]。今天，我国在文物保护和利用方面已经走在国际前列，推动了博物馆学的发展。

（三）中国考古遗址博物馆的发展历程

1. 开创时期：1951—1975 年

1951 年，中国科学院副院长竺可桢先生访问周口店遗址，他很有远见地建议设立周口店科研工作展厅。1953 年 9 月，周口店古人类陈列馆正式成立并对外开放，这是我国第一座建在考古区域的展示建筑，它是周口店北京人遗址博物馆的前身。

1958 年，中国首个史前遗址博物馆在西安建成，即现在的西安半坡博物馆，正式开启了国内考古遗址博物馆的先河，此后昭陵博物馆和乾陵博物馆等也陆续成立。西安半坡遗址博物馆的发掘与研究模式为中国新石器考古研究建立了重要的范式，对后来的史前考古工作产生了深远影响，成为中国考古学发展史上的一座里程碑。

1961 年，乾陵文物保护管理所正式成立，它是陕西组建的第一个专门保护帝王陵墓的文博单位。1978 年，乾陵文物管理所更名为乾陵博物馆。1966—1978 年，中国各行业停滞不前，考古遗址博物馆也受到影响，直到 20 世纪 80 年代中叶才开始好转，与此同时，对考古遗址博物馆的研究也开始了。

2. 发展时期：1975—1989 年

这一时期是中国博物馆行业快速发展的时期，考古遗址博物馆的数量陡然增多，展示技术和展示质量都有很大提升。大葆台西汉墓博物馆、秦始皇帝陵博物院等相继成立。

秦始皇帝陵博物院一号坑于 1979 年 10 月 1 日以边发掘边展出的形式向祖国 30 周年华诞献礼，这个历经 4 年时间筹备的俑坑的正式开放成为我国考古遗址博物馆发展历程的重要转折点；其后的 15 年内，三号坑、二号坑依次对外开放。大葆台西汉墓博物馆同样直接建在一号墓上，在现场分期出土文物。1983—1989 年，中国一共新增考古类博物馆 34 座，至 1991 年全国考古类博物馆共有 82 座。我国考古遗址博物馆迎来了飞跃式发展。

3. 转型时期：20 世纪 90 年代—2005 年

这一时期的考古遗址博物馆南北并进、共同发展，1993 年落成开放的河姆渡遗址博物馆就是成功范例之一，其主要展示内容是河姆渡原始生态环境与生活场景。

进入 21 世纪，随着改革开放的深化，我国的考古遗址博物馆有了新的发展，它不再

[1] 郝黎. 遗址博物馆的广义与狭义辨析 [J]. 中国博物馆，2014（04）：72—76.

[2] 寇芳莹. 考古遗址博物馆人性化展陈设计研究 [D]. 北京：中国社会科学院研究生院，2014.

[3] 单霁翔. 实现考古遗址保护与展示的遗址博物馆 [J]. 博物馆研究，2011（01）：3—26.

局限于为考古遗址创建保护区，而是考虑将考古遗址与原始环境结合起来，以便更好地展现其文化意义。

4. 飞跃时期：2005 年至今

2005 年是南通博物苑创建 100 周年。南通博物苑是中国人独立创办的第一座公共博物馆，它是 20 世纪博物馆科学经验的总结。2024 年，中国博物馆协会考古遗址博物馆专业委员会成立，其积极促进中国考古遗址博物馆及相关机构间的合作，为实现中国考古遗址博物馆事业的高质量发展贡献力量。

2005 年至今，中国的文物保护理念发生重大变化，特别是作为中华文明史上最具代表性的综合物证和最宝贵的文化遗产，大型遗址的保护和开发应得到加强，达到推进中华优秀传统文化遗产体系建设、美化城乡环境、促进经济社会可持续发展的高度。

从"十一五"开篇到"十三五"结束，国家文物局制定了大遗址保护专项计划，设立了全国大遗址保护工程，并制定了 150 多个保护专项。考古遗址博物馆的建设已经逐步成为一种重要的考古遗址保护与利用的方式。一大批考古遗址，包括牛河梁遗址、大明宫遗址、二里头遗址，以及良渚遗址、金沙遗址、三星堆遗址等，都是在这一时期重建、扩建或改建的。

第二节
艺术性叙事与数字化沉浸交融

美国博物馆联盟发现，空间设计、故事叙事和数字化技术的发展共同推动了博物馆的文化产业结构的转变。[1] 英国学者罗杰·西尔弗斯通认为，在博物馆讲述故事的时候，参观者会因为将自身经历带入其中而提升参观体验，这种事物的关联性、逻辑性和趣味性的提升，为参观者的沉浸式体验提供了条件，使博物馆成为解读和重建人文世界的有效场所。[2]

[1] 王红，刘素仁. 沉浸与叙事：新媒体影像技术下的博物馆文化沉浸式体验设计研究 [J]. 艺术百家，2018（04）：161-169.
[2] 苗岭. 虚拟现实技术在博物馆叙事性设计中的应用探索 [J]. 包装工程，2018，39（04）：15-18.

一、艺术空间的处理

（一）艺术空间的情境创设

空间情境的创设是考古遗址博物馆艺术空间处理的方式之一。情境创设的第一步是定位展品，由于考古遗址博物馆的主要展品是固定的，因此只能从空间布局入手。首先通过数据库技术，采集参观者行为、习惯、心理数据，分析出参观者的真实需求，再由此模拟构建情境化叙事空间，最终将完整的情境展示给参观者。不难理解，艺术空间的情境创设不仅可以帮助设计人员理解叙事设计中主客体的不同体验，而且有助于设计人员基于艺术性叙事元素和叙事场景进行博物馆体验设计[1]。作为故事叙述者的考古遗址博物馆，通过处理艺术空间，在空间维度上分析叙事情景，才得以创造复原过去、再现历史的数字化沉浸式空间。

（二）艺术空间的结构设定

空间结构的设定是考古遗址博物馆艺术空间处理的另一种方式，其目的是创造具有感染力的空间秩序。设计人员通过把展示空间与编排的故事情节合成一个整体来考虑，激发参观者对空间的沉浸式体验感受，使整个展示空间更具历史感，从而发挥考古遗址博物馆的叙述职能。考古遗址博物馆内空间展示结构通过线性叙事、非线性叙事、动态叙事和静态叙事4种叙事结构进行设计，使空间展示与故事情节融合，达到丰富空间的展示效果、增强情景沉浸式体验效果的目的。

1. 线性结构

线性结构是指根据博物馆的叙事主线，按照时间顺序和因果逻辑进行空间布局。线性叙事的叙事逻辑主要分为5类：正叙、倒叙、插叙、补叙、并叙。线性叙事多采用串联式、放射式、放射串联式空间布局。在编排时合理结合叙事逻辑进行空间布局，可增强空间的表现力。

（1）"正叙 + 串联式"布局

正叙也称顺序，是按照事件发生、发展的时间先后顺序进行叙述的方法。在考古遗址博物馆空间展示中，正叙的叙事性设计即在发现遗址的时间背景下结合固定的历史信息将展出内容按顺序排列。

正叙采用串联式布局方式，考古遗址博物馆内各陈列空间相互串联，参观路线明确，让参观者理解博物馆主线内容，是一种无须沟通就可以理解的空间布局形式。"正叙 + 串联式"布局如图 5-1 所示。

[1] 塞弗.交互设计指南（原书第2版）[M].陈军亮，等译.北京：机械工业出版社，2010.

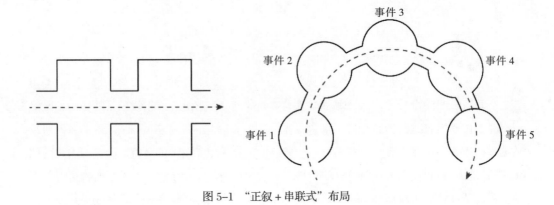

图 5-1　"正叙＋串联式"布局

（2）"倒叙＋串联式"布局

倒叙是根据表达的需要，先将事件的结尾或最重要、最突出的片段放在文章前面，然后根据事件的顺序从事件的开始描述它。[1] 在空间展示中，不同文物的吸引力是有强弱之分的。设计人员会对文物的价值进行考量，将本应该在结尾展示的部分安插在序厅或开头突出的位置，从而激发参观者对接下来的展示内容的兴趣。

倒叙整体叙事方式与正叙相同，都是单纯的线性叙事，空间展示布局与动线都是一条明确的路线。"倒叙＋串联式"布局如图 5-2 所示。

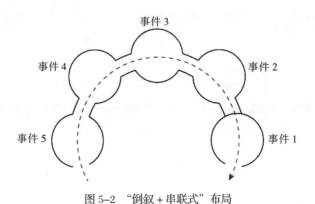

图 5-2　"倒叙＋串联式"布局

（3）"插叙、补叙＋放射串联式"布局

插叙是在叙述中心事件的过程中，为了帮助展开情节或刻画人物，暂时中断叙述的线索，插入一段与主要情节相关的回忆或故事的叙述方法。补叙是在叙述过程中对前边所叙述事情的简短补充说明，是一种特殊的插叙。在考古遗址博物馆空间展示中，中断有序的展线会破坏陈列秩序，因此可以实施插叙或补叙的叙事方式。

如图 5-3 所示，插叙或补叙在空间布局上采用放射串联式布局方式。在放射串联式空间中，展厅之间通过交通枢纽直接相连。这种布局方式既不破坏故事的叙述顺序，又可以

[1]　董秀芳.汉语语篇中的插叙标记及其演变 [J].汉语学报，2020（01）：33-42.

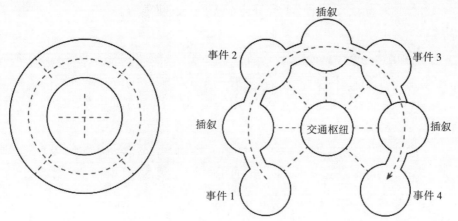

图 5-3 "插叙、补叙 + 放射串联式"布局

让参观者自行选择参观方式，参观动线灵活性强。

（4）"并序 + 放射式"布局

并序是指将同一层次的两个内容放在一个故事语境中进行展示。并序并不是按照时间线进行叙述，而是按照种类进行叙述。考古遗址博物馆中并序的运用是先将博物馆内所有的文物按种类进行分类，然后将不同种类的文物布局在不同的展厅内。

如运用并序的叙事方法，在空间布局上采用放射式布局方式是最好的选择。"并序 + 放射式"布局如图 5-4 所示。放射式布局灵活性强，参观者可根据自己的喜好针对性地观展。

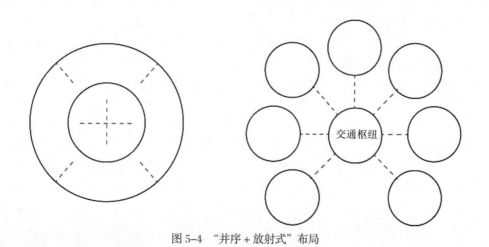

图 5-4 "并序 + 放射式"布局

2. 非线性结构

非线性叙事打破了时间逻辑和既定文本模式，较为多元化。非线性叙事可以参照电影的两种叙事方式：多结局的发散情节和万花筒情节。[1] 设计人员可将两种叙事方式结合，

---

[1] 贾云鹏，蔡东娜 . 基于情节互动的交互性叙事形式探索 [J]. 电影艺术，2013（03）：93-101.

应用于考古遗址博物馆，非线性叙事可分为并置叙事和分形叙事。

（1）并置叙事

并置叙事围绕一个主题或概念展开，每个部分没有因果关系，也没有限定的时间关系。[1] 学者龙迪勇将这种关系定义为"主题—并置叙事"，每个故事和单元既相互独立，又相互联系；每个叙事单元既独立存在，又切合主题，并从各方面明确主题。

（2）分形叙事

龙迪勇认为，分形叙事是不同于并置叙事的一种非线性叙事结构，时间之间仍然有因果关系。这是一个从一到多或从多到一的非线性"分叉"现象序列。在叙事中，"分叉"之后可能会出现一个连续的"分叉"[2]。

3. 动态结构

考古遗址博物馆空间展示中的动态叙事用于表达系列事件中的故事和场景，赋予场景新的内涵，实现参观者与文物之间的交流，给参观者创造身临其境的体验。考古遗址博物馆空间展示中的动态叙事多采用数字化技术来营造情境，如利用 VR 技术营造真实感，利用多媒体技术提供多感官体验，更好地让参观者沉浸在故事中。

4. 静态结构

考古遗址博物馆空间展示的静态叙事是通过图表、雕塑、文字等静态表示方法表达某一时刻的事件或场景，向参观者讲述发生的故事，从而引发参观者的联想。

二、空间形态的叙事

（一）叙事与艺术性叙事

"叙事"一词，字面意义是围绕"事"展开的表述行为，西方学者把重点放在对叙事结构与叙事内容的理性分析上。热拉尔·热奈特认为叙事有两层含义：第一层含义古今通用，也是最中心的含义，指叙事话语、口头或书面话语等；第二层含义是指从叙事行为本身来看，作为对话主题连续发生的真实或虚构事件，不是人们讲述的事件，而是某人讲述的事件。[3] 杰拉德·普林斯也认为，叙述就是叙述事件，而非探讨它的表现[4]。在中国古代文学里，"叙事"除描述事件本身外还有"议论"的含义。《汉语大辞典》提及"叙事"表示："叙述其事实也，亦作序事。"解释说明了中国古代对叙事的研究焦点在叙事的内容上，"叙"之"事"即为"事实"。

在叙事学的基础上，叙事的含义可以分为叙事的内容和叙事的方法两个部分。叙事的

---

[1] 张书森，徐雷 . 博物馆叙事结构及体验设计研究 [J]. 美术教育研究，2019（13）：80-81.

[2] 龙迪勇 . 空间叙事研究 [M]. 北京：生活·读书·新知三联书店，2014.

[3] 崔明石 . 话语与叙事：文化视域下的情理法 [D]. 长春：吉林大学，2011.

[4] 普林斯 . 叙事学：叙事的形式与功能 [M]. 徐强，译 . 北京：中国人民大学出版社，2013.

内容是在一定时空关系、物理环境中存在的物和事件之间的关系链。叙事的方法包括语言表述和表述过程的逻辑。语言表述包括正式或非正式的书面表达、口述表达、动作表达等，是表达事件的媒介[1]，它决定了信息传达的准确性。表述过程的逻辑是信息能否被正确理解的重要影响因素，不同的表达逻辑会有不同的表达意向。

正如亚里士多德所说："美由度量和秩序组成。"艺术性叙事在兼顾故事叙述逻辑的同时，加强了艺术美的意象，增加了读者的审美体验，达到了形式与内容的艺术性统一[2]。

（二）艺术性叙事的形式要素

考古遗址博物馆是叙述者，将文物背后的信息通过讲故事的方式传递出来，传播信息是博物馆叙事最基本的功能。信息传递式叙事的目的是吸引参观者和实现基础的信息传播，而艺术性叙事的实质是实现参观者对展出信息的接受、理解、联想和包容，以参观者为基础实现信息传递的动态平衡。

1. 叙事视角

考古遗址博物馆空间展示中的叙事视角是多角度的结合。首先，在宏观上从第三人称视角进行客观表述。考古遗址博物馆的展示内容是博物馆叙事的前提和基础，设计人员应在全面分析遗址历史背景与文物的文化内涵后，对陈列内容与展示空间进行设计。

其次，设计人员应在浏览博物馆陈列脚本之后，以第一视角进行叙事性空间展示设计，它包含很多设计人员对叙事强度的感受和期待。设计人员应站在参观者的视角建立主观叙事表述，在设计之初根据考古遗址博物馆内遗址的历史背景分析参观者的心理需求，在展览过程中则需要了解参观者的兴趣和对展示内容的接受度，以方便参观者了解文物信息，建立双向信息传递。合理的故事可以激发参观者对展示内容的探索欲。

最后，在微观上，对大空间基调和每个展厅的小主题风格，以及每个展厅的展示内容都进行深入设计，使每个空间都有不同的故事。

在考古遗址博物馆空间叙事性展示设计中，把握好设计角度能更好地处理复杂的展示内容与参观者之间的关系，可使形式设计准备更充分，同时也能将文物信息更好地传递出去。

2. 叙事方式

叙事是一个动态循环过程，旨在实现参观者和空间展示中信息的生成、提取、处理、编码、传输、接收、反馈和处理。[3] 根据控制论与现代信息论，一般认为记忆是人们在学习、生活中获取的信息，经过编码、加工、输入储存于人脑，人们在必要时将存储的相关信息分离并应用于实际活动中。[4] 因此，在进行叙事设计时可适当减少记忆材料的数量，提高访客访问期间叙事内容的可接受性。

[1] Seymour Chatman. Story and Discourse：Narrative Structure in Fiction and Film[J]. Journal of Aesthetics and Art Criticism，1979，38（02）：207-208.

[2] 李方木，宋建福 . 福克纳非线性艺术叙事范式及其审美价值 [J]. 当代外语研究，2010（03）：42-46+62.

[3] 陆唯 . 当代博物馆展示叙事的互动媒体设计研究 [D]. 上海：上海大学，2020.

[4] 王甦，汪安圣 . 认知心理学 [M]：北京：北京大学出版社，1992.

准确的叙事方式能更好地让第三方接收有效信息，在考古遗址博物馆中，参观者需要有效的叙事媒介来与文物进行深度沟通。如要使参观者在参观过程中有效获取信息，需要对展示内容从以下 3 个方面进行把控。

第一方面是易读的文本。文本是影响信息传播和参观者接受度的重要因素。在考古遗博物馆空间展示中，应重视信息传递时展示设备中文字的易读性，展示设备应采用通俗易懂的文字、清晰的指引说明，确保叙事密度的集中和叙事感知的聚焦，实现阅读的叙事性。

第二方面是使用的图像。图像比文字更令人印象深刻，人们对图像的记忆的持久度远超文字。图像化叙事方式更为直观有趣，使得信息传递过程变得快捷、高效。在考古遗址博物馆空间展示中使用图像，易于增强参观者对文物的理解。

第三方面是直观的影像。影像与图像一样具有较强的识别功能，考古遗址博物馆空间展示的影像有助于激发参观者的兴奋度和好奇心，提高文物背景信息的传递效率。

（三）考古遗址博物馆中的叙事与沉浸

博物馆中的艺术性叙事强调对美学设计与空间位置的融合。博物馆艺术性叙事是一种综合性、跨学科、跨媒体的设计技术，强调在博物馆空间中给参观者纯粹的体验。例如，丹尼尔·李布斯金根据密斯·凡·德罗"少即是多"的理念，将具有"虚空感"的几何线条运用在柏林犹太博物馆的艺术性叙事设计中，通过再现历史场景激发参观者的情感共鸣，博物馆房间内墙上出现的日记成为这个房间最完美的诠释。虚实结合的空间拓展了传统的博物馆叙事方式，实现了艺术性叙事。

总结以上内容可以得出结论，"叙事"中包含讲述者、媒介、受众 3 个要素。讲述者提供内容，媒介传递信息，受众接收并且理解信息。罗兰·巴特在其著作《叙事作品结构分析导论》中提到："世界上有无数的叙述作品……对参观者而言，任何素材都能被叙述出来……而且叙述的内容很广泛。"[1] 而考古遗址博物馆展览的本质也是讲故事，它作为故事的发源地，既提供了故事的内容，又是故事的讲述者。博物馆本身就是故事传达的媒介，而参观者则是受众。

考古遗址博物馆既是故事的讲述者也是传播媒介，艺术性叙事是考古遗址博物馆作为传播媒介应表现出的特征，沉浸式体验是受众在接收和理解信息时应达到的状态。在考古遗址博物馆空间展示的叙事性设计中，故事背景、故事逻辑、语境都是影响参观者作为受众获得沉浸式体验的关键性因素。沉浸式体验设计通过艺术性叙事引领参观者进入主题，是一种对特定环境下主观活动与客观空间的研究。

---

[1] 张寅德. 叙述学研究 [M]. 北京：中国社会科学出版社，1989.

三、沉浸式体验

（一）沉浸与沉浸式体验

1. 沉浸

"沉浸"的心理学概念由美国心理学家米哈里·契克森米哈赖提出。"沉浸"这一术语描述了一个人在特定的生活场景中，过滤不相关的感觉，并因此陷入了一种沉溺的状态。[1]1990 年，米哈里·契克森米哈赖又在《心流：最佳体验心理学》一书中对"心流"作了更详尽的说明，他相信最自然的动作状态就是沉浸状态，在这种状态下，人们会全身心投入自己正在进行的工作[2]。

2. 沉浸式体验

沉浸式体验的主体是参观者，沉浸则是一种状态，所以"沉浸"是对"人"的研究。无论哪种空间都需要将人作为服务与研究的对象。参观者的主动性、传播方式的多元性、剧情情感的丰富性等，是以沉浸式体验为目的的博物馆应具备的特性。[3]

（二）感知系统的沉浸

原研哉在《设计中的设计》（图 5-5）中指出："人类并不只是一种感觉器官的集合体，它还是一种灵敏的记忆再生设备，它可以根据记忆在大脑中形成不同的图像。"美国实验

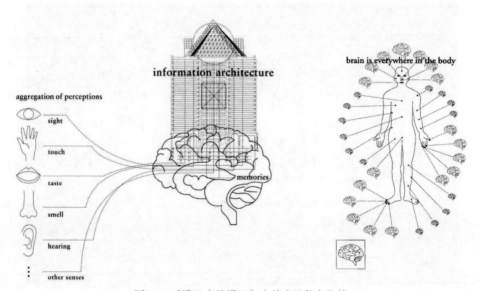

图 5-5 《设计中的设计》中的大脑信息构筑

[1] 郑欣. 数字媒体技术下的博物馆沉浸式体验研究 [J]. 中外建筑，2021（04）：123-126.
[2] 李沁. 沉浸传播：第三媒介时代的传播范式 [M]. 北京：清华大学出版社，2013.
[3] 田芳. 沉浸式体验应用于博物馆展示设计探究 [J]. 大众文艺，2020（11）：111-112.

心理学家赤瑞特拉曾经对人类获得外部信息的方式进行了一次实验，结果显示，人类所获取的 94% 的信息来源于视觉和听觉，3.5% 来自嗅觉，1.5% 来自触觉，1% 来自味觉 [1]。由此可以得出结论，人类获得外界信息主要依靠视觉和听觉，如果想得到更深层次的信息则需要其他感官来辅助。

考古遗址博物馆实现参观者感知系统的"沉浸"，主要是利用数字化技术营造的氛围感来刺激参观者的视觉、听觉、触觉和嗅觉，使之感知数字环境从而获得沉浸式体验。

1. 视觉感知

如上文所述，赤瑞特拉通过实验得出结论，视觉和听觉是获取信息的主要感官渠道。视觉是最直接的感官，也是使参观者进入沉浸式体验的关键因素。参观者在考古遗址博物馆参观时，首先通过视觉感知接收信号，将观察到的信息传达给大脑，大脑对捕捉到的信息进行分析并产生认知，再将审美体验传递给身体。考古遗址博物馆可通过 VR 技术、数字化投影和三维成像技术，营造逼真、立体的视觉效果，从而实现参观者的视觉沉浸。

南京博物院结合分列多屏、透明屏等多媒体屏幕技术，并采用空间实时抠图、动态记录等技术，连接媒体硬件和数字内容，创造了一个三维的屏幕环境，引导参观者进入展厅（图 5-6）。数字馆内壁画形式的《南都繁会景物图卷》（图 5-7）以卷轴式投影动画呈现，壁画周围用灯光来营造南京城市街道的繁华情境。

图 5-6　南京博物院数字馆通道

[1]　黄斌，黄莓子 . 艺术设计与西部本土文化资源的现代开发 [J]. 西南交通大学学报（社会科学版），2003（01）：114.

图 5-7　南京博物院《南都繁会景物图卷》

2. 听觉感知

听觉是除视觉外人体最主要的信息接收渠道。人听到声音后会产生方位感、空间感，是因为人的左右两耳的声音接收有偏差。如果声源在右边，则右耳接收声音的强度大、时间差小；如果声源在左边，则左耳接收声音的强度大、时间差小。如果要实现环绕立体声，需要利用人耳对声音方位的感知特性，通过多声道系统还原不同方向的声音，构建具有空间层次感的声场。

环绕立体声有助于空间氛围感的营造，可辅助参观者定位自己的方位。在考古遗址博物馆中，参观者的视觉和听觉交互作用，在视觉沉浸的基础上，恰到好处的音频刺激会增强参观者的沉浸式体验感。

上海二十一世纪民生美术馆于 2015 年开办"声立方·超感空间"展览（图 5-8），融合了声音艺术与新媒体技术。"声立方·超感空间"展览将声音、空间、时间重组，创造出全新的非典型的跨媒介艺术展览。整个展览分 4 个章节：宇宙、城市、人类、情感，全部用声音串联起来。这也是国内首次将环绕立体声技术运用于展览中，为博物馆空间展示声音技术的运用提供了灵感。

3. 触觉感知

人类大约有 20 种不同的触觉感受，人的触感源自皮肤的真皮层表面神经元的神经末梢，当皮肤接触客体时，神经末梢将感受到的力传输给大脑，大脑对其进行分析。触觉感知对人的心理有着极大的影响。儿童心理学家菲尔德豪森发现，每天对身体机能尚未发育

图 5-8　上海二十一世纪民生美术馆"声立方·超感空间"展览

完全的早产儿按摩一段时间，其体重增长速度相较没有按摩的早产儿加快 47%[1]；消化系统比没有按摩的早产儿发育得更好，对外界的感知能力比没有按摩的早产儿更强，同时在智力测试上也有更好的表现 [2]。

在考古遗址博物馆中，数字化的"触觉感知"主要运用以触控感应技术为支持的感应交互装置，使参观者与展品进行互动，可引导参观者做特定的动作，将参观者与展出内容融为一体。考古遗址博物馆中主要运用电子触摸屏为参观者带来触觉体验，参观者可自行选择自己想了解的文物信息。参观者与以数字化方式展示的展品进行互动，借助触觉感知文物背后的故事。这种展示方式改变了原有的陈列式展示形式，具有较强的互动性和娱乐性。在参观结束后，受触觉影响，参观者对展品的记忆会更加深刻与持久。

例如，皮特里埃及考古博物馆最近发布了一个 iPad 应用，称为"尼罗河之行"，参观者可以使用 iPad 扫描尼罗河遗迹的特别地图，在每个位置发现的文化遗迹的 3D 图像会交替出现在屏幕上。参观者可以通过触摸翻译和放大 3D 图像，获取文化记忆。

4. 嗅觉感知

气味是一个抽象的存在，它飘散在空气中难以捕捉。人类鼻腔中有超过五百万个嗅觉神经元，可以精准辨别和记忆上万种不同的气味。嗅觉的一个特点是接收信号缓慢但持久，人类看到一个物体仅需要 45ms，通过嗅觉确定物体大约花费视觉 10 倍的时间。[3] 但是，英国牛津大学的一项调查表明，一年前的嗅觉记忆正确率是 65%，而 3 个月前的视觉记忆的正确率是 50%，所以人们对气味的记忆是相对持久的。

[1]　刘汉雨 . 体验式展示设计的应用研究 [D]. 济南：山东工艺美术学院，2019.
[2]　李璞 . 感觉：视觉、听觉、触觉、嗅觉和味觉 [J]. 国外科技动态，1998（09）：24-27.
[3]　谈伟峰，黄文华 . 闻香识品牌 [M]. 北京：清华大学出版社，2014.

在考古遗址博物馆中，嗅觉展示主要依靠开放式展示方式，使展物散发本土的味道。最早将气味与 VR 结合的装置是 "Sensorama"（图 5-9），这个装置集合了视觉、听觉、触觉和嗅觉的多感官装置，也是 3D 电影的原型，由摄影师莫顿·海利希在 20 世纪 50 年代末发明[1]（图 5-10）。

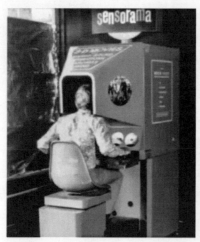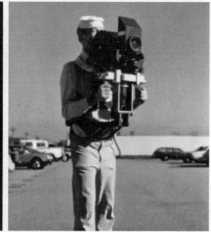

图 5-9　模拟器 "Sensorama"

图 5-10　莫顿·海利希正在使用 "Sensorama"

目前，考古遗址博物馆中的数字气味可以配合 VR 技术，再结合其他感官，在特定的场所营造嗅觉的沉浸式体验。

[1]　管洪跃 . 面向多感官体验的丝绸之路虚拟现实系统的研究与实现 [D]. 杭州：浙江大学，2015.

（三）多媒体影像互动的沉浸

在考古遗址博物馆中，展品与参观者之间的互动分为两个层面。第一层面：参观者与数字化技术设备的互动。各种移动端或者计算机控制接口回应参观者的动作，从而进行二者的交互。在这个层面，参观者不仅参与展览和互动，而且成为展览本身，如触控交互等是需要参观者的互动才能完成的。第二层面：参观者与策展人的互动，策展人在对展厅进行策划与设计时，把参观者作为展品的一部分。策展人从参观者角度看待展馆的设计，使得展品不再是玻璃展柜内"高冷"的存在，而能与参观者面对面的互动。互动交流也由此分为两类：多媒体影像互动和情景模式互动。

多媒体展示是考古遗址博物馆主要的展示方式，参观者只需要用自己的感知系统加上大脑的思考就可以感受展出的内容及其传达的信息。就空间展示而言，数字化的展示方式打破了传统展示方式的局限性（空间面积、展示材料等），具有开放性、灵活性和多元化等优势。考古遗址博物馆内的多媒体展示主要有全景环幕影院、半景环幕影院、球幕影院和弧幕影院。沉浸感最强的是球幕影院，其独特的视域使参观者仿佛置身真实场景中。

中国大运河博物馆数字展厅中的"河之恋"专题展厅（图5-11），以"水""运""诗""画"4个主题来展示中国大运河文化。通过一种抽象和象征性的多媒体语言描述了"流动文化"的审美想象。展厅的艺术装置悬挂在房间的顶部，中间有一块金属纱布"编织"出的半透明的古代凉亭。精致的艺术装置与展厅主题相融合，为参观者创造了更大的想象空间。写实的自然和文化景观与抽象的视觉艺术结合，形成了令人震惊的视觉效果，既回溯了千年历史，又展望了美好的未来。

图5-11　中国大运河博物馆"河之恋"专题展厅

四、数字化技术的概念与分类

（一）数字化技术的概念

数字化技术是指利用数字信号对信息进行采集、处理、存储、传输和呈现的一系列技术的统称。它通过将各类信息转化为数字形式（即0和1组成的二进制代码），使信息能够被计算机系统高效地处理和利用，从而实现对现实世界的数字化表达、管理和控制。

（二）数字化技术的分类

由于本节主要研究数字化技术在考古遗址博物馆展示空间中的应用，因此对其他领域的数字化技术不作过多解释，只列举博物馆展示空间中数字化技术的分类。

传统博物馆在展示方面以物、展板、展柜为主要展示方式，为了更好地体现文物和遗址的价值，考古遗址博物馆需要运用数字化技术来使得文物"形神兼备"。考古遗址博物馆中的文物种类丰富，因此需要根据不同文物类型和功能需求选择不同的数字化技术。下面列举考古遗址博物馆空间展示中可以充分表达文物信息的数字化技术。

1.电子数据库

在考古遗址博物馆中，数字化展示、考古工作、文物信息记录和人员管理，都基于一个完整且庞大的电子数据库。建立电子数据库是深挖博物馆中展品的文化渊源、文化遗产的数字化保护和博物馆多媒体展示的基础。

考古遗址博物馆对历史文化的挖掘首先要从文物本身出发。考古遗址博物馆具有遗址的特性，对文物的数字化记录从两个大方向进行，一是对遗址本身进行信息收集，二是对出土文物进行总结归类，进而确保电子数据中文物信息的准确性。在考古工作的后期资料整理、博物馆人员管理、参观者后期反馈等信息的数字化建档过程中，建立电子数据库可最大限度地节省时间，提高工作效率。

（1）遗址地理信息数字化

首先，对遗址地理信息进行数据采集，利用电子全站仪、RTK技术（Real-time kinematic实时差分技术）进行考古发掘地高精度的坐标、高差、距离、地形、遗址边线高程的数据测量工作，配合相应的测量软件将数据传输到计算机中。RTK测量结束后将相应数据导出为SHP格式，在ArcGIS软件内处理编辑。然后，得出坐标点数据，用多视角三维重建技术制作遗迹三维模型，再通过遥感和碳14测年技术识别和提取遗址的环境演变信息，为复原自然环境和人文环境提供技术支持。最后，结合GIS技术、VR技术进行遗址的虚拟再现，为考古遗址的展示与数据存档提供服务。图5-12所示为大云山汉王陵航拍图。

（2）出土文物信息数字化

考虑到出土文物的脆弱性，采用非触摸的三维扫描技术成为必然选择。目前，较为成

图5-12　大云山汉王陵航拍图

熟的非触摸扫描技术有3种：激光三维扫描技术、电磁波扫描技术、超声波扫描技术。国内目前常用的手段是激光三维扫描技术，激光三维扫描技术可检测每个细节并提供极高的分辨率。在检测过程中，可设立众多不同的站位和标靶，对收集到的数据进行简化、去噪、网格化处理，以此构建三维模型。然后，使用三维扫描仪配备的相机扫描获取数据对应的纹理信息，以备后期渲染。

激光三维扫描技术对文物的形态、尺寸、颜色、质地、纹理等信息的高精度扫描与数据采集，为文物三维信息电子数据库建档提供了技术支持。

（3）纸质资料数字化

考古工作后期整理的资料主要分为两个类别：文字资料和图像资料。文字资料的数字化建档相对简单，将考古工作日记、工作报告等文字信息利用Word、Excel等文字编辑工具录入计算机即可。图像资料主要包括遗址的平面图、立面图、剖面图、局部复原图和出土文物的颜色、纹理等图像信息。遗址图像信息利用AutoCAD、Photoshop等绘图软件将扫描好的数字图像进行绘制；文物图片信息则通过三维扫描后生成栅格图像，后期用Photoshop等图像处理软件将扫描的图像进行细节上的修复与细化，然后生成矢量图进行保存。最后，将文字资料和图像资料导入ArcGIS软件内的遗址地理信息中，形成结合遗址地理信息、出土文物信息、文字资料和图像资料的SHP文件，为后期的数字化展示提供技术支持。

（4）参观者反馈信息数字化

参观者可以通过扫描二维码进入小程序参与有奖问答和上传游览感言，通过Python编写的爬虫程序，自动筛选有效数据进行比对，提取参观者关于沉浸式体验的反馈，并进行存档。技术人员将存档的反馈数据提交给博物馆设计人员，后者将反馈意见进行总结归纳，并对设计内容进行优化。

将上述 4 类数字化信息存档之后，使用 Oracle 或 SQL Server 等数据库服务器对以上数据进行储存，便于博物馆和考古工作人员进行实时查询、更新、优化、还原、存取控制等相应操作。

2. 扩展现实技术

扩展现实技术包括 VR 技术、AR 技术和混合现实（Mixed Reality，MR）技术。

（1）VR 技术

VR 技术，又称"灵镜技术"，它以计算机为中心，通过现代高科技，创造出一个具有视觉、听觉、触觉等功能的虚拟场景。[1] 如图 5-13 所示，VR 系统有两部分：硬件部分可分为输入和输出设备；软件部分主要有虚拟现实开放平台、虚拟现实引擎、三维建模软件。

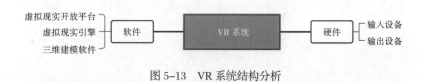

图 5-13　VR 系统结构分析

VR 技术采用软件与硬件结合的方式，建立了一个三维的虚拟环境，参观者可以进行沉浸式体验与互动。参观者在传感器的帮助下，进入计算机生成的沉浸式交互场景。[2] 不同的输出设备所使用的传感器、输入设备和软件均不相同。随着 VR 技术的发展和产品的迭代，相对轻巧便携、维护成本较低、兼容性更强的 VR 眼镜及兼容 VR 眼镜的软件脱颖而出。主流 VR 眼镜分为两种：一是通过连接主机使用高性能的 CPU 和显卡来进行运算的 PCVR；二是不需要借助外部设备的 VR 一体机。

VR 眼镜有 4 个主要参数：视场角、屏幕分辨率、刷新率、重量。视场角（FOV）是指人眼看到的范围，不戴 VR 眼镜的角度范围是 220°，市场主流眼镜的 FOV 在 100°～120°，FOV 越大，沉浸感越好。屏幕分辨率是指屏幕纵横方向的像素点数量，单位是 PX（像素）；对 VR 眼镜来说，一款 3840×2160 的 4K 显示器，由于紧贴眼睛，单眼看到的实际分辨率横向减半，为 1920×2160 的 2K 效果，因此 VR 眼镜屏幕分辨率有单眼和双眼（或组合）之分；每一度视场角的像素数单位是 PPD（Pixels Per Degree），即 PX/FOV，PPD 数值越大，显示越清晰。刷新率是指每秒刷新屏幕画面的次数，刷新率越高，画面稳定性越好，佩戴者越不容易产生眩晕感。VR 眼镜的重量决定了佩戴的舒适度。表 5-1 列举了市场上常见 VR 眼镜的配置。

[1]　郭天太，王引童. 虚拟现实技术与增强现实技术 [J]. 机械制造，2003（06）：7-9.
[2]　杨青，钟书华. 国外"虚拟现实技术发展及演化趋势"研究综述 [J]. 自然辩证法通讯，2021，43（03）：97-106.

表 5-1　市场上常见 VR 眼镜的配置

品牌	双眼分辨率	视场角	刷新率	重量
HUAWEI VR Glass	3200×1600 3K	90°	70Hz	166g
NOLO Sonic VR 一体机	3840×2160 4K	95°	72Hz	502g
Oculus Quest2 VR 一体机	3640×1920 4K	92°	90Hz	503g
Pico Neo3 VR 一体机	3664×1920 4K	98°	90Hz	295g
HTC Vive Focus3 VR 一体机	4896×2488 5K	120°	90Hz	785g

目前，VR 技术衍生出许多相关软件，例如，ZBruch 是一款 3D 雕塑软件，它可以在平面上对立体对象进行虚拟雕刻，从而使其具有更加精细的质感和更加逼真的手工加工痕迹；Tilt Brush 是谷歌公司推出的全新艺术创作手段，允许用户在虚拟世界中尽情创作。2020 年上映的动画电影《心灵奇旅》就使用了 Tilt Brush 进行制作（图 5-14）。

图 5-14　《心灵奇旅》利用 Tilt Brush 创作角色

北京电影学院与敦煌市博物馆合作，利用 VR 技术，用一年的时间研发出沉浸式虚拟现实作品《敦煌飞天 VR》（图 5-15）。在观赏《敦煌飞天 VR》的过程中，体验者以用手电筒看壁画和雕刻的视角，获得沉浸式体验。该项目还使用了虚拟引擎等技术，对 3D 场景进行实时渲染，从而强化了沉浸式体验效果。

（2）AR 技术

AR 技术是一种实时计算摄像机位置和角度并添加对应图像的技术[1]。这是一项可以无缝衔接现实世界和虚拟世界的信息的新技术[2]，即创建一个通过真实物体进行互动的虚拟世界，使虚拟信息（图像、对象、场景或声音等）透过头盔显示系统和注册系统与真实世界

[1]　陈琪露，刘欣欣，方意，等 . AR 技术在非物质文化遗产数字化保护中的应用初探 [J]. 才智，2017（32）：231.
[2]　王涌天，陈靖，程德文 . 增强现实技术导论 [M]. 北京：科学出版社，2015.

图 5-15 《敦煌飞天 VR》截图

重叠，以增强真实感[1]。AR 技术也因此被认为是在 VR 技术的基础上发展起来的一种新技术。国内博物馆在 AR 技术的运用上多选择以智能手机为载体，其他较大型的体验项目则由展厅内的投影设备呈现。

AR 技术的实现，首先是通过摄像机和传感器获取真实场景中的影像，由后台的处理单元进行分析、重组，然后通过结合头部追踪装置的数据，对虚拟场景与现实场景的相对位置进行分析，进而实现坐标系对齐，并进行虚拟场景的融合运算和使用交互式装置采集外界的控制信号，对虚拟场景与现实场景进行交互操作；最后，融合的数据会在屏幕上实时显示。AR 技术在国内博物馆展示中的应用见表 5-2。

表 5-2　AR 技术在国内博物馆展示中的应用

博物馆	项目名称	功能简介	实现方式	显示设备	展示平台
故宫博物院	故宫 AR	三维模型互动	二维码识别	手机客户端	手机 app
	千里江山图	AR 体感交互	动态识别	投影屏幕	室内展厅
中国国家博物馆	国博 AR	三维模型展示	二维码识别	手机客户端	手机 app
黑龙江省博物馆	黑龙江省博 AR	AR 游戏互动导览	LBS 定位	手机客户端	手机 app
鲁迅博物馆	鲁迅博物馆 AR	虚拟换装、合影、鲁迅生平故事再现	二维码识别	手机客户端	手机 app
苏州博物馆	苏博 AR	三维模型展示	二维码识别	手机客户端	手机 app
重庆中国三峡博物馆	重博 AR	平面模型互动、AR 智拍人体姿势匹配	动态识别	手机客户端	微信小程序

[1]　黄鸣奋 . 新媒体与西方数码艺术理论 [M]. 上海：学林出版社，2009.

（3）MR 技术

MR 技术通过在现实环境中导入虚拟场景信息，在现实世界、虚拟世界和用户间搭建一个互相反馈的信息回路，增强用户体验的真实感。它具有沉浸性、实时互动性及构想性等特点。MR 技术是 AR 技术的延伸，这两种技术都是将现实世界与虚拟世界连接，使计算机生成的虚拟对象与现实环境整合与重叠；区别在于 AR 技术仅仅是将虚拟世界与现实世界叠加，无法区分其关系，而 MR 技术则要求计算机能够精准识别虚拟物体投射到现实世界时的遮挡、前后关系，分辨空间关系。MR 技术应用于博物馆展览中最大的优势在于其交互式的全息可视化内容能带给参观者巨大的冲击，能使参观者产生走入科幻电影的感觉。博物馆中 MR 技术的应用分为两类：实体 MR 产品和数字博物馆产品。[1] 实体 MR 产品适合展示体积庞大、结构复杂、科研价值高的藏品和遗址。近年来，随着人工智能的进步，MR 技术多用于医疗、工业制造、文物数字化保护等领域。MR 技术主要有三维跟踪、实时交互、虚实融合等特征。

在考古遗址博物馆内配备一些终端设备，参观者使用智能设备扫描或触发识别点，激活终端设备，即可在屏幕上看到文物三维模型及文物信息等。目前，体验感较好的混合现实设备是微软公司发布的 Hololens，配合 Windows10 系统使用，这是微软公司第一个既不受线缆限制，也不需要连接计算机的数字设备。Hololens 具有高清镜头、立体声效，能够让使用者与数字内容进行互动，以及与现实生活中的数字图像进行互动。

Hololens 配备了两片光导透镜，采用 LCos（硅基液晶）投影技术呈现虚拟内容，虚拟内容从前方的微型投影仪投射到光导透镜后进入人眼，现实世界的光也从光导透镜进入人眼（图 5-16）。作为首款上市的 MR 产品，在当时，Hololens 独有的扩展现实技术让用户大开眼界。从用户的角度看，其优势是：首先，没有电缆的限制，采用 Micro-USB 数据线充电，通过 Wi-Fi 联网，拥有独立 IP 地址，可以在 PC 上传输软件，并通过网络进行远程配置；其次，延迟时间较短，延迟时间越短，用户的感受就越真实。而 Hololens 的缺点也很明显：一是视野太窄，只能看到 30° 的混合现实；二是续航能力一般，仅能支撑连续使用 1～3 个小时。Hololens2.0（图 5-17）舒适度增加，视域扩大了两倍，成像的色彩对比度也有了进一步提升。Hololens2.0 技术规格见表 5-3。

图 5-16　Hololens 拆解图

图 5-17　Hololens 2.0

[1]　钱丹．混合现实在博物馆文化传播中的应用探究 [J]．美与时代（城市版），2020（09）：89-90．

表 5-3　Hololens2.0 技术规格

设备配置	技术规格
显示器	透视全息透镜（波导）、2.5K 弧度（每弧度广电）、根据眼睛的 3D 位置显示优化
传感器	AZURE KINECT 传感器；加速度计、陀螺仪、磁强计；800 万像素静止图片、1080P、30FPS 视频
多感官感知	5 声道、内建的空间音响、双手全关节模型，直接操作、眼部实时追踪、本地语音指令；联网后支持自然语音指令
环境感知	6DOF 追踪，世界范围的位置追踪、实时环境网络数据、全息影像和物理环境混合后的照片和视频
计算和连接	QUALCOMM SNAPDRAGON 850 计算平台、第二代定制全息处理单元、802.11 AC 2X2、蓝牙 5.0、C 型 USB 接口

3. 多媒体展示技术

考古遗址博物馆的多媒体展示技术，是将采集的文物信息、文献和资料数据进行音频、视频的制作处理，通过多媒体设备进行展示的技术。[1] 相较现代数字化技术，多媒体展示技术具有设计程序简单、资金投入较少、制作周期短等优点。在现代考古遗址博物馆展示方式中，多媒体展示技术得到广泛的运用，如投影展示、数字音画展、三维成像等形式。目前，考古遗址博物馆内较为基础的多媒体展示方式为投影展示。

近年来，由于行业的需要、设备的升级，以及人们审美水平的提高，投影展示也在原有的基础上更新迭代。根据技术原理，多媒体展示方式可分为以下 5 种。

（1）激光全息成像技术

激光全息成像包括拍摄和成像两个步骤，将呈现出来的物体利用干涉原理记录和复制，将物体逼真的 3D 图像处理为一张全息图，利用 FPGA 对接收的数据进一步处理，实现动态或静态播放；再利用衍射原理将其再现。参观者可直观观看，无须佩戴额外装备。激光全息成像技术整体效果逼真且层次分明。孔子博物馆孔子全息投影如图 5-18 所示。

（2）裸眼 3D 技术

裸眼 3D 技术是利用人体视觉差异的特点进行裸眼 3D 立体显示，不需要 3D 眼镜、头盔等辅助工具，即可实现三维图像的立体显示。[2] 大多数参观者喜欢观看立体图像，因为立体图像具有真实生动的表现力和强烈的视觉冲击力。

"分布式光学矩阵"是裸眼 3D 技术的理论基础 [3]，实现方法是使用可切换液晶显示器、偏光膜和聚合物液晶层制造 90° 垂直条纹。穿过这些条纹的光会形成一个垂直的细条栅模

[1] 李惠芳.以艺术与技术互动为基础的数字化影像艺术研究：基于移动端的动画影像创作 [D].无锡：江南大学，2013.

[2] 秦柳.数字媒体技术在博物馆展陈设计中的应用研究 [D].重庆：四川美术学院，2017.

[3] 孙博.裸眼 3D 显示技术的现状与发展 [J].科技传播，2017，9（21）：115-116.

图 5-18　孔子博物馆孔子全息投影

式，称为视差障壁 [1]。在裸眼 3D 技术中，背光模块和 LCD 面板之间使用了平行屏障。在立体屏幕模式下，当应被左眼看到的图像出现在 LCD 屏幕上时，不透明的条纹会挡住右眼；同样，当 LCD 显示图像为应被右眼看到的图像时，不透明的条纹会挡住左眼。视觉影像将参观者的左右眼分离，使参观者看到立体影像。这项技术的优点在于它的成本相对较低，如任天堂 3DS 和夏普 3D 手机游戏机都使用了这项技术。

2020 年韩国 D'strict 公司在著名的三成洞音乐喷泉广场设置了一个巨大的 LED 装置 "Wave"，模拟海浪翻滚的状态。这座高 20m、长 80m 的裸眼 3D-LED 曲面屏，由数字媒体公司 Dilussion、SM 娱乐公司及三星电子联合打造，整体效果逼真。（图 5-19）

图 5-19　裸眼 3D-LED 曲面屏

[1]　苏文 . 浅析裸眼 3D 的市场化发展 [J]. 影视制作，2012，18（05）：30-33.

（3）超宽屏幕

超级宽屏电影是指屏幕比普通屏幕更宽的电影。超宽屏电影扩展了投影图像，适应人们双眼的水平视角大于垂直视角的特点，扩大了观看者的视野，增加了现场的真实感。[1]

2010年，故宫博物院推出"走进清明上河图"沉浸式数字音画展（图5-20），运用了全视角超宽屏幕数字放映厅。经过近年来的不断升级，将画中每一个细节都尽可能地还原。在文物专家的带领下，模拟、设计700多个人物的对话，有效地运用声、光、电，让参观者获得视觉和听觉的沉浸式体验。

图5-20　故宫博物院推出的"走进清明上河图"沉浸式数字音画展

（4）环幕

环幕电影是一种特殊的电影形式。观看这类电影时，观众站在圆形观众席的中间，沉浸式感受周围环绕的各种图像，获得独特的观影体验。该格式的电影采用9台摄影机进行全景视角展示，9部投影机同时在环状屏幕上播放，形成360°立体影像[2]。

（5）球幕

球幕显示技术是一种新型的显示技术，它突破了传统的平面规则图的限制。球幕的荧幕是一个球形的背景屏，投影机会把影像投射到整个球面，让观众看到整个画面。这个球面同样支持一般图像的显示。

4.互动装置展示技术

互动装置始于20世纪70年代的西方当代艺术。互动装置以多媒体屏幕为基础，结合声、光、电、模型等技术，在特定环境中创造概念体验，其显示方法更直观、显示内容

[1]　戚颢.新媒体时代宽画幅新闻照片的拍摄探索和尝试[J].传媒评论，2018（05）：87-89.
[2]　刘玉花.特效电影及其科普功能初探[J].科普研究，2010（05）：24-28.

更容易理解。[1]互动装置展示包含绘画、雕塑、建筑、音乐、戏剧、诗歌、散文、电影、电视、录音、录像、摄影等多种艺术表现形式，可将参观者置于多感官、多维度的综合性空间体验系统中。[2]因此，互动装置展示技术更加强调互动体验，能够让参观者参与其中。

图5-21所示为撒克逊雕塑表演。在德国开姆尼茨州立考古学博物馆门厅，参观者可以与供查询信息的撒克逊雕像互动，考古、工业、文化等各类信息都会投放在雕塑上。每隔3个小时，在区域广播产生提示声后，这些雕塑会上下浮动，将德国各州的文化、历史、对外关系的变化与发展在10分钟内完整、全面地呈现出来。

图5-21　撒克逊雕塑表演

综上所述，数字化技术在考古遗址博物馆空间展示的应用结合了计算机技术、影像、灯光、音乐等元素，也结合了视觉传达设计、环境设计、公共艺术设计等研究领域。数字化技术为考古遗址博物馆的空间展示提供了新的展示语言。

第三节
大云山汉王陵展示空间分析

一、大云山汉王陵概况

大云山汉王陵位于江苏省淮安市盱眙县马坝镇云山村大云山，是第一代江都王刘非及

[1] 白雪竹，李颜妮.互动艺术创新思维 [M].北京：中国轻工业出版社，2007.
[2] 李四达.数字媒体艺术史 [M].北京：清华大学出版社，2008.

其嫔妃的墓地。这座宏伟的西汉墓地是诸侯王规格的墓葬，目前发现了 3 个大墓、2 个兵坑、1 个车马坑和 13 个不同等级的墓葬。

2009—2012 年，南京博物院考古研究所和当地文物部门联合进行考古勘探与发掘，取得了一系列重大考古发现，包括黄肠题凑、金缕玉衣葬具，万余件（套）精美的漆器、乐器、兵器等随葬品，为研究汉代诸侯王陵提供了丰富的材料。大云山汉王陵规模之大，规格之高，在国内实属罕见，已入选 2011 年度全国十大考古新发现。

（一）区位概况

大云山汉王陵位置图如图 5-22 所示[1]。大云山地势呈阶梯状起伏，高处多丘陵，低处多平原。盱眙县属季风性湿润气候，位于北亚热带与暖温带交界处，季节差异明显，气候资源分布不均[2]。

图 5-22　大云山汉王陵位置图

（二）遗址分析

在发掘现场，考古队长李则斌透露，1 号墓葬为一种极为少见的名为"黄肠题凑"的葬式。而出土大量文物的棺椁，则是用杉木建造的，而且是"两层楼"。"两层楼"上面堆满了各种武器，最下面则是一些钟鼎。如此周密的布局，体现出墓主人对车、马、兵器的喜好，也成为推断墓主人身份的重要材料。

[1]　南京博物院，盱眙县文广新局 . 江苏盱眙县大云山西汉江都王陵一号墓 [J]. 考古，2013（10）：3-68.
[2]　谈正鑫 . 盱眙月亮山典型人工林水土保持功能研究 [D]. 南京：南京林业大学，2015.

大云山汉王陵是中国考古史上发现的第一座有陵园包围的汉代诸侯王陵。[1] 陵园的平面接近正方形，边长约 490 米，占地约 240000 平方米。陵园四面筑有围墙，东墙地上墙体尚余约 150 米，其余三面仅存夯土墙基。江都王陵园平面图见图 5-23。

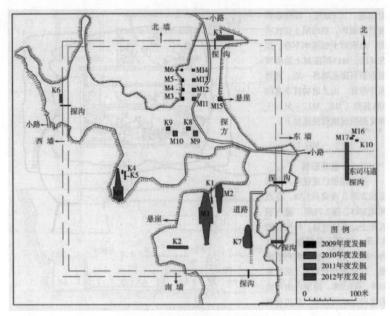

图 5-23　江都王陵园平面图 [2]

经地质学家考证，大云山为死火山，山体均为火山岩。同时，大云山靠近当时江都国的重要城邑——东阳城，这些都是江都王陵园选址大云山的重要原因。

二、大云山汉王陵博物馆空间展示策划

（一）设计理念

此次空间展示策划以数字化技术为基础，结合博物馆叙事性表达进行梳理，力求实现"沉浸"与"叙事"的统一。设计人员利用大云山汉王陵的遗址性、历史性等特点，对遗址和西汉历史文化元素进行提炼，创新空间之间的关系，并进行沉浸式体验设计。

（二）大纲框架

设计人员利用数字化技术，将大云山汉王陵博物馆空间展示主题与空间氛围结合，提高叙事场景的深度和交互性。通过对艺术性叙事与沉浸式展示设计的分析，明确在数字化技术

[1]　李则斌. 发掘汉王陵 [J]. 中华遗产，2013（03）：18-33.
[2]　南京博物院，盱眙县文广新局. 江苏盱眙县大云山西汉江都王陵北区陪葬墓 [J]. 考古，2014（03）：24-57.

下大云山汉王陵博物馆空间展示系统的核心输出形式。通过对艺术性叙事与沉浸式展示设计的分析和采用，明确大云山汉王陵博物馆数字化技术运用的内容和目的，并进行了形象设计，有效地增强了空间展示效果，给参观者留下了深刻的印象。（图5-24）

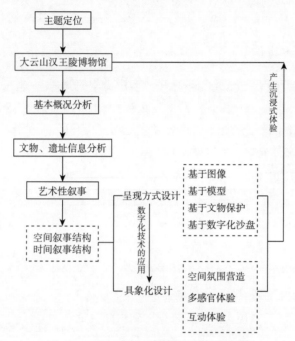

图5-24　大云山汉王陵博物馆设计流程图

三、大云山汉王陵博物馆艺术性叙事展现方式

（一）空间叙事结构

从考古遗址博物馆的叙事角度来看，空间布局和路线建设非常重要。设计人员通过叙事主题的合理布局、叙事结构的设计、叙事技巧的运用，合理组织叙事场景，为参观者带来多重叙事体验并触发其联想，使参观者在接收信息后迅速获取知识。

设计人员将大云山汉王陵博物馆的内容进行有逻辑的串联，对馆内叙事要素进行分析，按照线性叙事结构进行排列。在空间布局上采用串联式布局（图5-25），将空间序列与时间序列结合，给参观者带来沉浸式参观体验。

大云山汉王陵博物馆常设6个主要展厅，按线性叙事结构排列。参观者进入序厅发现汉王墓遗址，之后的展厅分别为展厅一：考古·龙塘现冢、展厅二：世事·国运起伏、展厅三：珍宝·王的日常、展厅四：同制京师——西汉诸侯王陵墓展、展厅五：漆彩流光东方美器——汉代漆器展、展厅六：寻找东阳——秦汉东阳城市历史。

大云山汉王陵在博物馆内部空间。博物馆内部空间被中央的天井隔开，通过楼梯和走道连接。整个两层的博物馆建筑空间被分成 11 个层级，将"常设展厅""临时展厅"与"博物馆"的功能区域有机地融合在一起，形成了"两大功能分区"和"九大展厅"（图 5-26）。

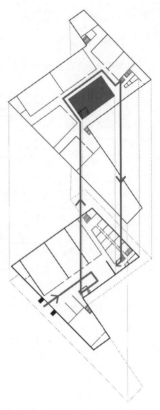

图 5-25　大云山汉王陵博物馆空间布局

（二）时间叙事顺序

首先是展厅一的故事，故事由 2009 年违法盗墓活动导致的意外死亡案件讲起，这一案件引发了考古学家对大云山盗洞和龙塘的关注。随着挖掘的深入，考古学家经历了最初发现木锤的担忧，看见黄肠题凑遭焚毁的心碎，观察到双层外廊的惊喜，到最后识别出大墓主人的圆满。参观者会跟随考古工作者的视角一同经历这些情绪，体会故事背后的考古情怀。

其他展厅则以展厅二墓主生平及生前身后事为基础铺展叙述：展厅四横向从始至终，列举史料记载的从西汉开国至王莽新朝的各诸侯陵墓；展厅六纵向由浅入深，从宏观、微观角度研究东阳城发展历史。纵向与横向叙述间穿插漆器进化历史和宫闱日常，全方位展示汉武帝统治下董仲舒儒家思想试点第一城的文化底蕴和财富积累状况。大云山汉王陵博物馆展厅时间叙事顺序见图 5-27。

在游览完 6 个展厅后，参观者会发现自己回到了展厅二的出口。参观者可以选择直接离开，也可以走进展厅进行回顾。在三维立体叙事结构下，参观者仿佛置身错位时空，在体味灿烂的古代文明的同时，了解中国考古工作的艰难历程与历史意义。

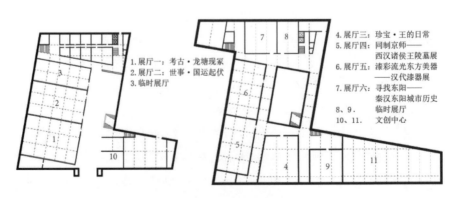

1. 展厅一·考古·龙塘现冢
2. 展厅二·世事·国运起伏
3. 临时展厅
4. 展厅三：珍宝·王的日常
5. 展厅四：同制京师——西汉诸侯王陵墓展
6. 展厅五：漆彩流光东方美器——汉代漆器展
7. 展厅六：寻找东阳——秦汉东阳城市历史
8、9.　临时展厅
10、11.　文创中心

图 5-26　功能分区与展厅

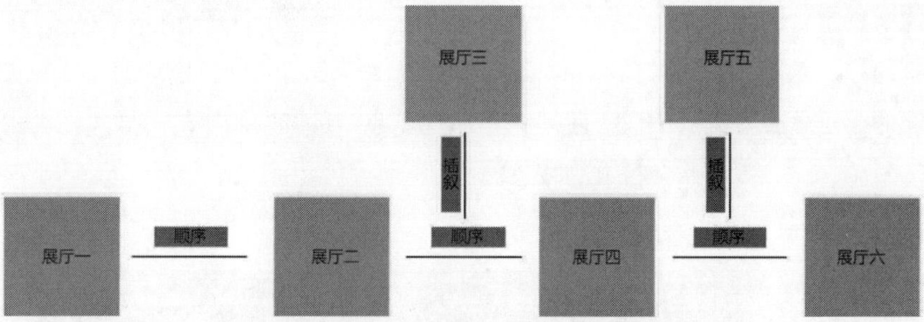

图 5-27　大云山汉王陵博物馆展厅时间叙事顺序

四、大云山汉王陵博物馆沉浸感营造方式

（一）空间氛围营造沉浸感

考古遗址博物馆通过对空间规模与形态的改变，创造出不同的空间氛围。大云山汉王陵博物馆空间主要从以下 3 个方面进行氛围营造。

1. 历史氛围营造

首先，在建筑外观层面，将大云山汉王陵博物馆的外观与当地地理环境和文化背景结合进行主题设计。大云山汉王陵博物馆建筑外观形式演变见图 5-28。其次，在材料的选择上注重与空间氛围协调，多选择木材、棉麻、砖石、皮革等质朴自然的装饰材料。在色彩运用上，采用饱和度较低、具有历史厚重感的颜色，并配合使用汉代主流色彩，使参观者产生沉浸感。

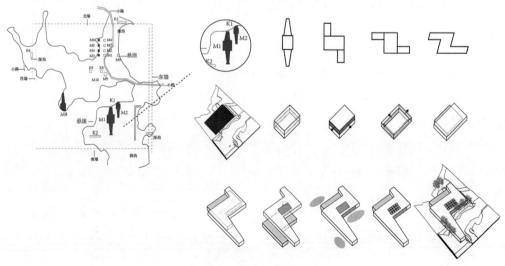

图 5-28　建筑外观形式演变

2. 情景氛围营造

情景通过"氛围"表达"情感"。考古遗址博物馆通过现场复原的展示手法给参观者身临其境的参观体验。大云山汉王陵博物馆通过复原"黄肠题凑"的葬式（图5-29），营造历史场景感，让参观者体会古人的智慧。

图 5-29 "黄肠题凑"情景复原

3. 现场氛围营造

现场气氛是基于现场布置而产生的，照明、色彩、材料的不同搭配会带给参观者不同的感受。大云山汉王陵博物馆展厅对照明、色彩、材料进行了特殊的设计，且遵循了考古遗址博物馆文物展示与保存的要求。大云山汉王陵博物馆采用荧光灯和白炽灯作为人工照明光源，荧光灯亮度低、发光效率高，白炽灯可以使文物生动鲜明。照明设计采用特殊照明与局部照明相结合的方式，在确保参观者能看到文物的前提下，避免眩光或反射。照明设计还与数字化技术结合。参观者进入展厅后，灯会亮起来；参观者走后，灯会熄灭。这种数字感应模式可以减少展品上的光损失，节约能源。

在色彩的处理上，大云山汉王陵博物馆根据展厅不同的主题内容，采用不同的主题色调。室内环境色一般使用饱和度较低的颜色，局部使用互补色或相邻色，打破色调的单调性。在材质的选择上，选用棉麻作为展布，朴实的布料不会喧宾夺主，能更好地衬托文物。棉麻布料作为较早发明的布料，可以更好地烘托博物馆空间的历史氛围感。

大云山汉王陵博物馆的展厅一采用了灰色作为主色调，采用米色作为互补色进行点缀。沉稳的颜色结合局部照明和特殊照明使得展厅整体氛围更加神秘（图5-30）。

图 5-30　展厅一：考古·龙塘现冢

（二）多感官体验营造沉浸感

参观者可通过多种感官获得沉浸式体验。随着数字化技术的发展，展厅通过图像、影像、音频、气味、交互装置等与参观者互动，为参观者带来沉浸式体验。本文针对多感官体验交互模式在大云山汉王陵博物馆空间展示中的运用，提出以下设计可能（表 5-4）。

表 5-4　多感官体验空间的类型

感观	体验空间的类型
视觉	VR 技术，空间的色彩、布局
听觉	配合影像环绕立体声
触觉	互动装置、触摸屏、互动屏幕
嗅觉	配合场景散发气味、烟雾等

大云山汉王陵博物馆中对视觉、听觉、触觉、嗅觉等多个感知系统进行了空间体验元素设计。"展厅一：考古·龙塘现冢"前言部分，在顶部设置了虚拟投影，投射出汉王陵位置图，并在两边设置多媒体屏幕，播放当地老人讲述"龙塘"和"仙人洞"故事的影像。

（三）互动体验营造沉浸感

在考古遗址博物馆空间展示中，通常通过多点触摸系统和互动设备进行互动展示。大云山汉王陵博物馆内设置有多点触摸屏，参观者可通过触摸屏了解大云山汉王陵陪葬墓 M12 的文化层剖面揭取过程。在没有参观者参与的情况下，该设备也能自动进行演示。博物馆在解码考古小专题部分设置了探铲体验区，参观者可在此亲自体验考古挖掘过程（图 5-31）。

图 5-31　考古挖掘体验区

第四节
大云山汉王陵博物馆数字化技术应用与实践

大云山汉王陵作为 2011 年全国十大考古新发现，具有厚重的历史感及文化气息。因此，在进行大云山汉王陵博物馆的空间设计时，应注重对文物的保护和对文化的尊重，创造一种有历史意义的空间环境。

一、展示空间数字化技术应用

（一）基于图像的数字化技术选择

在基于图像的数字化技术中，最常用且效果最好的是 VR 技术。VR 技术使参观者完全融入场景，在场景内获得互动体验。VR 技术带来的沉浸感创造了新型的博物馆展示方式与体验空间，加深了参观者对文物与遗址的理解。例如，VIVE Arts 平台与卢浮宫博物馆合作开发了 VR 展览（图 5-32）。此展览项目从 2019 年 10 月起陆续上线，由《蒙娜丽莎》开始，继而由点到面囊括《岩间圣母》《施洗者约翰》等其他 4 幅达·芬奇核心作品及包括《维特鲁威人》在内的 22 幅素描，打造"虚拟拿破仑厅"，在未来将会由面到体完成整个"虚拟卢浮宫博物馆"的 VR 项目。这个项目不仅能让参观者足不出户游览卢浮宫博物馆，而且能让参观者从微观视角观察达·芬奇的画作，为我国博物馆的发展提供了新的思路。

图 5-32 《蒙娜丽莎：越界视野》以 VR 形式亮相达·芬奇回顾展

和卢浮宫博物馆相似，大云山汉王陵博物馆占地面积大、文物数量多，文物历经多个朝代遭遇了不同程度的损坏，适合使用 VR 技术进行图像复原。因为文物不像油画作品一样对像素要求高，因此图像复原难度较低、进度较快且符合大众审美。对于西汉时期公侯的最高规格墓葬形式"黄肠题凑"，以及分为上、下两层的外回廊，利用 VR 技术可以最大程度地复原其奢华形态。在墓室的上部，摆放着 20 多辆马车，马车里面摆放着武器、编钟等；南廊的西侧是沐浴用品区，西回廊的中部和南侧是乐器区，北廊的北侧是明器区，东回廊的中间是庖厨区，东回廊的北侧是钱库。参观者可在虚拟场景内穿梭，获得沉浸式游览体验。"黄肠题凑"建筑构接模拟图见图 5-33，"黄肠题凑"VR 游览概念图见图 5-34。

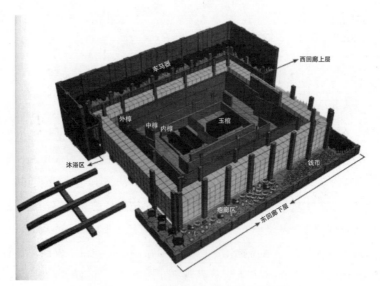

图 5-33 "黄肠题凑"建筑构接模拟图

图 5-34 "黄肠题凑"VR 游览概念图

（二）基于模型的数字化技术选择

基于模型的数字化技术是以三维建模技术为基础，结合光学、仿真学、动力学等多个学科的综合技术。通常，先利用 3D 建模技术建立一个初步的三维模型；之后，在数据库中搜索或分析建模对象的材质，形成材质命令，根据初步模型建立与建模对象一致的纹理；然后，通过光学分析对光环境进行模拟；接着，根据动力学和仿真学原理，设计模型的运动轨迹；最后，通过特效处理和声音合成生成动画。

重庆中国三峡博物馆使用 AR 技术进行文物三维建档，推出了"重博 AR"微信小程序，使用 AR 技术将博物馆中经典文物的数字模型融入真实环境。参观者可在客户端与文物进行互动。图 5-35 所示为虚拟的唐代油灯，参观者通过点击灯芯，可以看到千年前的灯火。

图 5-35　微信小程序"重博 AR"

在出土文物的介绍和互动方面，大云山汉
王陵博物馆很适合使用 AR 技术。首先，南京
博物院已经使用了数字化技术对文物和遗址
进行数据采集及数字化处理。大云山汉王陵
博物馆可以利用已有的三维模型数据，借鉴
重庆中国三峡博物馆，使用 AR 技术推出大
云山汉王陵博物馆微信小程序（图 5-36），将
馆内具有重大历史价值、保存条件较好的文
物的数据编入大云山汉王陵博物馆小程序中，
使文物在移动端重现并且融入真实场景。此
外，可利用 AR 技术扫描采集到的文物数据，

图 5-36　微信小程序"大云山汉王陵博物
馆 AR"概念图

并将其制成特色文化纪念品。大云山汉王陵博物馆对 AR 技术的应用，一方面可以节约其
运营成本，另一方面有利于开发和宣传历史遗址和传统文化。

（三）用于文物保护的数字化技术选择

文物保护数字化是建立各种数字应用信息系统，广泛应用感知技术、数字采集技术、
海量数据处理技术、移动互联网技术等现代先进技术手段，保护博物馆宝贵的文物资源，
实现文物信息交流。文物保护数字化，可在不损伤文物的前提下采集三维数据，有效保护
珍贵文物；特别是针对大型文物，可快速获取文物整体数据，有效缩短文物扫描、三维模
型数据建立的时间，建立永久、真实、完整的三维数字模型档案。

激光全息投影技术适用于文物保护数字化，激光全息投影技术的基本原理是光干涉和
光衍射，它能记录和重现对象的真实立体影像。利用激光全息投影技术，参观者能全方
位、多角度地看到立体、逼真、清晰的图像。同时，投影的虚拟图像还可以与实物和原始
的展示方式相结合，形成与现实交织的虚拟场景，充分展现文物展品的内涵和细节，增强

文物展品的表现力和吸引力，激发参观者接受新事物的积极性。在 2022 年中央电视台虎年春晚上，三星堆相关元素精彩亮相。在三星堆文物发布仪式上，利用激光全息投影技术展现青铜大面具的细节（图 5-37），而舞蹈"金面"更是让观众大开眼界的同时，了解三星堆相关知识，增强文化自信。

图 5-37　三星堆文物发布仪式

针对汉代漆器等大云山汉王陵博物馆中相对重要的、不易保存的、体积较大的文物，采用激光全息投影技术，能完整、清晰地展现其细节。汉代漆器的激光全息投影概念图见图 5-38。

图 5-38　汉代漆器的激光全息投影概念图

（四）用于电子沙盘的数字化技术选择

目前，在博物馆展示设计中，电子沙盘的运用主要表现在两个方面：一是利用多媒体技术对传统沙盘进行投影；二是交互作用的电子沙盘。二者都是利用实体建模与计算机程序设计，增加光、像、声、影等内容，在传统沙盘的基础上更新完善功能。参观者可以通过触碰触摸屏选择自己感兴趣的信息。电子沙盘功能简单、操作方便，大大提高了互动效率，让参观者获得了沉浸式体验。

大云山汉王陵博物馆利用电子沙盘呈现遗址原始风貌,将陵墓遗址周围地貌、三座主墓的形态全面、具体地呈现给参观者。参观者可通过触碰电子沙盘配备的电子显示屏选择自己感兴趣的内容。

二、展示空间数字化技术实践

(一)数字化技术布局划分

大云山汉王陵博物馆前两个展厅是其艺术性叙事的核心,对参观者的沉浸式体验有决定性影响。本节通过规划展厅一、展厅二的数字化技术应用位置布局和划分,分析各种数字化技术在不同叙事环节中的应用,营造出不同的沉浸式体验效果。

"展厅一:考古·龙塘现冢"(图5-39、图5-40)从考古学家的视角,以历史上倒叙、事件上顺叙的形式,依次以"离奇大案""云山索隐""解码考古""场景复原""江都国王"为主题,讲述大云山汉王陵的抢救性考古历程。展厅一的核心是后3个主题,因此先在前两个部分营造空间氛围,再在后3个部分营造多感官、沉浸式互动体验。

"展厅二:世事·国运起伏"分为4个部分:"少年心""清平乐""圣无忧""意未尽",按时间顺序排列。在这4个部分中,记载墓主人刘非在世时的一、二部分为此展厅的重点。因此,在进行博物馆展示布局设计中,主要将数字化技术应用于前两个部分中。(图5-41)

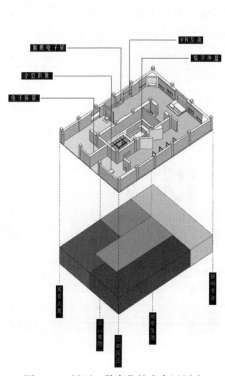

图5-39 展厅一数字化技术布局划分

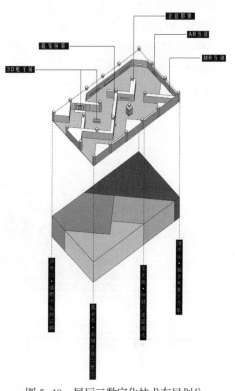

图5-40 展厅二数字化技术布局划分

图 5-41　展厅一前半部分表现

（二）展厅的设计规划与表现

"展厅一：考古·龙塘现冢"的设计规划与表现

作为博物馆最开始的故事场景，"离奇大案"区域使用电子屏幕播放《大云山汉墓发掘记》，介绍头号盗墓贼离奇死亡的案件。电子屏幕的优点是直观，适合播放影片；缺点是发出的声音和光线容易破坏已经形成的氛围。由于这一部分是整个博物馆的开头，因此其缺点可以忽略。

在"云山索隐"和"解码考古"部分，参观者会成为考古工作队的一分子，对龙塘进行探索，得到土质、盗墓工具、"黄肠题凑"等线索，发现双层回廊，最终通过对文物的分析和整理确认墓主人身份。参观者可以通过玩 VR 小游戏的方式，体验地质勘探与文物修复过程。（图 5-42）

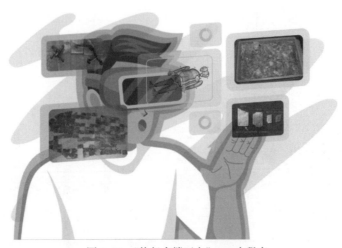

图 5-42　"修复金缕玉衣" VR 小程序

"场景复原"部分使用电子沙盘，结合语音讲解，直观、具体地将整个大云山汉王陵从龙塘外围到内部3个墓室的布局展现给参观者，为参观者带来多感官互动体验。根据电子沙盘，参观者可从空间上加深对大云山汉王陵的了解。大云山汉王陵电子沙盘概念图如图5-43所示。

图 5-43　大云山汉王陵电子沙盘概念图

在"江都国王"部分，参观者可根据部分文物和铭牌得知墓主人的身份是江都王刘非。这个承前启后的过渡部分使用了激光全息投影技术展示墓主人等比例全身模型（图5-44），让参观者对墓主人的生平产生兴趣。博物馆用这样一个看得见却摸不到的人给展厅一画上句号，也提高了参观者参观展厅二的兴趣。

图 5-44　江都王刘非激光全息投影

"展厅二：世事·国运起伏"的设计规划与表现

"少年心·请缨平乱封江都"讲述了15岁的刘非主动请缨平定"七王之乱"，战后被封江都王，受天子旌旗的故事。与展厅一的电子屏幕相比，展厅二使用了超宽屏幕和裸眼3D屏幕，光线较暗，屏幕相较展厅一大得多，且同样用于展厅的开头。超宽屏幕能最大化地展示战争场面（图5-45），适合描述大型场面中的细节；裸眼3D屏幕的缺点是屏幕较暗，但刚好适合此展厅的氛围，能让参观者身临其境地感受受封典礼（图5-46），给参观者带来良好的观展体验。

图5-45 超宽屏幕展示战争场面

图5-46 3D裸眼屏幕播放"受天子旌旗"相关背景视频

　　"清平乐·都会参差十万家"是展示江都国经济发展水平的部分,即介绍奢华的墓葬财宝来源的部分。到了这里,整个博物馆的展览达到了一个高潮——最有价值的文物和最具代表性的文物的展示。此部分使用了 AR 技术,在保护文物的同时,使参观者与文物之间产生最大化互动(图 5-47)。此部分相对来说虽牺牲了一些沉浸感,但增加了游览的趣味性,强化了对博物馆文物的宣传(图 5-48)。此部分也使用了激光全息投影技术,对一些维护成本过高、损坏严重的文物的复原工作有所帮助(图 5-49)。

图 5-47　大云山汉王墓 AR 小程序

图 5-48　"大云山汉王陵"AR 小程序概念图

图 5-49　激光全息投影技术复原不便展示的文物

"圣无忧·仲舒三策固国本"和"意未尽·后继无道二世亡"，讲述的是汉武帝指派董仲舒到江都国任职，西汉中央集权日益强盛直至江都国灭亡的过程。此部分主要做文物的展示和背景信息的介绍，缓和参观者的情绪，为下一展馆的游览作铺垫。

艺术性叙事让考古遗址博物馆的展示空间更富有张力，以更多元的顺序及更具故事性的结构向参观者传递考古遗址博物馆的主题；数字化技术的出现使博物馆传统展示方式彻底改变，让考古遗址博物馆从单薄的图文展示转变为丰富的多维展示。设计人员将考古遗址博物馆的艺术性叙事进行数字化的处理和表达，为观众带来沉浸式体验，同时探索了考古遗址博物馆未来的发展方向。

本节以考古遗址博物馆为研究对象，在艺术性叙事的空间结构和故事时间顺序的大框架下，探索如何利用数字化技术进行科学、合理的设计。满足参观者的沉浸式体验需求是本节探讨的重点，主要研究结果如下。

第一，通过对"考古"与"遗址"的含义进行梳理，总结出考古遗址博物馆的定位、功能与特征，阐述了国内考古遗址博物馆的发展历程。

第二，分别整理艺术性叙事、沉浸式体验和数字化技术的相关理论，厘清艺术性叙事的要素和表现形式、"沉浸"与沉浸式体验的内涵和特征及数字化技术在考古遗址博物馆中的应用形式。艺术性叙事对考古遗址博物馆空间结构有着决定性作用，空间叙事结构决定博物馆整个空间的框架；时间叙事顺序决定博物馆空间作为叙事者表达故事的逻辑；沉浸式体验主要是对人体感知系统进行刺激，使参观者与展出的文物进行互动。

第三，选取大云山汉王陵博物馆为实践对象，将数字化技术运用到考古遗址博物馆的空间展示设计中。

本节引入沉浸式体验的概念来分析数字化技术在考古遗址博物馆中的应用，这对考古遗址博物馆的空间展示设计具有一定的创新意义，对探索未来考古遗址博物馆空间展示中数字化技术与艺术性叙事的结合具有积极的实践意义。

参考文献

白雪竹，李颜妮 . 互动艺术创新思维 [M]. 北京：中国轻工业出版社，2007.

陈雨蕉 . 从新博物馆学谈"物"的概念：以多样的新型博物馆为例 [J]. 首都博物馆丛刊，2010（00）：228-232.

戴瓦兰，宋向光 . 未来的社区博物馆 [J]. 中国博物馆，2011（C1）：54-58.

杜昊 . 儿童博物馆规划策略研究 [D]. 杭州：浙江大学，2013.

弗格 . 新博物馆学 [M]. 王颖，译 . 北京：北京师范大学出版社，2021.

福勒，罗宣，张淑娴 . 生态博物馆的概念与方法：介绍亚克钦印第安社区生态博物馆计划 [J]. 中国博物馆，1993（04）：73-82.

韩雪 . 中外儿童博物馆对比研究 [D]. 沈阳：辽宁大学，2011.

黄卿云，费移山，陈凤婷 . 在关怀中体验：论博物馆中的儿童空间设计 [J]. 东南文化，2016（A1）：55-60+54.

柯赛，张晋平 . 从"向外延伸"到"深入根髓"：生态博物馆理论鼓励社区居民参与博物馆事业 [J]. 中国博物馆，2005（03）：63-64.

李慧竹 . 中国博物馆学理论体系形成与发展研究 [D]. 济南：山东大学，2007.

李沁 . 沉浸传播：第三媒介时代的传播范式 [M]. 北京：清华大学出版社，2013.

李四达 . 数字媒体艺术史 [M]. 北京：清华大学出版社，2008.

林奇 . 城市意象：最新校订版 [M].2 版 . 方益萍，何晓军，译 . 北京：华夏出版社，2017.

林珊娜 . 社区博物馆与文化遗产保护：泉州蟳埔社区博物馆可行性探讨 [J]. 福建文博，2016（02）：80-83.

刘洪 . 构建公共博物馆与社区博物馆互动融合发展新格局 [C]// 中国博物馆协会博物馆学专业委员会 2020 年"博物馆与中国特色话语体系构建"学术研讨会论文集，2020：218-223.

刘万春 . 论生态博物馆在传统村落保护中的作用 [D]. 南京：南京师范大学，2018.

龙迪勇 . 空间叙事研究 [M]. 北京：生活·读书·新知三联书店，2014.

吕建昌 . 博物馆"社区"概念及社区博物馆 [C]// 回顾与展望：中国博物馆发展百年——2005 年中国博物馆学会学术研讨会文集，2005：259-267.

罗西 . 城市建筑学 [M]. 黄士钧，译 . 北京：中国建筑工业出版社，2006.

迈朗.新博物馆学的确立 [J].国际博物馆，2016（C2）：29-31.

芒福德.城市发展史：起源、演变和前景 [M].宋峻岭，倪文彦，译.北京：中国建筑工业出版社，2004.

黄鸣奋.新媒体与西方数码艺术理论 [M].上海：学林出版社，2009.

摩尔，张晋平.生态博物馆：是镜子，窗户还是展柜? [C]//2005 年贵州生态博物馆国际论坛论文集，2005：132-133.

潘守永.生态（社区）博物馆的中国经验与学术性批判反思 [J].东南文化，2017（06）：115-121+127-128.

培根.城市设计 [M].黄富厢，朱琪，译.北京：中国建筑工业出版社，2003.

热奈特.叙事话语　新叙事话语 [M].王文融，译.北京：中国社会科学出版社，1990.

茹贝尔，张晋平.法国的生态博物馆 [C]//2005 年贵州生态博物馆国际论坛论文集，2005：162-164.

沙里宁.城市：它的发展、衰败与未来 [M].顾启源，译.北京：中国建筑工业出版社，1986.

尚国峰.社区参与视角下的生态博物馆：以梭嘎生态博物馆为例 [D].重庆：西南大学，2017.

史密斯.建筑形式的逻辑概念 [M].肖毅强，译.北京：北京科学技术出版社，2018.

苏东海.国际生态博物馆运动述略及中国的实践 [J].中国博物馆，2001（02）：2-7.

王甦，汪安圣.认知心理学 [M].北京：北京大学出版社，1992.

王思怡.多感官博物馆学：具身与博物馆现象的认知与传播 [D].杭州：浙江大学，2019.

王秀江，王瑛.儿童博物馆展项教育功能实现策略研究：以中国儿童中心老牛儿童探索馆为例 [J].中国博物馆，2019（03）：87-93.

王涌天，陈靖，程德文.增强现实技术导论 [M].北京：科学出版社，2015.

文丘里，布朗，艾泽努尔.向拉斯维加斯学习 [M].徐怡芳，王健，译.南京：江苏凤凰科学技术出版社，2017.

萧俊明.布尔迪厄的实践理论与文化再生理论 [J].国外社会科学，1996（04）：49-50+52-55.

姚安.博物馆 12 讲 [M].北京：科学出版社，2011.

原研哉.设计中的设计 [M].朱锷，译.济南：山东人民出版社，2006.

张鑫.探索性儿童博物馆的初步研究：以老牛儿童探索馆为例 [D].长春：吉林大学，2017.

张寅德.叙述学研究 [M].北京：中国社会科学出版社，1989.

周婧景.博物馆儿童教育研究：儿童展览与教育项目的视角 [D].上海：复旦大学，2013.

周婧景.博物馆儿童教育与儿童博物馆的发展 [J].学前教育研究，2015（01）：13-18.

塞弗.交互设计指南（原书第 2 版）[M].陈军亮，等译.北京：机械工业出版社，2010.